人類1万年の歩みに学ぶ

平和道

前川仁之
Maekawa Saneyuki

インターナショナル新書 142

目次

※文中敬称略

序章　本書の目指すところ

世界はいま瀬戸際にある。戦争を行ってしまえるこれまでの文明社会が、平和に地球を共有できる新しい文明社会の萌芽をつみとり、その野蛮な支配を今後も続けていくかどうかの瀬戸際だ。

……などと大上段に振りかぶって述べると、なにか怪しげなビジネスの勧誘と思われるかもしれない。

本書の仕上げに取りかかっていたある秋の日（二〇二三年）、こんなことがあった。家のインターホンが鳴り、「どなたですかあ？」と中から大声で訊ねると、訪問勧誘の場数を踏んでいるらしい、男性のなめらかなトークが返ってきた。

「現在、世界中で戦争が繰り返されておりまして、いままたイスラエルとパレスチナの戦争が始まってしまいました。どうしたら戦争はなくせるのでしょうか。戦争をなくす方法は、聖書に書かれております。もしご関心お持ちでしたらぜひ……」

「あー、けっこうです。間に合ってます！」

相手はおだやかに詫びを入れて帰っていった。気配は一人ではなかった。新興宗教だろう。私は独りで笑った。なぜなら今回の「間に合ってます！」は方便ではなく、本音そのままだったから。机の上には本書の初稿が置かれていた。そしてそこにはそれこそ「戦争をなくす方法」が書かれているのだから！

本書のテーマは英語でpacifismと呼ばれるものに近い。しかしこの語はふつう、平和主義とか反戦平和主義と訳される。もちろんそれらも対象に入るが、ひろく使うにはやや格式ばった語感がある。「平和っていいな」となにかの拍子にふと思う。そんな私たち一人一人の身の丈から始められるpacifismを目指したいものだ。「主義」ではどうも堅すぎる。そこでとりあえず、「平和志向」としてみることにした。平和に向かおうとする傾向。主義も論も運動も、すべてここに含まれると考えていただきたい。その実例を、古代から最近までの歴史をたどりながら紹介し、つなぎ合わせる。

時代も場所も担い手も異なる平和志向の数々をつなぎ合わせるのは、互いに何光年も隔たった星たちを地上から見つめ、想像力と身の丈に合わせて結び、星座を作る作業に似ている。オリオン座の三ツ星のように、「そこは誰が見たって結びつけたくなるよね」という関連もあれば、プレアデス星団（昴）に牡牛座の肩の部分を担わせるように、「いいところに目をつけたなあ！」と気づきの快感に誘う関連もきっとある。

それらを踏まえ、私たち現代人が習得するべき〝平和道《へいわどう》〟を提示するつもりだ。

では平和とはどのような状態かと言えば、これはわざわざ定義するものでもなく、現時点（二〇二四年新春）で本書――日本語で書かれている――を読める環境にある方々の間では、平和のイメージにそうずれはないはずだ。それでよい。

現時点で、と留保をつけたのは、一〇年、二〇年先にはひょっとして、格差の拡大と貧困の深刻化により、「平和とは出口のない生き地獄だ」といったイメージが定着する可能性が、無視できない程度にはあると考えるからだ。

そうして世界には、平和の価値を体感することすらままならない人々が大勢いる。たとえばパレスチナのガザで暮らす人々がそうかもしれない。日常というものの意味合いが環境によってどれだけ歪められてしまうかが伝わるエピソードを一つ紹介したい。

一九九〇年代初頭に来日した、ガザの難民キャンプ出身の画家ファトヒ・ガビンは、滞在一週間が経った頃に新聞の取材で歳《とし》を訊かれ、「私の歳は7日だ」と答えた。一九四八年生まれの彼が、なぜ？

「自分は日本に来て初めて、人間が人間らしく生きるとはどのようなことなのかを知った。日本で日本人が生きているこの暮らし、これが、人間が生きるということであるなら、ガザにおける生、それは決して、人間の生などではありえない。自分はこれまでひとたびも人間として生きたことなどなかった。自分は日本に来て初めて人間となったのだ、だから、私の歳は7日なのだ」（サイード・アブデルワーヘド著　岡真理・TUP訳『ガザ通信』の「解説」より）

ファトヒに「人間の生」を与えたのは、日本の平和である。来日前の彼に平和の価値を説いたところで、なかなか理解してもらえなかったのではないだろうか。

毎日ひもじく、つらい日々が続き、生きていることによろこびが感じられない状態が続くと、いっそ非日常に救いを求めたくなるのもまた人情。そして非日常の最たるものとして、戦争を望むことだって大いにある。もっともわが国では（他のどの民主的な国家でも、願わくは）国民が戦争を希望したってそれが実際の開戦に直結することは幸いないのだが、思考がギスギスし、攻撃的な言説に易々《やすやす》となびいてしまうようになるだろう。そうなった民心を扇動するのはたやすく、この悪循環がさらに平和を貶《おとし》める。

本編では残念ながら、現代人の日々の暮らしや経済の問題にまで踏みこむ余裕はなかった。だからこの場で、起こりうる戦争待望論に最低限の釘を刺しておきたい。

戦争がわれわれの暮らしを劇的に改善することがあるとすればそれは、どれだけ殺し、土地・財産を奪っても将来に渡ってなんら政治的、道徳的な問題となりえない、完全無欠の敵というものが実在し、なおかつそれに対して完勝する場合だけである。言い換えれば、無限の取り分が存在する場合のみ。そしてそんなものは地球が有限であり、また自分以外のものに想いをはせうる人間の想像力が無限である以上、ありえない。

一〇〇年近く前の日本人にとって、広大な中国東北部・満州はいくらぶん捕っても構わない無限の取り分だったかもしれない。なるほど、現地の日本陸軍が事変を起こして後、少しは国内景気もよくなった。ところが一四年後には日本中ほとんどくまなく爆撃され、都市部の住人は特に貧困のどん底に落とされたではなかったか。

もちろん、利益を得る者をきわめて狭い範囲に限定し、損害を被る者と完全に切り分けて考えるなら、確かに戦争は儲けになりうる。

アメリカ合衆国の軍需産業を代表する三社の、二〇二一年末から二〇二二年末までの株式時価総額（market cap）の推移を見てみよう。レイセオン・テクノロジー社は一一八〇億ドルから一四八〇億ドルに、ロッキード・マーチン社は九七〇億ドルから一二七〇億ドルに、ノースロップ・グラマン社は六〇〇億ドルから八四〇億ドルに、と増加している。

二〇二二年の二月二四日にロシア-ウクライナ戦争が始まってからいずれも急激に伸びたのだ。ウクライナ支援のための兵器を売りまくったからだ。その結果、中国、ロシア、それにEU（ヨーロッパ連合）の高官がこぞってアメリカ政府を非難するという妙な事態にまでなった。アメリカが自国の利益のために戦争を続けさせている、と（Analyst News、二〇二三年五月一七日の記事参照）。

ふむふむ、他所《よそ》の戦争は丸儲け、大歓迎だ、と思われるだろうか。過去にはわが国の経済が、朝鮮戦争のおかげで急激に復興した前例もあるのだし、と。しかし私たち日本の庶民は現在、他所の戦争のせいで食材の価格高騰に苦しんでいる。なじみの店のマスターは、すまなそうに値上げを告げる。個人的には、ヨーロッパへ飛ぶのにいちばん安く快適で機内食も美味かったアエロフロート航空（ロシア）が使えなくなったのも大きな痛手なのだ。

以上、駆け足で、戦争が景気回復の手段や、貧困層の最後の希望としてふさわしくない理由を記した。よき平和の実現、維持こそがなによりの経済政策だということも付け加えておく。経済面以外での戦争肯定論とは、第四章、第五章で対決しているのでお楽しみに。

先に紹介したガザ出身の画家のエピソードが逆説的に示しているように、真に魅力的な平和の価値は、体験してみれば誰にでも、すぐに伝わるのである。すでに平和の価値を知る者は、それをひろめるべきなのであって、逆ではない。

本書は、日本だけではなく世界中を平和に近づけるという目的意識のもとに書かれた。本の執筆はそれなりに時間のかかる作業なので、その間に目的意識の諸成分は様々に変わってきたが、初志は貫かれている。私は物書きを生業にしているので、原稿を書く時には数名のモニター読者のような存在を頭の中に置いて、適宜つっこみを入れてもらう習慣ができている。そのうちの一人がこの段落に向けてぶつけるのは、

「なに甘ったれたこと言ってるんだこいつは？　子どもかよ？　学生かよ？」

「頭の中、お花畑なんでしょうね」

「世界平和なんて無理無理。現実を見ろよ」といった具合の文句だ。

しかし私は大まじめだし、お花畑だと言うのなら静岡県松崎町《まつざきちょう》の〝田んぼをつかった花畑〟や地元・与野《よの》公園（埼玉県さいたま市）のバラ園みたいに人を呼べると胸を張るまでだし、現実を見ていればこそ、一つの想いが確信を深めてゆくのである。

個人の間でのケンカ、事件はなくなることはないし、なくなることを望みもしない――自由の不可抗力なのだから――が、戦争はなくせるだろう、という想いだ。

なぜ？　この二年半の間でも大きな戦争が連続しているのに。

戦争や組織的暴力はいずれも、言葉の産物だからだ。言い換えると、それらは人間という種に固有の、知的な操作の結果生じるのだ。そして最近起きているどの戦争も、このことを否定する「現実」を私たちに突きつけてはいないのである。

ロシア軍の最高司令官にあたるウラジーミル・プーチンはまだ一度として「正義なんて知ったことか、ムカつくから攻め、殺し続けてるだけだ、文句あんのか？」などという態度はとっていない。いわゆる西側の人々からはどれほど暴論に聞こえようと、ともかく正義を取り繕おうとしている。これがつまり知的だ、という意味だ。言うまでもないことだが、「知的」などというのはそれだけで無条件に好ましいものではまったくない。詐欺は知的な犯罪である、という用例一つでおわかりいただけるだろう。

戦争を、特にその発端を知的な営みととらえることは――とらえるもなにも、そうなのだが――、希望となる。なぜなら、まったくもって理解に苦しむものとは違い、こちらも知的なメスを入れられるからだ。本書は、そうした知的なメスの取扱説明書のようなものだ。

昨年秋のハマスによるイスラエルへの奇襲攻撃は、物理的に圧倒的な力の差で常時抑えつけていようと、やられる時にはやられてしまうことを証している。ハードパワーでは戦争を防げないことに、私たちはそろそろ気がつき、舵を切るべきなのだ。

そのための前段階として、まずは平和への崇敬の念を、平和的手段への信頼もろとも、取り戻す必要がある。取り戻す、と言ったのは少なくとも私の肌感覚において、ロシア－ウクライナ戦争以来、非交戦国のわが国でも戦争にかぶれた言説が勢いを増し、平和論は劣勢になったという危機感があるからだ。本書を読んで、大昔からいかに大勢の人たちが――もしお好みなら当代随一の「頭がいい人たち」と呼んでもよいだろう――平和を希求し、その可能性を探ってきたか、あらためて知っていただきたい。そしてその星座の中に加わり、限られた命を精一杯輝かせようではないか。

半端で、それゆえに攻撃的な言葉が人々をたぶらかすこの社会に、最低でも次のことを認めさせられれば、本書の目的の半分は達せられるだろう。

世界平和を語り、目指すのは恥ずかしいことではない。

第一章　古代のあちこちで平和を叫ぶ

非攻と兼愛を説いた墨子～セックス・ストライキで平和実現を考えたアリストパネス～イエス・キリストと非暴力の教え

オーブリー・ビアズリーによる
喜劇詩人アリストパネスの作品
『女の平和／リュシストラテ』の挿絵。
写真：Mary Evans Picture Library／共同通信イメージズ

では平和志向をめぐる旅へとご案内しよう。以下、本書には多くの人物が登場するが、読みやすさを考慮し、トピックや章の主役となる者にのみ、生没年を付《ふ》すことにした。

また、史実や思想の紹介だけではなく、所々に筆者（私）の解釈や考えが差しはさまれるが、知識だけ欲しいという方は無視していただいても構わない。ツアー旅行を楽しむのに、必ずしもガイドの説明をまじめに聞く必要はないのと同じ理屈である。

この章では、大昔の世界各地の平和志向を紹介してゆきたい。

動物たちの戦争と平和

人類史へ向かう前に、ヒト以外の動物たちについて考えてみよう。動物にも平和志向のようなものはあるか。

動物に関しては、逆に彼ら彼女らに戦争ができるか、を考えてみた方が、われわれ人類の来《こ》し方を思い、行く末を占う上で実りが多いかもしれない。

少なくともヒト以外の動物に、近代戦はできない（軍用犬などが駆り出されることはあっても）。これは確実だ。近代戦は高度な意思伝達と道具（兵器）を使いこなす能力を要する。動物たちにはそれがない。

けれども徒党を組んでの権力闘争や、かなり手のこんだクーデターまがいの政変劇なら、チンパンジーの社会でも確認されている。十数年間も群れのトップに君臨したントロギという最強のオスチンパンジーが、他の有力なオスたちに根回し工作をしたナンバーツーの反乱によって追放された事件などは、小学生か中学生の頃に新聞で読んでひどく感心するとともに、かすかに背筋が寒くなったのを覚えている。おそらく、動物は人間ほど悪くないはずだという漠然と抱いていた期待に水をさされたように感じたのだろう。

おかげでントロギという名前は記憶にしっかり刻まれた。

この政変に関しては、ナンバーツー以下が同盟のようなものを結んでことを起こした点がおもしろい。同盟は、平和維持に寄与することもあれば、かえって同盟外の集団との摩擦を大きくし、戦の原因となるかもしれない、諸刃の剣だ。

現代最強の軍事同盟、NATO（北大西洋条約機構）がいい例である。日本で著述活動をするウクライナの政治学者グレンコ・アンドリーは、二〇二二年二月のロシアによるウクライナ侵攻開始以前から、「日本とウクライナがNATOに入れば世界は平和になる」

(『NATOの教訓　世界最強の軍事同盟と日本が手を結んだら』)と著書で主張していた、根っからのNATO支持者だ。

なるほどジョージアもウクライナも、早くからNATOに入れてもらえていたら、ロシアによる侵略は防げた可能性が高い。この線でいけば、同盟は平和の鍵として評価される。

しかし二〇年前には欧米との協調路線をとっていたロシアのウラジーミル・プーチンが結局は離れてしまい、NATOを自国の安全保障に対する危機の筆頭として名指しするようになった事実がある。「本当のところ」は問題ではない、ただNATOの拡大がプーチン－ロシアにとって、ウクライナ侵攻の「口実」の一つにされたのは失策だった。こちらの観点でいくと、軍事同盟は戦争の誘因となる。

人類の夜明け

チンパンジーの話からだいぶ先走ってしまった。ついでだから私たちいまの人類以前の平和志向を見ておこう。

人類とその他の哺乳類を分ける特質はなにか。進化の歴史の中で、「人類の夜明け」はどの瞬間に始まったのか。誰もが思いつくのは道具を手にした時、という答えだろう。そしてその生物学的な条件として、二足歩行の定着により、支えられる脳の容量が増えたこと、前足——すなわち両腕を自由に使えるようになったことがあげられる。

初期の道具は、他の動物を狩るための武器を中心に発展した。いまから二六〇万年前、アウストラロピテクスと呼ばれる化石人類にすでに道具の使用の痕跡が見られる。

人類の夜明けは武器から始まった。この考えは十分に説得力を持つ。

だが平和志向をめぐる旅にはあまりふさわしくない。もう一つ別の、人類の夜明けを覗いておこう。

埋葬、だ。

死んだ仲間を区別して穴に埋める。これは他の動物には見られない行為だ。こちらは原始的な武器の使用よりぐっと遅れる。

現生人類（ホモ・サピエンス・サピエンス）以外の埋葬例が初めて確認されたのは、一九〇八年、フランスはラ・シャペル・オー・サンの洞窟で発掘されたネアンデルタール人（ホモ・サピエンス・ネアンデルターレンシス）の化石だった。「死者の頭は石の上で西を向き、右手は腕枕のように頭の下にあり、足は屈曲位であった」（養老孟司《ようろうたけし》・齋藤磐根《いわね》『脳と墓Ｉ』）という。食物が供えられた形跡もあった。

その後、同様の例は各地で発掘される。中でも有名なのはイラク北部のシャニダール洞窟で発見された一連の埋葬例、特にその四番目、通称シャニダール四号だろう。この人の遺体には、多種多様な植物の花粉が付着していたのだ。どうして花粉が？

「有る程の　菊抛《な》げ入れよ　棺の中」

とこれは、詩人・大塚楠緒子《くすおこ》の早すぎる死を悼んだ文豪・夏目漱石の句だが、このシャニダール四号が死んだ時も、仲間がたくさんの花を集めてきていっしょに埋葬したのではないか。そんな情景が想像される。

ネアンデルタール人は死後の安寧にまで想いをはせる文化力を持っていたのだ。

残念ながら最近の研究では、付着した花粉は小動物が持ちこんだ結果にすぎない、という見方もある。だが彼らに埋葬の習慣があったらしいことは、二〇二〇年のシャニダールZの発掘でいよいよ確実になった感がある。この人の頭骨の付近には大きな石があった。おそらくは墓石のような役割だったのだろう。

これをもってネアンデルタール人にも平和志向があったとするのはいきすぎだ。だが平和志向はしばしば、死者への想いに根ざして育つものだ。それは私たちの社会で行われる平和教育や平和祈念の公園・施設といったものがほぼ例外なく、なんらかの死者たちを思い出さなければ成り立たないことからもわかるだろう。

ただ、死者への想いも同盟や道具の使用と同様に、どっちにも転じうる。第五章で見るように、排他的なナショナリズムは「国のために死んだ人々」によって自己正当化をなしうるのである。これも死者など一顧だにしなかったら生じえない現象だ。どちらにも転じうる人類の知的な働きを、争いを避ける方向へ導くのが平和道に期待される役割である。

平和条約と戒律

そろそろれっきとした現生人類の名を出して、平和志向の源流をたどってゆこう。

確認されている限り人類史上最初の平和条約は、エジプト新王国第一九王朝のラムセス二世と、ヒッタイトのムワタリ二世との間で締結されたものだとされている。いまから三三〇〇年近く前の話だ。

もっともこれは、講和の碑文が残されている最古の例だ。敵対していた国同士の間でなんらかの約束が取り交わされたらしき例となるとさらに一〇〇〇年は軽くさかのぼれる。

チグリス川の河口にほど近いグ・エディン平野——エデンの園のモデルとされる——をめぐるラガシュ・ウンマ両都市国家間の戦争は断続的に二〇〇年間にも渡り続いた。残されたラガシュ側の記録に「ウンマ側は約束を破りラガシュの平野に侵入した」といった記述があり、戦いと戦いの間に講和のようなものが結ばれていたことがうかがえる（貝塚茂樹編『世界の歴史1　古代文明の発見』）。約束破りもまたほぼ同時に始まっていたらしいのは、ちょっと残念。

ついでながら、両国間で言っていることが食い違う、いわゆる「歴史認識のずれ」も、ラムセス二世の例からすでに確認されている。

これらは異なる共同体間の例だった。では同じ共同体の中での平和を維持する努力はどうだったか。この場合、平和ではなく治安や秩序といった言葉を用いるのが妥当かもしれない。そしてそれを守るために作られるのが、法である。

史上最古の法典は、紀元前二一世紀にメソポタミア地方に覇をとなえたウル第三王朝のウル・ナンム法典とされている。粘土板にシュメール文字で記されたその条文は現在三二条が残っている。

それによると、殺人と強盗は死刑、姦通《かんつう》は相手方の一族による敵討ちを認め、傷害については、その部位に応じて定められた銀を支払うこと、などと細かく決められている。

これより三世紀以上後に成立するハンムラビ法典は、「目には目を」式の同罪報復で名高いが、ウル・ナンム法典は賠償の発想が目立つ。

この最古の法典からおよそ七〇〇年後、誰もがこれを本気で守ればまず戦争は起こりえないだろう、と思えるシンプルにして威力ありそうな戒律が、一人の賢者に与えられる。

ご存じ、モーセの十戒だ。『旧約聖書』に書かれていることで、ここでは半史実として扱うことにする。


殺してはいけないはずが……


イスラエル人（ユダヤ人）のモーセは前記ラムセス二世の頃、虐げられていた同族の仲間を率いてエジプトを脱出し、神に約束されたカナンの地を目指す。その逃亡の旅の途中、シナイ山の頂で神の言葉を聞く。この時彼に伝えられた十の戒めが、後に十戒と呼ばれるようになる。その内容を取り出してみると、

「殺してはならない」

「盗んではならない」

「あなたの隣人の家を欲しがってはならない。すなわち隣人の妻、あるいは、その男奴隷、女奴隷、牛、ろば、すべてあなたの隣人のものを、欲しがってはならない」（「出エジプト記」

二〇）と、この三戒だけでも、万人が本気で守れば世の中かなり平和になるに違いない。

しかも十戒のエピソードは『旧約聖書』のかなり最初の方に出てくる。キリスト教徒（正教徒を含む）ならまず知っている。十戒が登場する「出エジプト記」や「申命記」は、ユダヤ教では大事なトーラー（律法）に含まれる。

ところがどうだろう。歴代大統領が毎回聖書に手を置いて宣誓をするアメリカ合衆国は現代における〝戦争産出国〟の筆頭だし、正教徒を最高指導者とするロシアはウクライナ侵攻をやめないどころか宗教家を動員して正当化するし、ユダヤ教徒が七割を超えるイスラエル国はあいかわらずパレスチナに対し抑圧的な政策をとりつづけ、しばしば空爆や戦闘にまで発展する（本書推敲の時点で、ガザの虐殺行為を延々と続けている）。

どいつもこいつも、殺しまくっているではないか。

いったいどういうわけだろう。

実はこの戒律が与えられる文脈の中にすでに、「暴力」の許可が含まれているのだ。

まず日本語では「殺してはならない」と訳されるこの部分、原文のヘブライ語では「ロー・ティルトゥザッフ（lo'tir-tsach）」と読まれる。ローは禁止を表す否定辞。ティルトゥザッフで「あなたは殺す」を意味する。「あなたは殺す」の禁止だから、「あなたは殺してはならない」となるわけだ。

ところがここで「殺す」と訳されている動詞は本来、刑罰や戦による「殺し」を含まないのである（ウェブサイトHebrew for Christians）。確かに、十戒を出した神はその後さらにこと細かに「定め」を伝えてゆくのだが、その中には「人を打って死なせた者は、必ず殺されなければならない」という極刑の規定もある。殺してはならないのなら、誰が刑を執行するのか？　いや、刑の殺しは別だ、という理屈になろう。そもそも旧約聖書の神は、他民族皆殺しを命じたりしているおっかない神だった。

以上を踏まえると、先の戒律は「殺してよい場合と悪い場合があります」と言っているに等しい。

なおかつ、この戒律には目的語がない。誰を殺してはいけないのかが書かれていない。もちろん、心ある人々は「人を」と解釈するだろう。だが人間の知的活動のおそろしいところは「人」の範囲さえ操作してしまえる点だ。この点には第三章で触れる。

たった二人のボイコット運動

平和志向の歴史を考える時、お隣中国の、いわゆる四〇〇〇年の歴史を避けて通ることはできない。二重の意味において。

一つには、シンプルに使える話が多いから。

そしてもう一つ大事なことは、これを書いている現在、多くの日本語読者が平和への脅威として漠然と考えているのが、他ならぬ中国大陸の大部分を統治している中華人民共和国だから。こっちの中国は、共産党の一党独裁になって久しい。だからと言って伝統がきっぱりと途絶えてしまったわけではないのだ。

そこに相互理解の鍵を見出すか、かえってアキレス腱を見出すか、どちらにしても隣人・隣国を知るのは平和構築に役立つことだろう。

この大陸で存在が確認されている最古の王朝は殷《いん》だ（その前の夏《か》王朝はいまのところまだ伝説に属する）。七〇〇年近く続いたこの王朝の第三〇代、紂王《ちゅうおう》はとんでもない暴君だった。妃をよろこばせるために民から重税をとりたて贅沢三昧。後世に酒池肉林と呼ばれるようになる乱交パーティーまがいの宴会にふけり、反抗する者、いさめる者は親類だろうと容赦なく殺す。

その支配下にあった周《しゅう》の武王《ぶおう》は、他の諸侯と共謀して兵をあげ、牧野《ぼくや》の戦いで殷軍を破り、紂王を焼身自殺に追いこんだ。政権交代だ。ここに周王朝が始まる。紀元前一〇四六年の出来事である。西に目を転じれば、後にスパルタなどのポリスを建国するドーリア人が鉄器の威力にものをいわせてペロポネソス半島に侵入、移住を始めた頃だ。

悪い王を討って新しい国を作る。よくある勧善懲悪《かんぜんちょうあく》のストーリーだし、史実としてもおかしなことはない。ところがここに、小さいが無視できないエピソードがついてくる。

武王が決起の準備を固めたちょうどその頃、彼の名声をしたって伯夷《はくい》、叔斉《しゅくせい》の兄弟が周の国を訪れた。二人はもともと、とある小国の王子だったが、どちらも王になるのを断って放浪の旅に出て、そのため残った真ん中の弟が跡を継いだという風変わりな出自を持つ。兄弟は、武王が父・文王《ぶんのう》の没後まだ日も浅いのに、喪に服さずに位牌を戦車に乗せて出陣しようとするのを見て、とがめた。それは孝行息子のすることとは言えない、と。さらにはいかに暴君だろうと武王から見ればいちおう主君の関係にある紂王を討つなんて、「仁」に反する、といさめた。武王は構わず出陣し、殷を倒し、天下をとった。

伯夷と叔斉は知らせを聞くと「これを恥じ」、それ以来周国の粟を食べるのを拒否。首陽山《しゅようざん》にこもり、ゼンマイをとっては食べて暮らしていたが、やがて飢え死にしたのだった。辞世の詩の中で彼らは、「暴《ぼう》を以《もっ》て暴に易《か》え、其《そ》の非を知らず」と改めて武王を難じている。道に外れた暴力で暴君を倒し、なりかわっただけで、間違ったことをしていると気づいていないのだ、と。

現代日本にいたらきっと「めんどくさい人」として扱われるだろう。英雄のやることにいちゃもんつけて、挙句は飢えて死ぬなんて、変わり者にしても度が過ぎる、と。

では『史記』の「列伝」の中にわざわざ一章を割いて二人の伝記を書いた司馬遷《しばせん》を筆頭に、後世の人々は、奇人変人の一例としてこの兄弟を語り継いでいるのだろうか。

そうではない。むしろ儒学者の間ではある種の理想とされているのだ。

もしも二人が、ただその道理を説いて武王を非難しただけの人物だったら、こうまで語り継がれていないだろう。彼らの凄みは、正統性を認めない国（周王朝）で産するものを口にせず、住も、他の一切合切、新国家の世話になろうとはしなかったその徹底ぶりにある。

世が世なら不買運動、ボイコットの激烈なものと評価されただろう。自身の能力という人的資源の提供を拒否するという点ではストライキやサボタージュも兼ねる。

もちろん周の政権は二人の頑固者（周の軍師・太公望《たいこうぼう》は彼らを義人と評した）が山にこもって飢え死にしようが、痛くもかゆくもない。二人は効果を狙ってやったわけではない。

ただ、こういう手段での抵抗がありうると示した功績は小さくない。

同時に、周の武王という立派な王の業績に必ずといっていいほど伯夷たちのエピソードがついてくる、その伝承の過程自体が重要な意味をはらんでいる。なるべくなら「暴を以て暴に易え」るようなことはあってほしくない。そんな意識が働いていたのではないだろうか。

西洋の歴史でボイコットやストライキの発想が――それもれっきとした平和運動として――現れるのはこのおよそ五〇〇年後、ギリシャにおいてである。もう少し待たれよ。

戦争にもルールは必要？

時が流れて周の王権は弱まり、中国は力のある諸侯が入り乱れて争う時代に移る。春秋《しゅんじゅう》戦国時代の始まりだ。

臥薪嘗胆《がしんしょうたん》、呉越同舟《ごえつどうしゅう》、刎頸《ふんけい》の交わり、蛇足《だそく》、などなど、歴史好きでなくても知っている故事成語の多くが、この時代に起きた出来事に由来している。おもしろい逸話の宝庫。その中ではややマイナーに属するが、「宋襄《そうじょう》の仁」という言葉をおさらいしておこう。

春秋時代の前期、紀元前六三八年のこと。宋の襄公《じょうこう》は、因縁を抱えていた大国・楚《そ》と雌雄を決しようと、泓水《おうすい》という川のほとりに布陣した。遅れて決戦の場に着いた楚の大軍が、続々と川を渡ってくる。宋の軍師は「敵が川を渡って態勢を整えてしまう前に攻めましょう！」と、軍師じゃなくても思いつきそうな進言をした。

ところが襄公は、「君子は人を阨《やく》に困《くる》しめず」（『十八史略』）――君子は人の弱みにつけいるような真似はしないものだ、と言って敵軍を待った。

結果は、宋の惨敗。襄公も太ももに矢傷を負い、ほうほうのていで退却した。

スポーツだったら、フェアプレイと讃えられただろう。だが、戦でこれは、どうなの？

というわけで、宋襄の仁とは、要らぬ情けをかけること、といった意味になる。前述した伯夷、叔斉の融通の利かないふるまいが最大級の敬意をこめて語り継がれた儒学の世界でも、宋襄の仁はやはり愚かしいことの例とされているようだ。

それでも春秋時代の歴史を記した代表的な書の一つである『春秋公羊伝《くようでん》』では「大事に臨みて大礼を忘れず」と襄公の姿勢を高く評価している。

さて現代人が平和と戦争を考える時、宋襄の仁はどう評価すべきなのだろう。

実はそう間抜けな話ではないのである。それどころか国際社会の常識は、宋の襄公ほど極端ではないにしろ、彼と同じ方を向いているのだ。

仁とか大礼といった漢語をとっぱらって、襄公の考えを目一杯汎用性を高めて言い換えてみるとどうなるか。

「勝つためにはなにをしてもいい、というわけではない！」

さらには、

「戦争といえども、なんでもありというわけではない！」

そうなりはしないだろうか。そしてこうした意識は人類の経験値が増えるにつれて、文明の東西を問わず育っていったものと思われる。

一例をあげよう。宋の襄公がその仁ゆえに敗れてから三〇〇年ほど経った頃、戦の天才と恐れられた古代ギリシャ、エピロスのピュロス王がローマに攻めこんだことがあった。その際、ピュロス王から寝返ってローマに逃げこんだ者がおり、「お望みでしたらピュロス王に毒を盛って殺してご覧にいれましょう」と献策した。それを聞いたローマの指導者たちは、彼をピュロス王に引き渡したということだ。

「ローマは進んで戦争をしかけて来た強力な敵ピュルロスをさえ、罪をおかして暗殺することをよしとしなかったのである」とは共和制ローマ末期の文人政治家キケロが「戦争における公正さ」を論じる中で記した言葉である（泉井久之助《いずいひさのすけ》訳『義務について』）。

宋の襄公も、ピュロス王の謀殺を拒否したローマも、それを誇らしく評するキケロも、おなじ心を共有している。その心がおもむく先に、後の章で扱う戦時国際法がある。

兼愛のすすめ

春秋・戦国時代には多種多様な思想家、言論人が活躍し、大物はそれぞれに一派をなした。諸子百家《しょしひゃっか》と呼ばれるその中で、もっとも名高いのは儒家《じゅか》の始祖、孔子《こうし》だろう。彼の教えを弟子がまとめた『論語』はいまだに概説書や啓蒙書の出版が後を絶たないロングセラーだ。次いでファンが多いのが老子《ろうし》や荘子《そうし》（老荘思想）。不世出の武道家にして俳優だったブルース・リーは老子を愛読していた。

けれども平和志向の源流をめぐる旅においては、紀元前五世紀に活躍した墨子《ぼくし》と、彼がおこした墨家《ぼくか》が必修科目になる。

戦国時代の魯《ろ》の国に生まれた墨子こと墨翟《ぼくてき》（紀元前四七〇頃―三九〇頃）は、はじめ儒学を学んだがしっくりこなかったらしく、長じて自身の主張を展開するようになった。後に弟子たちがその教えを（自分たちの解釈や主張もこみで）まとめたのが『墨子』だ。欠落や、章題しか残されていない部分も多いが、思想の骨子は幸いしっかり把握できる。

墨子の平和志向は、「兼愛」と「非攻」の二語に集約される。

兼愛（『墨子』巻四）とは分け隔てのない愛を指す。孔子がおこした儒学にあっては、愛に優先順位のようなものが決められてしまっていた。たとえば自分の親より他人の親に愛を注いだら不孝とされるし、自国より他国を想ったら不忠とされるだろう。それはまあ、忠だの孝だのといった大層な言葉を使わなくとも、直感的、本能的に「おかしい、悪い」と思われるかもしれない。その上、当時は身分差の意識が強かった。

だが、片方を愛したらもう片方を愛せなくなる、という窮屈な考えこそがいけないのだ。どちらも愛せばよいではないか。いや、愛すべきなのだ。

「一人の男が自分の家ばかり愛し、他の家を愛さなかったら、他の家を乱して自分の家だけ得しようとするだろう。諸侯が自国ばかり愛し、他国を愛さなかったら、他国を乱して自国だけ得しようとするだろう」

「人の国を自国のようにとらえることができたら、誰が攻めこむだろう。これができたら、家と家との争いも、諸侯が互いの国を攻め合うのも、起こりようがないのだ」（いずれも第一五節より著者意訳）

ここではすでに「兼愛」が戦や争いをなくす力を持つ可能性が示唆されている。なお、「兼」と対義の関係になるのは「別」と呼ばれる。すなわち差別の「別」だ。

そして当時の世は別愛が主流だった。論理的な性格で貫かれた『墨子』は、いちいち自説に対する反対意見を想定し、記し、それに反論を加えてゆく。思考のシャドウボクシングだ。

兼愛のすすめ、に対する反対意見としては「そりゃできたらいいけど、難しいでしょ、無理でしょ」といった論旨が多い。これに対し墨子は「いや、できる。いにしえの聖王がやってらしたのがまさに兼愛なんだから」と反論する。

考え方そのものを非とする意見は「兼愛すると〝孝〟のさまたげになるのでは？」くらいだ。これに対しては「他人の親をも愛すると、めぐりめぐって自分の親にもかえってくるのだから孝は保たれる」というような返事をしている。孝なんて考えがそもそも間違ってる、とは考えていないのだ。その意味で、儒学に真っ向から対立する主張ではない。

攻めるを非とする

続く巻五では「非攻」が説かれる。これはそのまんま、他国を攻めるな、という主張だ。反戦論としていまでも通用する。兼愛の説もここに合流してこそ意義が深まるのだ。

さてそれでは墨子はなにゆえ非攻を提唱するのか。よりによって戦国の世にあって。

まず道徳的な理由が記されている。戦争は義に反するのだと。鶏泥棒、牛馬泥棒、強盗殺人、と「不義」の例を段階的に重くしていった挙句に、墨子は問う。

「君子なら誰でも、こうしたことが不義であると知っている。だが、他国に攻めこむというっそう大きな不義となるといかなる君子も非とせず、むしろ義の行いだと称賛しさえする。これで義と不義との別をわきまえていると言えるのか？」

戦争を起こせば一件の殺人ではすまされない。ところがその大量殺人は非難の対象とはならない。おかしくないだろうか。墨子はこれを不義とし、だからこそ非攻を説く。

同時に彼は、実用的な理由もあげる。

彼は兼愛を説く際にも非攻を説く際にも、一貫して「利」を重視するのである。超要約すれば、戦争なんかまったくもって利にならない、と言うのだ。農業をはじめ様々な仕事ができるはずの人材を戦場に駆り出し、殺し、殺させ、国庫を疲弊させるのだから、と。

この「非攻」の巻でも、反論を記してそれにさらに反駁《はんばく》を加える展開が貫かれる。たとえば「でも他国を攻めることで大きくなった国もあるではないか。利益をもたらしているじゃないか」という反論に対しては「昔は万の国々があったが、いまはわずか四ヵ国に減ってしまっている（それだけ多くの国々が戦で滅んだのである）。例えて言えば、万人を診療した医師が、四人しか治せなかったようなものだ。そんなものは名医ではあるまい」と諭している。どこか特定の国に肩入れし、そこを中心に見ていたらこういう主張はできない。兼愛のなせるわざだ。

しかし、別愛をよしとしない墨子でも、特別扱いせざるをえない人がいる。夏《か》の桀《けつ》を倒した湯王《とうおう》や、紂を討った武王のような、歴史上の聖王とされる人々だ。

「この人たちはどうなんだ。暴君を攻め滅ぼしてよかったんじゃないのか。これすら非とするのか」

まさに武王の挙に対して伯夷兄弟が疑義をさしはさんだ、正統性の小さなほつれにまつわる問題だ。これに対する墨子の答えは――。

「彼らのやったことは攻ではない、誅というのだ」

だからいいのだ！　と。

聖王のありがたみが骨身にしみているわけでもない私たちには、「勝てば官軍」と大差なく聞こえ、結局そこかよとため息の一つもこぼれようというもの。

さすがは墨子、それだけじゃ説得力に欠けると思ったのか、攻と誅の違いを論証してゆく。しかしそのくだりは多くの現代人にはたぶん、逆効果だろう。いわく、暴君紂が滅ぼされる前には様々な怪奇現象が起きたと記録されており、これこそ天が聖王に味方した証《あかし》！　だからこそ誅と言えるのだ！　と、こんな具合なのだ。

こうなるともう、信じるか信じないかの世界。宗教じみている。

そう。論理的で実利を重視する墨子にはもう一つ別の顔がある。天や鬼神（死者の霊）といった、人以外のものも視野に入れようとするのである。この点では「怪力乱神を語らず」と不思議・オカルト系に傾倒するのを固く戒めた孔子の儒学と対立する。先に墨子が利を重んじて非攻を説いたと書いたが、これだって、天の利、鬼神の利、人の利、とお三方におうかがいを立てているのだから、筋金入りなのだ。

また、墨子は冠婚葬祭を簡略化するなど「節」を求めてぜいたくを戒めた。反戦とエコロジーを結びつけたきわめて初期の例と見なしうる。

ついでにもう一つ、墨子には科学者の、と言って大げさなら技術屋の顔もあった。彼とその弟子たちは高い築城技術を持っており、攻める戦は否定するものの、攻められた時の防戦は必要だと考えていた。のみならず、大国に攻められた小国の城郭が脆弱と見れば、出かけていって防御に力を貸すべきと考えていた。墨守という言葉はここに由来する。

墨子の死後も、その思想と実践は弟子たち、つまり墨家の面々に継承されていった。

代々、鉅子《きょし》と呼ばれる指導者を立て、思想的技術屋集団として活動を続けたらしい。彼らが小国の防衛を請け負っていた確実な記述が『呂氏《りょし》春秋』に見える。もっともその記述は、楚の攻勢に対しもちこたえられず敗戦、鉅子の孟勝《もうしょう》以下、一八〇名が自決した、という悲惨な内容だが（紀元前三八一年）。

以降、墨家は急速に衰え、戦国時代が終わり秦《しん》が天下をとる頃には、言論の表舞台から姿を消す。本格的な再評価が始まるのは清代も末期になってからである。

最後に、非攻の系譜につらなる、ささやかな傍流を見ておこう。諸子百家の中でも万年補欠といった感じだが、宋子《そうし》と尹文《いんぶん》の説だ。この二人の学説を収めたまとまった書はなく（後世の偽書を除けば）、彼らを批判したり（たとえば『荀子《じゅんし》』）、賞賛したり（たとえば『荘子』）する別の書のおかげでその思想がうかがえる。それによると、彼らは、

「人から侮辱されても恥と思うな。恥と思わなければ争いは起きない」

と説いていたらしい。

まさに一人一人の日常から始められるところ。この考え方は、いかがだろうか。

恥と思う。だから言い返したり、謝罪を求めたりして争いになる。これがいけない、プ

ライドなんて犬にでもやってしまえ、と。

侮辱は心理的攻撃だ。これを物理的攻撃に置き換えるとどうなるか。平手打ち。グーパンチ。そろそろ聞こえてこないだろうか。あの有名な言葉が。

「右の頰を打たれたら、左の頰も向けなさい」

時代的にもだいぶキリストに近づいてきた。ここらで西方に飛ぶとしよう。

民主制のふるさとより

古代ギリシャ。舞台となる紀元前五世紀のアテナイ周辺は戦いばかりだった。

東方の脅威、アケメネス朝ペルシャの侵攻をなんとか食いとめると、今度は頼れる同盟国だったスパルタとの間に戦端をひらく。この戦争は紀元前五世紀の折り返し地点でいったん和約を迎え、その後十数年の平和の間にアテナイは全盛期を迎えるのだが、結局三〇年の約束を待たず再び開戦。

紀元前四三一年、長い長いペロポネソス戦争の始まりである。

戦争の原因や経過は省く。要するに、大小様々な都市国家群の集まりだったギリシャの中で、アテナイが覇権を握りたがったのである。ペルシャという巨大な外敵に攻められていた時には同盟の盟主だったのが、次第に帝国へと変質していったのだ。

帝国と言っても字の通り帝を戴くものではなく、この時代には民主制が始まっている。その背景には、ペルシャとの戦争で活躍した者たちが政治的発言力を強めたことがある。これよりおよそ一〇〇年ほど前、戦の仕方が一新され、重装歩兵による密集戦術がとられるようになった。「マラソン」の語源として名高いマラトンの戦いのような陸戦においては重装歩兵が活躍する。この部隊を構成するのは、長槍や盾などの武器防具を買える市民たちだ。

では海戦はどうか。海戦では、漕ぎ手を低中高と三段にずらりと並べた三段櫂船《かいせん》が活躍する。こちらの動力となるのは無産階級の人々だ。いずれも国防に体を張ったのだから、と発言権を持つようになる。そして役人はくじ引きで、将軍職は選挙で、という民主制が定着してゆくのである。

民主制の誕生を戦争の影響に注目して見るとこうなる。では国防に体を張らない人々、たとえば女性は、いつまでも政治に参加できないのだろうか。

ところがそうではないのだった。少なくとも、思想の上では。

アクロポリスを占領せよ

ペロポネソス戦争の末期、戦局はどうやらスパルタの優勢が明らかになってきた。ちょうどその頃、紀元前四一〇年のことだ。

アクロポリスと言えば都市国家のシンボルたる城山で、アテナイのそれは特に有名だ。おまけにこの時期、山の頂上にある女神アテナの神殿には、開戦時の指導者だったペリクレスが戦費として蓄えた銀が眠っていた。

そのアクロポリスが女性の集団に占拠される、という前代未聞の椿事《ちんじ》が起きる。

女性たちは男を城門から締め出すと、決起の趣旨を説いて聞かせた。スパルタと和平を結ばない限り、自分たちはここに立てこもる。家に帰ってやらない。や、ら、せ、てもあげない。ついでに、戦を続けるための銀にも手をつけさせない、と。

数日後には交戦国のスパルタでも、女性たちが男の求めを徹底して拒否するようになった。アテナイでの籠城運動と示し合わせてのことだ。こうして世界初のセックス・ストライキ運動が始まったのであった。我慢しきれなくなった両国の男たちは女たちの要求通りに和平に向かう。

——と、これは喜劇詩人アリストパネス（紀元前四四五頃—三八五頃）の作品『女の平和／リュシストラテ』のあらすじである。

残念ながら史実ではない。とはいえ、シチリア遠征の無残な敗戦を経てアテナイの政体が乱れつつあった折も折、かくもラディカルな平和運動の可能性を提示する劇が、下ネタ満載のコメディというヴェールをまとってであれ、書かれ、上演されたのはまぎれもない事実だ。この作品が、散佚《さんいつ》したものも少なくないアリストパネスの作品の中で、ほぼ完全な形で現代にまで残されたのは、それこそエイレネ（平和）の女神のはからいによるものであろう。

アリストパネスの時代のアテナイでは、扇動的な政治家（デマゴーグ）が世論を操る、ソフィストと呼ばれる、一種の〝論破王〟たちがもてはやされるなど、言論状況が成熟から爛熟を経て頽廃《たいはい》に向かっていた。戦争が長引いたのも、好戦的な言説に煽られた市民たちが、講和のチャンスをふいにしたせいだ。アリストパネスはそんな中にあってペロポネソス戦争には反対し続け、作品に自分の思想を縫いこんだ。

『女の平和』の一〇年前に書かれた『平和』は「主人公が戦争を終わらせるための行動に出て、すったもんだの挙句に成功する」という、同様のプロットを持つ作品だが、書き方は大違い。主人公の農夫がコガネムシの背に乗って天界に行き、戦争を終わらせるようゼウスに直談判する、というファンタジー色たっぷりの物語だ。それに比べて『女の平和』はなかなかにリアリスティックな仕上がりになっている。

武装を解く女

主人公はアテナイ人の美しい若奥さんリュシストラテ。作品の原題にも彼女の名が使われている。アリストパネスは登場人物の名前に意味を持たせるのが好きな作家で、この名前は「軍を解散する女」といった意味になるそうだ。

物語は彼女が奥さん仲間を集めて計画を打ち明ける場面から始まる。集合場所に最初にやってきた女性がリュシストラテに「いったいなにが起きてるの？　大ごと？」と訊ねると「どデカいことよ」と答える。「しかも固いのでしょうね？」と乗ってくる女性。こんな具合にさっそく、下ネタが入る。

やがて集合場所に、ラコニア出身のラムピトをはじめ、敵国スパルタからも女性たちがやってくる。戦士の国スパルタの女性は幼い頃から体育で鍛えられており、いまで言う筋トレ女子のさきがけ。そのひきしまった体を、アテナイの奥さん方は物珍しげにほめそやしている。男たちは戦争を続けているが、女たちはすでに仲良くなっている様子。

戦争への愚痴をひとしきり聞いてから、リュシストラテはみなに戦争を終わらせる方法を打ち明ける（以下、高津春繁《こうづはるしげ》の邦訳を参考に、英訳テキストから拙訳）。

リュシストラテ　話すわ、かくしておくわけにはいかないもの。みなさん、わたしたちは、もし男たちに平和を結ばせようと思うなら、おあずけしなくちゃなりません。
カロニケ　なにを？　言ってよ。
リュシストラテ　あなた方、やる？
カロニケ　やるわ、死ななくちゃならないとしても。
リュシストラテ　それじゃ言います。わたしたちはおあずけしなくちゃなりません、すべての男のアレを。あら、どうして顔をそむけるの？　どこへ行くの？　どうして唇をかんで頭をふってるの？　なあに、その顔？　どうして泣いてるの？　やるの、やらないの？　どうするの？
ミュリネ　いち抜けた。戦をやらせておきましょ。
カロニケ　わたしもまっぴら。戦が続いた方がマシだわ。（…）
リュシストラテ　まあ、わたしたち女ってどうしてこうなの！

しない。それは女性たちにとってもしんどい、禁欲の行なのだ。それくらいの苦行を男たちに強いれば、「たちまち和平に向かうでしょう」というのがリュシストラテのアイディアだ。彼女は具体的にボイコットの方法を話し、仲間を説得する。家に残る者は、夫が無理やりやろうとしてきたら、ドアにしがみついて抵抗すること。暴力をふるわれたら、「その時は従う他ないけど、いやいややらせましょう。無理やりやったって楽しくないでしょうし、さらなる苦痛も味わうでしょう」と。

同時に、アテナイの老いた女性たちに一足先にアクロポリスを占領するよう頼んである、と明かす。壮大な計画だ。女性たちは誓いを立て、セックス・ボイコット運動が始まった。スパルタ側から来ていた女性たちの役割も忘れてはならない。彼女らの代表・ラムピトは急いで母国に戻り、こちらの女性たちにも運動を伝播させる。残りの女性はアテナイの籠城に参加し、人質となる。

こうして、アテナイのみならずスパルタの男たちも極度の欲求不満に悩まされることになった。アテナイのリュシストラテもスパルタのラムピトも、どちらも祖国の勝利など願っていない。ただ平和を望んでいるからこそ実行できる計画だ。

さてその運動の効果たるや――。

数日後には籠城組の女性の中から脱落希望者が何人も出てリュシストラテを悩ませるが、なんとか思いとどまらせている様子。一方、男たちの受けた打撃ははるかに大きかった。

キネシアスという男が幼いわが子を連れて、籠城している妻のミュリネに会いに来る場面は滑稽味と一抹の切なさをあわせもつ名場面だ。キネシアスは、子どものためにも帰ってこいとミュリネに求める。妻に逃げられて困るのは性欲方面だけではない。男は自分独りでは子育ても家事もできないことに気づかされたのだ。ついでに、六日ぶりに会った妻が「ずっと若返って」いることにも。「もう長いことおまえは、愛の女神アフロディーテをたたえる儀式をやらずにいる。なあ、帰ってきてくれよ」と乞う夫に対し、ミュリネは答える。

「いやよ。あなた方がお返しをくれない限り――戦争を終わりにして！」

アフロディーテをたたえる儀式とはもちろんメイクラブのことだ。この後ミュリネは「せめてちょっとの間添い寝しよう」と求める夫に対し、子どもを帰らせ、焦らしプレイに出る。そして「休戦するよう提案する」という言質を引き出すや否や城内に逃げ帰ってしまうのである。このくだりは笑えるし、なかなか色っぽい。

この場面では、キネシアスの家が散らかり放題になっていることが語られるなど、作者のアリストパネスは女性の、妻としての、母としての仕事にも敬意を払っていたように思える。もちろん現代基準のジェンダー観や、ガチガチのフェミニズムからすればふざけた話だろうが、この劇でいちばん笑いものにされているのは女性ではなく男性なのだ。

やがてスパルタからの使者がアテナイにやってくるが、どうも歩き方がおかしい。ためにためこんでいきり立つ第三の足に邪魔されている。

「こっちはひどいありさまです。我らみな、灯火を風から守るように前かがみになって歩いています。女どもが尻にも触らせてくれんのです。ギリシャ全土と和睦を結ぶまでは」

女性たちの我慢の甲斐あって、両国は急速に和平に向けて動き出し、リュシストラテの仲裁で休戦を決める。そのままアクロポリスで両国の男女うち揃っての宴会が始まり、幕。アテナイで上演すべく書かれたこの劇がスパルタを讃える歌で終わるのは、戦時中の国民感情というものを直接、間接に知る私たちに心地よい驚きをもたらすだろう。もちろん都市国家の市民感情と、近現代の国民感情とはひらきがあるにしても。

愛にできること

アリストパネスは他にも女性が活躍する劇を書いている（『女の議会』）。当時のアテナイでは、劇の客は男性だけに限られていたから、女性からすればいわば欠席裁判。この詩人が女性たちの代弁者だったなどと強弁するつもりはこれっぽっちもない。ただ、女性をおちょくりすぎもしなければ理想化もしない、ギリシャ的にあけっぴろげつつもバランスのとれた描き方が、この作品と彼の思想に古びない力をもたらしているように思える。

アクロポリスに押しかけてきた役人に対しリュシストラテが述べる言葉を聞いてみよう。戦争になんの関係もない女たちが出しゃばるな、と高圧的に言う役人に、彼女は女性たちを代表して訴える。

リュシストラテ　この大バカ者め！　わたしたち女はあなたがたの二倍以上、戦争の被害者ですよ。まず子どもを産んで、兵士として戦争へ送り出した。

役人　黙れ！　済んだことをむしかえすな。

リュシストラテ　それから青春を謳歌すべき時に、男の人が軍隊に行っちゃったから、独りさびしく寝なくちゃならなかった。若い未婚の娘たちが独りで年取ってゆくのは耐えられないわ。

歌合わせ、あるいは詩合わせでもってこの行に現代日本の文芸で応じると、ベタと言うか決定版と言うか、なんと言われようが茨木《いばらぎ》のり子のあの詩が聞こえてくるのである。

わたしが一番きれいだったとき
だれもやさしい贈物を捧げてはくれなかった
男たちは挙手の礼しか知らなくて
きれいな眼差だけを残し皆発っていった（「わたしが一番きれいだったとき」より）

そうしてロシアによる侵攻が続くウクライナでは、戦地に行くパートナーの精液を冷凍保存するサービスが利用者を増やしている、という報道を思い出し、濁りに濁ったため息をついてしまう。

第一次世界大戦中にフランスの作家ロマン・ロランが書き続けた一連の記事は、平和志向を抱く者の胸を熱くゆさぶる珠玉の文ばかりだ。その中で『先駆者たち』に収められた参戦国の女性たちへの訴えから引用しておきたい。

あなたがたは、戦争が勃発するまえに、男たちの心のなかでこの戦争に反対することができたし、そうしなければならなかったのです。あなたがたは、われわれに及ぼすあなたがたの力を、じゅうぶん知ってはおられません。母親、姉妹、妻、女友だち、恋人たちよ、あなたがたが望みさえすれば、男性の魂をつくりあげるのはあなたがた次第なのです。あなたがたは手に男性を抱いておられる、子どもとして。そして敬愛する女性のそばでは、男はつねに子どもです。どうしてあなたがたは男性を導かれないのでしょう！（「永遠のアンティゴネー」山口三夫《みつお》訳『ロマン・ロラン全集第18巻　エセーI』）

この訴えは、アリストパネスが喜劇にこめた想いの真率な変奏だ。リュシストラテの始めた運動は二四〇〇年くらいの射程はゆうに持っているのだ。

私たちは先に墨子の平和論を見てきた。そこでは非攻と兼愛がセットになっていた。アリストパネスにおいては、平和と恋愛や性愛が結ばれた。ずっと下って二〇世紀中葉、ベトナム戦争に反対してオノ・ヨーコとともにベッド・イン運動を実践したジョン・レノンは隔世に隔世を重ねた直系に属すると言えよう。

愛と平和志向は相性がいいようだ。

隣人愛を説くイエス・キリストが生まれるのはここからおよそ四〇〇年後のこと。さあいよいよ平和志向の極点、非暴力の教えの始まりだ！

キリスト教の誕生

西洋史の中心はその後マケドニアのアレクサンダー大王の遠征を経て、三次に渡るポエニ戦争の結果、地中海世界を支配したローマへと移る。カエサル亡き後、内乱とエジプトとの戦いに勝利したオクタヴィアヌス（アウグストゥス）が初代皇帝となり、紀元前二七年、ローマは帝政に移行した。形の上では以降一五世紀も続き、西ヨーロッパの巨大な初速度となるローマ帝国の誕生である。

そのローマにあって、共和制から帝政への境目を生きた詩人ホラティウス（紀元前六五―前八）が喝破したように、「征服されたギリシャは野蛮な勝者を征服した」のだった。はじめマケドニア、続いてローマの支配下に堕ちたギリシャが、その文化の力で支配者たちをとりこにしてしまったのだ。こうして地中海沿岸一帯に、文化的にギリシャ化した地域がひろがることになる。ヘレニズム世界と呼ばれる。

ローマは神話から建築まであらゆる分野でギリシャの影響を濃厚に摂取した。ギリシャから受け継いだものの中で、平和論を語る上で欠かせない概念が一つある。自然法の考え方だ。この言葉には第三章で活躍してもらうことになるだろう。いまは顔見せまでに。

ローマ帝国の最初のおよそ二〇〇年間は、皇帝の暗殺や短い内乱などがあったものの、比較的平和な時代だった。パクス・ロマーナの呼称でよく知られている。だがローマがその属領をいまのイギリスからトルコあたりにまでひろげ全盛期を誇ったこの時代にも、迫害に苦しんだ二つの集団があった。ユダヤ教徒とキリスト教徒だ。

ギリシャの影響を受けた多神教に加え、神格化された皇帝崇拝が行われていたローマの支配地域にあって、一神教を奉ずる彼らは異質な存在だった。とは言え、空虚な儀式と化したローマの宗教にはない内面的な充実へと導いてくれる一神教の教えに惹かれる者もかなりいたようだ。ユダヤ人はその頃は布教にも熱心で、「神を畏れる人」と呼ばれる共感者を獲得していった（P・ネメシェギ「古代ローマ帝国におけるキリスト教の伝播」）。だが、その教えに選民思想が含まれるユダヤ教は、民族という民族が暮らすローマ帝国にはふさわしくない。

ユダヤ人は二度に渡って大規模な反乱を起こしたが（西暦六六―七〇年、一三二―一三五年）、ローマ軍の前にもろくも敗れ、母なるイスラエル（パレスチナ）の地から追われてしまう。彼らはそれから二〇〇〇年近く、各地でマイノリティとして暮らしながらも伝統と信仰を維持していたが、しばしばその土地の多数派から蔑まれ、社会不安が生じると――伝染病の流行など――集団ヒステリー的な暴力の犠牲になることさえ何度もあった。その苦難の最たるものが、ナチス政権下のドイツでとられた絶滅政策だったことは言うまでもない。

そして第二次大戦でナチス・ドイツが敗れ、ホロコーストの実態が明るみに出ると、国連加盟諸国の同情も手伝って、パレスチナの地にユダヤ人国家の建国が認められる。これが現・イスラエルだが、そこに住んでいた人々（パレスチナ人）の土地を奪って建国する形となり、いまだに絶えない戦火の直接の要因となる。自分たちの国家を手にしたユダヤ人が、かつて自分たちを苦しめた暴力を、否定するどころか今度は他者に対して躊躇なく採用するようになったのは注目すべきことだ。

話が一気に現代へ飛んでしまった。紀元一世紀に戻ろう。

同様に迫害を受けていながら、キリスト教徒たちはユダヤ人と異なり、決して暴力でもって反撃するようなことはなかった。

元祖・非暴力

言わずと知れた世界宗教の一つ、キリスト教は、ローマ支配下のパレスチナに生まれたナザレのイエスによる、従来のユダヤ教への批判から始まった。あたり前のことだが、キリスト教といえども最初は新興宗教だったのだ。イエスの生い立ち、幾多の奇跡を含むその言行と教え、そして磔刑《たっけい》による死（西暦三三年頃）と復活に至るまでの詳細は四つの福音書に綴られている。

あまりに有名な「あなたの隣人をあなた自身のように愛せよ」（マタイによる福音書二二）という教えには、すでに見てきた墨子の兼愛説と響き合うものがある。この言葉自体はユダヤ教の聖典である律法書にすでに説かれていた（レビ記一九）のだが、イエスはそこに新たな命を吹きこんだのだった。

そして愛に関する彼の教えは「自分の敵を愛し、迫害する者のために祈りなさい」（マタイ五）という、なんの矛盾か倒錯かと疑ってしまう境地へ向かう。これでは墨子が認めていた自衛の戦いすらできなくなってしまいそうだ。イエスがこう説いたのは、当時の律法学者らが「自分の隣人を愛し、自分の敵を憎め」と教えていたのに対するカウンターだったのだが、だからと言って彼は極論で煙にまいているわけではなく、この通りのことを要求しているのだ。現にイエスは言葉を重ねて、反撃を戒めている。「悪い者に手向かってはいけません。あなたの右の頬を打つような者には、左の頬も向けなさい」(同)、「あなたの敵を愛しなさい。あなたを憎む者に善を行いなさい。あなたをのろう者を祝福しなさい。あなたを侮辱する者に善を行いなさい」(ルカによる福音書六)

このような、〝非攻〟の完成系とも言うべき教えを含むキリスト教は、イエスの死後、わずか一二〇名の信徒たちが開いた教会がひろめてゆくことになる。

イエス自身の身にふりかかったように、信徒たちを迫害するのは守旧的なユダヤ教徒と、ローマ人だった。しかし伝道者パウロのように、はじめ迫害する側だったのがある日突然、回心してキリスト教をひろめる側になることもある。こうした一人一人の改宗が、非暴力による抵抗の結果の勝利として、信徒たちの信仰を、そして結束をさらに強めたであろうことは想像に難くない。

ローマ帝国からの最大の弾圧は、第五代皇帝ネロの下で起きた。西暦六四年夏にローマで大火が発生すると、その原因は市内のキリスト教徒による放火だ、と罪をなすりつけられて多数が処刑されたのである。わが国で一〇〇年前の関東大震災時に起きた朝鮮人の虐殺に通じる、マイノリティを悪者にしたてた陰謀論が横行していたのだろう。

幾多の迫害にもかかわらずキリスト教はその信仰を帝国中にひろめていった。理由の一つに、ギリシャ文化の影響を受けた地域（ヘレニズム地域）との相性のよさがあったと考えられる。ユダヤ教の神は、預言者を通じてその言葉が知らされているとはいえ、異教徒にはなんともつかみどころのない抽象的な存在だ。一方、キリスト教には非常に生々しく、かつ魅力的な主人公・イエスの存在がある。考えてみればギリシャ的な信仰は、人間くさい神と親しんでいたではないか。また、パンと葡萄酒と祈りだけで事足りる、儀式の素朴さ、簡潔さが好まれた面もあろう。

良心的兵役拒否の源流

では肝心の非暴力、反撃禁止の隣人愛の思想はどうだろう。これも新規勧誘の売りになったのだろうか。

少なくとも、信徒や神学者たちが信念として護持していたのは確かだ。残された言葉を時代順にいくつか聞いてみよう。まずはローマで布教活動を行った紀元二世紀の殉教者ユスティノスがユダヤ教のラビと行った対話記録（『トリュフォンとの対話』）から。

戦争、殺し合い、そしてあらゆる邪悪にまみれていた私たちは、地上のすべての武器を――剣は鋤に、槍は鎌に打ち直し、主よりいただいた敬虔《けいけん》、正義、博愛と希望の野を耕すのです。

（…）首を刎ねられ、十字架にかけられ、獣刑、鎖、火責めその他いかなる拷問にかけられようと、私たちは信仰を公言することをやめないでしょう。こうしたことが私たちの身にふりかかればふりかかるほど、新たにイエスの聖名において、真に敬虔なる信徒となる者が増えるのです（第一一〇章。A. Lukyn Williams の英訳より拙訳）。

言葉だけではなく、実践もしていた。すなわち、キリスト教徒たちは兵役を拒否していたのである。少なくともマルクス・アウレリウス帝（在位一六一―一八〇）の時代までは、兵役についたキリスト教徒は確認されていないという。奴隷や解放奴隷など、軍に徴集されない身分の者がキリスト教徒に多かったためもある。しかし時とともに徴兵対象の市民の間にもキリスト教が浸透してゆくと、彼らは選択を迫られることになった。

カルタゴ出身の神学者テルトゥリアヌスの著「De corona（兵士の冠について）」は、とある兵営で「つい最近起こった」出来事の印象的な描写から始まる。

皇帝からの支給品を受けとるために、兵士の証であるオリーブの冠をかぶった男たちが集まっている。そこに一人だけ「役に立たない冠を手に持って」立っている男がいる。自然、注目は彼に集まり、やがて誰かが、なんだその格好は、と問う。「君たちとともに冠をかぶるわけにはいかないんだ」「なぜだ？」「キリスト教徒だから」

テルトゥリアヌスはこの事件を受けて、キリストの教えと兵役が両立できるかいなかを検証してゆく。答えはノーだ。

主が「すべて剣をとる者は剣で滅びる」と宣告しておられるのに、剣の仕事につくことが許されるだろうか？　訴訟さえふさわしくない平和の子が、戦に加わっていいのか？　そして自分自身への悪事にさえ復仇《ふっきゅう》しない者が、鎖で縛ったり投獄したり拷問したり罰したりしていいのか？（…）私たちにとって神の教えの違反に他ならないなんと多くのことが軍役に含まれているか、わかるだろう（第一一章）。

そして神の教えに違反することを強いられるくらいなら殉教すると説く。

一方で、オリーブの冠をかぶることは異教の信仰——皇帝崇拝に身をゆだねることになるわけだから、キリスト者にはふさわしくない、と信仰の衝突も問題にする（第一二章）。実はこれもキリスト教徒たちが兵役を拒否する理由の一つだった。彼ら彼女らにはすでに「主人」がいるのだから、別の主人（皇帝）に仕えるわけにはいかないのである。後の章で私たちは、明治の日本に同様の状況ができていたことを目撃するだろう。

帝政ローマ期のキリスト教はどのように対応したのか――。

守る者のために？

初期キリスト教の信徒たちの非暴力、平和主義の言動は立派なものだった。けれども後の世を知る私たちは、あらゆるキリスト教徒がいまでもこの通りにやっている、などとは偏見程度にすら思ってはいない。いったいなにが起きたのだろうか。まだ少数派だったから、理想に徹していられた面はないだろうか。

答えに行く前にもう一人だけ、初期キリスト教の神学者にご登場願おう。エジプトはアレクサンドリア出身のオリゲネスだ。

さっきのテルトゥリアヌスはパクス・ロマーナ後の、ローマ帝国が衰退し始めた頃に活躍した人物だったが、オリゲネスはさらに二〇年も後の世代だ。彼はローマの哲学者ケルソスがキリスト教を批判して書いた書物に対し、全八巻もの『ケルソス駁論《ばくろん》（Contra Celsum）』を著してみっちり反論した。

ケルソス自身の作品は残っていないが、オリゲネスが逐次引用しながら反論してくれたおかげで相手の主張もわかる。ケルソスは突飛な比喩（蜂や蟻の社会など）や仮定を厭わない論者だったらしく、「全ローマがキリスト教徒になったらどうすんだ？」という形での批判もしていたようだ。オリゲネスは答える。

もしケルソスの仮定通りすべてのローマ人がキリスト教の信仰を抱いたら、彼らは祈りによって敵に打ち勝つだろう。さらには五〇人の正しい人々のために五つの街を守ると約束なさった神の力に護《まも》られて、戦争をすることはたえてなくなるだろう（七巻七〇章／英訳からの拙訳、以下同）。

やはり平和主義を貫いている！　さらに先の章では、「アジア、ヨーロッパ、リビア、ギリシャのすべての人間と野蛮人」が一つの法の下にまとまることなどありえない、そんなことを言う者は無知なだけだ、というケルソスに対し「証明するのには熟考と熟議を要するが、すべて理性に恵まれた者が一なる法に従うことは可能であるのみならず、いずれ必ずや達成されるだろう」と国際法を先取りするような返事をしている。

この頃にはキリスト教の説教がかなりおおっぴらにされていたようだ。そうやって勢力をひろげた後でも、平和主義の大事な教えはゆがめていない。そんな印象がある。

ところがそう単純な話でもないようだ。

同書の七巻では、ユダヤ教の律法とキリスト教の福音書との違いについてケルソスの問いに答えている。神がモーセを通して伝えた「目には目を、歯には歯を、足には足を」(「出エジプト記」二一)とイエスが説いた「右の頬を打たれたら…」との間には、決定的な違いがあるように見える。ケルソスはそこを突いて、旧約聖書と新約聖書のどちらかが間違っており、神に一貫性がないと批判したようだ。

しかしオリゲネスは、旧約聖書にも「自分を打つ者に頬を与え、十分そしりを受けよ」(「哀歌」三)という句があるように、イエスの教えは必ずしも未知だったわけではない、と強弁する。父なる神の御心は変わっていないのだ、と。

ただ、彼はその先で、かつてイスラエルの民にモーセが与えた「法律」と、「キリストの教え通りにわれわれが定めようと欲する」法律との違いを考察する。人を罰することとさえできない福音書の教えと、こと細かに刑罰を記した旧約のそれとは自ずと異なるだろう。ではなぜイスラエルの民には、反撃を許可する法律が与えられたのか。

自身の領地とある種の政体を備えていた古代のユダヤ人の場合、敵と戦をしたり、国のために戦ったり、姦通者、人殺しその他の罪を犯した者を殺したり罰したりする権利を取り去ってしまうと、なんらかの敵に襲われた時点で突然かつ徹底した破壊へと彼らを導く結果になっただろう。なぜならその場合は彼ら自身の法律が人々の足かせとなり、敵に対する抵抗を禁じてしまうからである（六巻二六章）。

論理的にはすでに自衛戦争を認めていると言える。

さあこうなると問題は、キリスト教徒たちが「自身の領地とある種の政体」を持ちうるかどうかだ。この人たちがローマ帝国で多数派となり、「祖国」の防衛に積極的にたずさわるようになる時、その時でもイエスの教えは変容、妥協することなく保たれるのか。

そして正戦論へ

時は来た。

三世紀の危機と呼ばれる内乱、政争の時代を経て再び帝国に統一をもたらしたコンスタンティヌス帝は、自身の武勲をキリスト教のおかげとし、改宗する。そして西暦三一三年、ミラノ勅令を発して信教の自由を認めたのだ。いまやキリスト教は公認の宗教となった。三九二年には唯一の国教と定められる。

東方で生じた民族大移動のあおりを受けて、いわゆる蛮族が盛んに「領地」を攻めてくる動乱の世紀だ。非暴力の教えは、兵役拒否の実践はどうなっただろうか。作家・阿部知《とも》二《じ》の筆を借りよう。

> こうしてキリスト教の政治的規制力は強化され、これまでのキリスト教殉教者に見られた強固な非妥協的態度は、こんどは異教や異端を弾圧する教会の不寛容性に移行した。また、武力を背景とする伝道もおこなわれ、他方では異民族統治の手段としてキリスト教が用いられるようにもなった。このような状態において、兵役拒否を禁じた教会は、戦争についての教会の立場をあきらかにしなければならなかった。キリスト教と戦争参加との矛盾をどう調和するか——これがローマ帝国の末期から中世にかけての「正義の

戦争」論である（阿部知二『良心的兵役拒否の思想』）。

世界史が好きな方には、むしろこちらの「キリスト教徒」の方がなじみ深いのではないか。なんと、絶対平和主義を謳っていたはずのキリスト教は、武力の必要をあっさり認めてしまったのだった。「正義の戦争」論と文中にあるのは、「悪い戦争はいけないが、正しい戦争ならやってもよい」とする考え方で、一般に正戦論とか義戦論と呼ばれる考え方を指す。これからしばらく、正戦論が西洋の（キリスト教圏の）平和志向のメインストリームになる。

そして七世紀に入ると、わざわざ知恵をしぼって解釈して説明するまでもなくはじめから、神の言葉自体に「聖戦」の教えを含むイスラム教がアラビア半島に興り、瞬く間に一大勢力をなし、キリスト教圏と敵対するに至る。両勢力の対立の歴史の中にもしかし、平和志向のヒントは散らばっているのだ。

というわけで次章では十字軍の時代へとお連れする。

第二章　剣よりも言葉を

キリスト教の正戦論～イスラム教のジハード＝努力～異教徒の説得を目指したラモン・リュイ

スペイン・マジョルカ島のパルマ市にあるラモン・リュイ像。

写真：著者撮影

「すべて人間的なもので、私と無縁なものはない」と、これは古代ローマの劇作家テレンティウスの言葉だ。

美しく、また重い宣言だと思う。ここに一つの変奏を加えて、対立の固着に寄与せんとするあらゆる言説へのはなむけとしたい。

「すべて人間的なもので、時の流れと無縁なものはない」

〝無宗教〟を称する人々には頑迷《がんめい》固陋《ころう》に見えるかもしれない一神教も、時とともに変化してきたのである。であれば今後、より平和の実現に適した方向へ変化したってよいはずだ。

この章では西欧文明圏とイスラム教文明圏との間の元祖「文明の衝突」とでも呼ぶべき十字軍の時代を中心に、両文明の衝突、ではなく交流の成果をご覧に入れたい。中でも、異教徒に対するに、剣ではなくペンを選んだラモン・リュイ（一二三二―一三一六）の思想と実践は平和のための異文化コミュニケーションを志す者にもよい刺激になるだろう。

キリスト教の正戦論

前の章で述べたように、原始キリスト教の非暴力・平和思想は、教会が地上の権力と結びついてからは修正を余儀なくされた。ローマ帝国はいまや迫害者ではなく庇護者だ。非暴力をつらぬいていたら、帝国が戦争できなくなる。

そんなわけで神学者らの福音書解釈は、正戦論に落ち着いてゆく。

ここで改めて正戦論というものの性質を説明しておく。

戦争の是非に対する価値判断を、「絶対ダメ」と「やってよし」の両極端に分けるとする。正戦論はこの両者の間にあって、その細かい内容によって右に左にと推移する。

絶対ダメ派に対しては、「そりゃやらないで済んだら理想的だけど、そうじゃない場合もあるんじゃないの？」と戦争側に引き寄せる。やってよし派に対しては「いやあ、明らかに無意味な戦争はやめときなさいよ」と非戦側に引き寄せる。そして「じゃあどんな戦争なら認められるのか」を規定する根拠を与える。

これが正戦論であって、決して「戦争は正しい」と煽る性質のものではない。

正しい戦争についての議論はキリスト教の生まれるはるか以前からあった。共和制ローマ末期の文人政治家キケロは最晩年の『義務について』で述べる。

戦争に訴えるのは、ただ不法をまぬがれ平和に生きるためであるべきで、もしそこに勝利をえた場合、戦時に残虐でなく非人間的でなかったものはそのままゆるす（泉井久之助訳）。

彼はまた「いかなる戦争も、まず公式に要求の満足を求め、あらかじめ通告し、または正式に宣戦を布告してから行なわれるのでなければ、正しいものと見ることはできない」と理由・目的の正しさだけでなく、手続きの正しさにも言及している。

その後、コンスタンティヌス帝によりキリスト教が公認され、国家と教会が手を結んでからは、名だたる神学者が戦争の肯定に言葉を費やすようになる。

たとえば聖アタナシオスは説く。

「殺しは許されない。しかし戦争において敵を死に至らしめるのは合法かつ称賛に値するものである」

これなどは正戦論未満で、「戦争は正しい」論に近い。聖アンブロシウス（三四〇？―四〇七）はもう少し具体的だ。

「蛮族との戦争において祖国を守り、郷にあっては弱者を庇護し、賊の手から仲間を解放

する武勇は完全に合法である」（Daniel Parker, *Le Choix Décisif* より拙訳）
こちらは自衛戦争の許容と受けとりうる。

聖アウグスティヌスと聖トマス――正戦論の完成

そして偉大な散文作家でもあった聖アウグスティヌス（三五四―四三〇）が登場する。アウグスティヌスはその人生の晩年に、西ゴート族の長アラリックによるローマの侵入・略奪というショッキングな事件を経験している。その二年後に書いた手紙の中で、彼はキリスト教徒の兵役を、福音書に根拠づけて正当化してみせた。どんな理屈だったのか。『ルカによる福音書』には、洗礼者ヨハネ（イエスの師にあたる）が一人の兵士に生き方を問われてこう答えたことが記されている。

「だれからも、力ずくで金をゆすったり、無実の者を責めたりしてはいけません。自分の給料で満足しなさい」と。

アウグスティヌスは、もしキリスト教が戦争それ自体を全面的に否定するのなら、この時のヨハネは「武器を捨て、兵役を避けなさい」といった回答をしていたはずだ、と考える。実際にはヨハネは「自分の給料で満足しなさい」と答えている。給料をもらうとは、仕事である兵役をこなすということ。つまり兵役につくのを許可しているも同然だ、と言うのである（書簡一三八）。

また、武力行使には正しい意図・理由が必要なこと、たとえ正しい意図で始められる戦争であっても主権者（皇帝）に権威づけられた命令がなければ始められないこと、そして戦争はつねに平和をもたらすために行われるべきことなどを主張している。

注目すべきはアウグスティヌスが自衛戦争だけではなく、理由と手続きがしっかりしていれば、自ら攻めこむ戦争をも許容している点であろう。また、「神の命令によって行われた戦争も疑いなく正しい」と、後々誤解を呼びそうな表現もしている。

アウグスティヌスの考えは、キリスト教の正戦論の基礎に位置づけられる。そしてその九〇〇年近く後に活躍する聖トマス・アクィナスをもって、キリスト教の正戦論は完成を見る。以下にその要点を記す。

条件一。戦争を命じる主体が君主であること。君主とは同時に、地上での神の命令の代理人でもある。

条件二。戦争を始めるのに正当な原因、理由があること。その中には、キリスト教を認めない異教徒の排除、教化も含まれる。この項は十字軍を正当化するにも使えるだろう。

条件三。戦争において正しい意図が貫かれること。真のキリスト教徒にとっては「戦争さえも平和的であり、欲望や残酷さによってではなく、悪を抑え善を支えるように、平和を求めて遂行され」る必要があるとアクィナスはアウグスティヌスを引用して述べている（『神学大全』）。宋襄の仁（第一章参照）はやりすぎかもしれないが、この条件はつまり「戦争になったからと言って残虐蛮行し放題、というわけではない」と、その暴れっぷりに注意をうながしているのだ。

イスラム教とジハード

つづいてイスラム教の正戦についての考え方を見ておこう。

ジハードという言葉がある。最近の二十数年で、イスラム教過激派の人々による武装闘争（いわゆるテロ）を通じて日本でもひろまったこの語は、ふつう聖戦と訳される。

本書の中でイスラム教にまとまった紙数を割くのはこの章だけなので、ちょっと詳しく書いておきたい。

イスラム教はアラビア半島のマッカ（メッカ）に生まれた預言者ムハンマド（五七〇頃－六三二）が聴いた神の言葉を、その信仰の揺るがぬ基盤としている。ユダヤ教に対するキリスト教がそうであったように、イスラム教もそれまでの一神教を継承しつつ乗り越え、同時にゆるみきったローカルな多神教を否定する、ひろい意味での宗教改革として始まった。まったくのゼロから始まった宗教ではない。モーセやイエスは預言者の一人として認められ、聖母マリアの処女懐胎さえ、福音書に伝えられた通りの物語を継承している。

教えを伝える言語は正則アラビア語だ。と言うより、神の言葉をまとめた聖典『アル・クルアーン』（以下、コーラン）に使われている言語が正則アラビア語とされ、正しい標準語の基準となってゆくのだ。そんなわけで、正則アラビア語はここ一四〇〇年ほどでほとんど変化していない。しかもラテン語と違って現役で読まれ、書かれ、話されているのだ。言語界のアンチエイジング。日本語で言えば、万葉の歌人の言葉遣いをいまでも正しい言葉遣いと踏襲しているようなものである。

さて、ジハードという語だが、これは「努力をした」という意味の動詞ジャハダの派生形なのだ。日常会話でもふつうに使える語で、たとえば「私は努力しなければならない」と言いたければ、ラー・ブッダ・アン・アジュハドとなるだろう。

ジャ・ハ・ダというこの基本の形（語根）には、殺すとか武器をとるといった意味は含まれていない。たとえばコーラン第二九章「蜘蛛の章」で「信仰のために努力するものは己自身のために努力しているのである」と説かれているところでは、この動詞が用いられている。

そこから派生したジハードは、単に「努力する」の名詞形である「努力」を意味する。「異教徒から守るための努力」転じて「聖戦」を意味するようになるが、いまでも内面のジハード、つまり迷いや疑いとの戦いといった意味も残っている。

ジハードそのものはおっかないものではないのである。イスラム教に対する度の過ぎた警戒や危険視を持たないよう注意したいところだ。

聖典に含まれる戦いの許可

話が前後するが、イスラム教がどのように生まれ、育ったかをおさらいしておこう。

生地マッカで商人をしていたムハンマドは、お金持ちの未亡人ハディージャに見初められて結婚したおかげで、生活に不自由することはなかった。とは言え、幼くして両親と死に別れて祖父や親せきの世話になったさびしい生い立ちや、商人としての現実感覚はリッチな生活の中でも忘れはしなかったようだ。

宗教家としてのデビューは実に遅く、四〇歳になる頃から、幻覚や幻聴を経験するようになる。はじめは自分で自分に怯える体たらくだったが、妻に励まされ、預言者としての使命を自覚する。

アッラーという、当時マッカのクライシュ族の間に流行っていた多神教の頂点におわす神を唯一神として信仰の対象に据えたムハンマドは、おずおずと布教を始めた。相手は偶像崇拝者だ。信徒が少ないうちは別に批判されることはなく、ムハンマドもその商人らしい世渡りの才で妥協的にふるまっていた。が、勢力を増し、次第に守旧勢からの反発が強まると、対決姿勢を鮮明にせざるをえない。

後に成立するコーランは全部で一一四の章からなるが、そのうち計九四章がマッカに住んでいた頃受けた啓示に分類される。コーランは成立順に並んでいるわけではないので、注意が必要だ。初期の章句は後半に置かれている。

非イスラム教徒の日本人に私がおすすめするのは第一〇九章。私自身かつてはアラビア語で暗唱していた章なので、ここは拙訳で紹介したい。

唱えよ、「これ、不信心者たちよ
おまえたちの崇めるものを私は崇めない、

私の崇めるものをおまえたちは崇めない、
おまえたちが崇めてきたものを私が崇めることはあるまいし、
私が崇めてきたものをおまえたちが崇めることもなかろう、
おまえたちにはおまえたちの宗教、私には私の宗教がある」

この章句からは、なにがなんでもこっちの信仰に導こうという頑なさは感じられない。共存は絶対無理だ、といった過度の潔癖さも見られない。

現にアッラーがこんな言葉を伝えていた時期が確かにあったことも含めてのイスラム理解を目指すのが、私のような異教徒が持ちうる礼儀の一例ではないかと思う。

マッカでクライシュ族の多数派との衝突が避けられなくなった頃、朗報が一つムハンマドのもとに舞いこんだ。北に五〇〇キロ以上も離れたヤスリブという町の住民にイスラムへの改宗者が相次ぎ、ついには指導者としてムハンマドをお迎えしたいと言うのだ。暗殺の危険さえ迫る中、ムハンマドらは故郷を捨て、信徒たちとともにヤスリブへ移った。

ムハンマドたちの移住をイスラム教では聖遷（ヒジュラ）と呼び、この年つまり西暦六二二年をもってヒジュラ暦の元年とする。ヤスリブは以降マディナ（街を意味する）と呼ばれるようになる。わが国で十七条の憲法ができたちょっと後のこと。
それまで武力に訴えることのなかったムハンマドの新教団は、マディナに移り、彼自身が政治面での指導者も兼ねてから、迫害する者たちへの戦いに燃えるようになる。非暴力を貫いていた原始キリスト教が三世紀かけて達成した現実政権への妥協を、イスラム教ではわずか数年で、しかも教祖の存命中に遂げてしまったようなものだ。
環境（とムハンマドの立場）の変化は、啓示の性質にも影響する。そもそもの前提に、自分たちがマッカを追われたという歴史的経緯が加わるのである。分類上はマッカ時代の啓示に入るが、第二二章（「巡礼」）では、明確な戦闘許可が出されている。

不当な目に遇わされた者が、相手に敢然と挑みかかることはお許しが出ておる。そういう人たちはアッラーが助けて立派に勝たせて下さろう。すなわち、なんの罪とがもないのに、ただ「我らの主はアッラーだ」と言うだけの理由で住居から逐《お》い出されたような人たちのこと（二二章、井筒俊彦訳）。

ここで「敢然と挑みかかる」は、原文では闘うという意味の動詞が用いられている。

一方、その後のマディナ時代の啓示では、例の「ジハード」が戦う、戦争する、に用いられるケースが見られる。

これ、信徒のものよ、わしの仇敵でもありお前たちの仇敵でもあるような者どもと仲よしになってはならぬ。お前たち、よくもあのような者どもに愛想よくしたりできるもの。お前たちの頂戴した真理を信仰しようともせず、あまつさえ使徒やお前たちを、主アッラーの信者だというだけの理由で追い出した彼らではないか。いかにお前たちがわしの道に闘うため、またわしの嘉賞《かしょう》を得んがために出陣しても、心ひそかにあのような者どもに好意を寄せていたのでは……（六〇章、井筒俊彦訳）。

ここでの「闘う」は直訳すると「ジハードする」なのだ。

二〇二三年一〇月七日に、ガザ地区を支配するハマスの奇襲攻撃を受けてイスラエルが苛烈な報復を開始し、ジェノサイドに近い状況を呈したことは記憶に新しい。その頃、友人のパレスチナ系アメリカ人（祖父の代で土地をイスラエルに奪われて逃げてきた）はＳＮＳ上に反イスラエルの情報を毎日投稿していた。中には右に引いたコーラン第二二章もあった。

こうして戦闘許可を得たイスラム教徒たちは、ヒジュラから八年後には反転攻勢で念願のマッカ攻略（奪還）を果たす。その頃には敵は多神教の偶像崇拝者だけでなく、当初信頼していた一神教の先輩であるユダヤ教徒、さらにはキリスト教徒にまでひろがっていた。そしてその心変わりの過程もコーランに収められているので、この聖典は論駁の言を多く含むことになる。

前記・アウグスティヌスは福音書の中に兵役の許可を見つけ出した。それはいかにも理屈づけた感じのする読みだった。そんなことしないでも聖典の中に戦闘の許可が記されているイスラム教。その勢力はムハンマドの死後一世紀も経たないうちに、アラビア半島から西は北アフリカとその対岸のイベリア半島の大部分まで、東は小アジア（トルコ）にまでひろがり、ローマ帝国の分裂・衰退後のキリスト教勢力としのぎを削ることになる。

これ以降、細かい侵入・撃退はあるが、だいたい両者の勢力圏は固定される。その対立の歴史の中で、キリスト教側からイスラム教側に加えられたもっとも執拗な攻撃が一一世紀に始まる十字軍だった。

十字軍とはなんだったのか

ふつう十字軍と言えば、イスラム教勢力の手中に落ちた聖地エルサレムを奪回すべくキリスト教勢から派遣された軍を指す。第一回は西暦一〇九六年。きっかけは、イスラム教に改宗して間もないセルジューク朝トルコの軍が小アジア一帯を支配し、コンスタンティノープルを圧迫したことだった。困り果てた東ローマ帝国の皇帝は、西に助けを求めた。

これを受けた教皇ウルバヌス二世が呼びかけ、遠征軍が組織された、という流れだ。

一方で教皇は、それより四二年前に教会の東西分裂を引き起こしたコンスタンティノープルの正教会にも腹を立てていた。ここで救援してやるついでに、元の通り教会を統一できればいい。そんな野心もある。

また、十字軍に参加する人には「現世の報酬」もちらつかせていた。新たな土地である。「あなた方がいま住んでいる土地はけっして広くない。十分肥えてもいない。そのため人々はたがいに争い、たがいに傷ついているではないか。したがって、あなた方は隣人のなかから出かけようとする者をとめてはならない」と説いていたことが記録されている。

「けっして広くない」は誇張だとしても、気候の温暖化や農業技術の発達によって、ヨーロッパの人口はこの時期、増加に転じていた。俯瞰して見れば、このマクロな膨張傾向の帰結の一つが十字軍だったとも言える。

なお、自分らにはもっと住む土地が必要だから攻めようという理屈は、近代に入ってもその後裔《こうえい》を生み出し続ける。もっとも有名で有害だった例が、アドルフ・ヒトラーが著書で展開したLebensraum（生存圏）論だ。

こうして始まった十字軍は毎回なにかしらの波乱を含んで一三世紀の終わりまで一〇回くらい繰り返された。数え方によって回数が変わるので、ここでは一〇回くらい、としておこう。

結局、聖地からイスラム勢力を恒久的に駆逐するという目標は達成できなかったし、聖アウグスティヌスが正戦に求めた倫理は守られず、十字軍戦士による虐殺や蛮行はあたり前のように行われた。はなから「キリスト教徒どうしの不正な戦い」をしかけているように見える回（キリスト教の〝異端〟を攻めた、いわゆるアルビジョワ十字軍など）もある。つまり十字軍は、キリスト教徒の敵に対する戦いから、教皇の敵に対する戦いへと性格を変えてゆくのだ。言い換えれば、なんでもありの一歩手前。

われわれはこれらの事実を、正戦論が戦争を抑止したり、その残酷さを減じるのに大した効果を持たなかった教訓として受けとめることができよう。

では十字軍の成果は？　成果はともかく、その影響は大きかった。ごく常識的な評価を紹介したいので、高校世界史の教科書から引用する。

あいつぐ遠征の失敗により教皇の権威はゆらぎはじめ、逆に遠征を指揮した国王の権威は高まった。また十字軍の輸送によりイタリアの諸都市は大いに繁栄し、地中海貿易による東方との交易がふたたびさかんになりだした。これにより東西間で人とものの交流が活発になると、東方の先進文明圏であるビザンツ帝国やイスラームから文物が流入し、西ヨーロッパ人の視野は拡大した（『詳説世界史B』山川出版社、二〇〇七年版）。

おおむねその通りなのだろう。「十字軍の輸送」により繁栄したイタリアの諸都市とは、船を手配したヴェネチアなどを指す。こうして商業発展の基盤ができ、「西ヨーロッパ人の視野」がひろまったことが後のルネッサンスにつながるのだが——。

平和志向をめぐるこの本の性質上、つっこみを入れておかねばならない。

戦争以外に、「文物が流入」する経路はなかったのか？

答えはノーだ。ヨーロッパの知的な成長という面で見れば、十字軍なんかよりはるかに貢献した活動が、同時代に綿々と続けられていたのだ。

舞台はユーラシア大陸の西の果て、イベリア半島に移る。

ヨーロッパの支店と本店

当時の教皇は、たとえて言うなら警察ドラマ『踊る大捜査線』が描くところの〝本店〟こと警視庁上層部のようなもので、現場をよく知らない。「異教徒」たちが本当のところどんなヤツらなのか、日々触れ合っているわけじゃないからわからない。それで崇高なたてまえと権勢欲ばかり肥大させてしまう。

しかしヨーロッパの〝支店〟――辺境たるこの地は、違う。

イベリア半島。スペイン。ここは八世紀の初頭にジブラルタル海峡を渡って北上してきたイスラム軍によって、あっという間に大部分が支配されてしまった過去を持つ。キリスト教徒の諸侯は北の端っこに追いつめられ、コバドンガという山間の地でかろうじて一矢報い、そこから反撃に転じる――。

と思いきや、反撃は遅々として進まない。キリスト教勢が領土を取り戻す運動をレコンキスタ（再征服／国土回復運動）と呼ぶが、これはそうと決めたら一心不乱に突き進む、といったわかりやすい性質のものではなかった。結論から言えば、コバドンガの戦い（七二二年）から全土の奪還まで七七〇年もかかるのだ（一四九二年、グラナダの無血開城により完遂）。応仁の乱から徳川政権の樹立までだって一四〇年程度しかかかっていないのに。

なぜそんなに時間がかかったのだろうか。

「異教徒との戦い」なんぞにそうまじめには取り組んでいなかったのだ。現場には現場のやり方があった。全体としてみると、うまくやっていたのだ。

たとえば南スペイン、現アンダルシア州にコルドバという街がある。スペインにご旅行の際はぜひ足を運んでほしい。八世紀に上陸してきたイスラム教勢が最初に首都を置いたところだ（後ウマイヤ朝）。

コルドバの都が最盛期を迎えたのは九世紀から一〇世紀にかけてで、ある資料によれば当時は一五〇〇以上のモスク、二一万三一〇〇棟の一般住宅、そして政府の要職につく人々、貴族、軍人たちの住宅が六万三〇〇棟あり、八万五〇〇軒の小売商店や露店があらゆる需要を満たし、公共浴場は八〇〇も整備されていた。二〇〇もの公立図書館があり、四〇万冊以上の蔵書量を誇る文化の首都でもあった。蔵書の多くはアッバース朝の都バグダードを通じてもたらされた、アリストテレスをはじめとする古代ギリシャの哲学書、科学書、医学書のアラビア語訳や、この超国際都市に集まる最新の書物。

古代の学問も、浴場も、キリスト教国の人々がきちんと引き継げずに、断絶をはさんでいた分野だ。それをこの世界の富として後世につないでくれたのはイスラム教徒や、語学の力を発揮して翻訳に努めたユダヤ教徒たちだったのだ。

その結果、キリスト教圏の向学心ある者がこれらの新しい知識を求めてコルドバ留学に来る、という繁栄ぶりだった。

どういうことだ。異教徒と戦うどころか、わざわざ勉強しにいくなんて。

現場のリアリズム、というものだろう。

そしてこの都ではキリスト教徒もユダヤ教徒も、ジズヤと呼ばれる人頭税を納めさえすれば自分の信仰を維持して暮らせた。ただし公共の場で自分の信教を明かす行為は禁じられていたし、時には平和的な共存とは言いかねる事態になることもあった。その最たる例が八五〇年に起きた過激派キリスト教徒たちの反乱と、それを受けての弾圧だったが、レコンキスタ後の統一スペインが行ったような、一事を万事として異教徒の全面改宗とか全員追放とかいった政策がとられることはなかった。

統治する側からすればジズヤが国庫を潤すという功利的な理由と、ユダヤ教徒もキリスト教徒も同じ聖書から出発した「啓典の民」であるという教義にもとづく理由から比較的寛容な政策を維持していたのだし、統治される異教徒の側からすれば、それほど不便を感じないし、餓えはしないし、文化的な刺激は豊富だし、と現実に順応して、おかげで共存が成立していたのだろう。

十字軍より十字路だ

以上はイスラム教国の内部の例。では他国との関係はどうだったか。

キリスト教国とイスラム教国の間でもふしぎな共存関係が築かれていた。どちらの側もその後、いくつもの細かい国が乱立する群雄割拠の状態になるが、キリスト教国同士の戦いに、援軍としてイスラム勢が頼られるなんてことも行われたのだ。節操がない。

このように、イベリア半島における異教徒との戦いは、なにがなんでも許せないといった狂信的な熱にかられたものではなかった。

近代スペインの大知識人の一人であるラモン・メネンデス・ピダルは、中世スペインの叙事詩や武勲詩に登場する「敵」であるイスラム教徒が、「フランスの武勲詩に出てくるような、憎むべき和解不可能な敵とは決して見なされていないこと」に注意を促している。

彼がその著書のタイトルにしたように、スペインは「キリスト教とイスラム教の架け橋」

なのであり、文明が交差する十字路なのだった。

そして一二世紀にはスペイン中部の都トレドで、組織的な翻訳作業が始められる。イスラム教徒がアラビア語に翻訳して継承してきた古代ギリシャの学問を、今度はキリスト教徒がラテン語にし、ヨーロッパにひろめるのだ。

さっきから私は説明なしにヨーロッパとかキリスト教圏と呼んでいるが、いったい当時の彼らはなにを持っていたか。どの程度の学問があり、どの程度無知だったか。

ここらで一つ、わかりやすい例をあげよう。

十字軍を始めた段階で、ヨーロッパは数字のゼロを知らなかった。そういう人々だった。古代ギリシャ人やローマ人が思いつかなかったゼロの概念。それを考案したのがインド人だったのはよく知られている。九世紀にペルシャの天才数学者ファーリズミは、バグダードのカリフの命令で著した本の中で、インド式の記数法を導入した。そこからイスラム圏にひろまってゆき、当然、アル・アンダルスすなわちイスラム化したイベリア半島にももたらされる。それが翻訳作業を通じてヨーロッパに入ったと考えられる。

ヨーロッパ文明は高度な科学技術を持っている。そんなイメージを抱く人は少なくないと思う。科学技術が数学に支えられ、数学にゼロが不可欠なことだってみんなわかっている。ではゼロを知らないヨーロッパ文明とは何者だろう?

こうしたことを書くわけは、「異なる文明とは、そんなに異なっているのか?」を考える根拠にしたいからだ。自立した、独自の、純粋ななになにな文明という枠を壊すためには、中央ではなく辺境、本店ではなく支店で営まれる経験が役に立つのである。

それから冒頭に記したあのテーゼ。

「すべて人間的なもので、時の流れと無縁なものはない」

ヨーロッパ文明も変わるし、イスラム教文明も変わる。それでいいのだ。なにかご立派な〝譲れないもの〟をでっちあげるのは多くの場合、現場を知らない頭でっかちということになろう。

前記メネンデス・ピダルは述べている。

アラビアの学術書の発見は、中世のキリスト教徒の精神に強い衝撃をもたらした。厳格な宗教的見地からすれば、かくも豊かな文化の保持者であるイスラム教徒は、剣で打倒すべきではなく、その信仰と学問を学んで理性で戦うべき相手だと考えられたのである(Ramón Menéndez Pidal, *España, Eslabón entre la Cristiandad y el Islam* より拙訳)。

相手の信仰と学問を学んで理性で戦う。これは正戦論と同じ数直線上では語れない平和志向だ。この方向性に突き進んだ、偉大と呼ぶにはややぶっ飛びすぎな人物を紹介しよう。西地中海に浮かぶ大きな島、マジョルカ島で生を享《う》けたラモン・リュイその人である。

マジョルカ島に生まれて

マジョルカ島はイベリア半島からの距離とアフリカ大陸からの距離が一対二くらいの位置にある。沖縄本島の三倍ものひろさを持つ島で、その名はずばり、大島といった意味になる。現在はメノルカ島などの離島とともに、スペインのバレアレス州を形成している。

この島も、ご多分に洩《も》れずイスラム教徒に支配されていた時期があった。キリスト教勢が取り戻したのは一二二九年末のこと。カタルーニャ-アラゴン連合王国のジャウマ一世王が一五〇隻もの帆船を率いて上陸し、三ヵ月に及ぶ戦いの末に全土を占領したのだった。二一歳の若さで大手柄をあげたジャウマ一世はその後バレンシア征服も果たし、「征服王」のふたつ名で後世に親しまれるようになる。

カタルーニャはいまではスペイン内の一自治州におさまっているが、当時は西地中海世界の覇者となりそうな勢いで成長していた、準・大国の一つだった。いまでもマジョルカ島やバレンシア州、そしてピレネー山脈を越えてフランスに入った一部の地域など、ジャウマ一世王の頃にカタルーニャ王国の領土だった地では、カタルーニャ語とよく似た言葉が話されている。

ジャウマ一世は十字軍の中核をになうテンプル騎士団のもとで少年時代をすごし、徹底した反イスラム教育を受けて育った。教皇を非常にうやまう騎士で、十字軍的な大義名分を心から信じていた。しかしこのマジョルカ遠征は十字軍扱いされていない。つまり教皇の命令で（あるいは教皇に命令を出してもらって）、その権威で兵と軍費を集めて出陣したものではない。彼の王国が独自に企画したことだ。すると王自身の宗教的な熱意はどうあれ、利にさとい商人や貴族をうまいこと乗せて、出資してもらう必要がある。

イスラム教徒の海賊におびやかされて思う存分貿易ができない商人たちはよろこんで協力する。新たな土地などの見返りが欲しい貴族らも協力する。教会、僧侶は「異教徒征伐」の錦の御旗《みはた》で納得させる。そうして初めて遠征が実現できたのだった。

結果は大勝利。この一大作戦に出資したバルセロナの貴族が、見返りに与えられたマジョルカ島の土地に続々と入植していく。こうしてマジョルカ入りをした貴族のもとに生まれたラモン・リュイは、やがてジャウマ一世の王子――後のマジョルカ王ジャウマ二世――付きの小姓としてマジョルカ島の宮廷に仕え始めた。

トロバドールになりたくて

マジョルカ島の宮廷に仕える若き日のリュイは、信仰よりも恋に燃える騎士だった。恋に燃え、だから恋歌の詩作に励むのか、恋歌を書くために恋を求めるのか、どっちが先かわからなくなる情熱の永久機関を回せる環境にあった。当時の宮廷ではトロバドール、いわゆる吟遊詩人風の詩歌が流行っていたのだ。詩を文学作品として独立させるのは野暮なこと。意中の相手に届けてなんぼ。わが国の平安貴族がやっていたようなことである。

トロバドールと言えば南仏ではないのか、と思われるかもしれない。その通りだ。吟遊詩人という訳語だと竪琴持って歌う人を指すが、狭義のトロバドールは、オック語で詩作した南仏プロヴァンス地方の詩人を指す。

彼らの作風の特徴は、恋愛を積極的に歌ったこと、押韻《おういん》に工夫をこらし、言葉の音楽的効果を追求したこと、そしてしばしば曲をつけて歌われたこと、があげられよう。

リュイが熱中していたのは、こうしたトロバドールの伝統に連なる詩歌であり、また恋愛作法だった。彼は若くして結婚し、二人の子どもがいたが、だからと言って異性を追いかける遊びをやめたわけではない。一夫多妻を認めたイスラム教の影響、ではなく、やはりトロバドール的宮廷恋愛にかぶれて正当化していたのだろう。一二世紀後半にアンドレ・ル・シャプランなる、伝記的事実が詳《つまび》らかにされていない人物が著した「恋愛の条規」には、たとえばこんなことが書かれている。「第一条：結婚は恋を防げない」「第二条：嫉妬できない者は恋もできない」「第一四条：恋の成就は困難であるべし。恋の価値が高まる」などなど。はいはい、そうですかという感じもするが、色恋沙汰に文化的装飾音符がまとわりついてゆくのはなかなか壮観である。

心変わりは幻視とともに

自由奔放に詩人気取りの生活を送っていたリュイに人生の転機が訪れたのは、三〇を過ぎた頃だった。

晩年に彼が弟子に口述筆記させた自伝（三人称で書かれている）によると——。

ある夜、彼はベッドの脇に腰かけ、当時狂おしいほど恋焦がれていたとある婦人のために詩想を練っていた。ちょうど書き始めようとした時、ふと右を向くと、そこには十字架にはりつけにされた我らがイエス・キリストの姿があるではないか。恐れおののいた彼はペンをほっぽりだしてベッドに逃げこんだ（自伝『Vita coaetanea』より拙訳／以下、同書は「自伝」と記す）。

翌朝、何事もなかったかのようにいつもの生活に戻ったリュイだったが、八日後にまた同じ体験をする。四、五回それが繰り返された挙句ついにリュイは悟る。ムハンマドだったら妻のハディージャに背中を押されて預言者たる自覚を持つところだが、リュイは一人で考えて結論を出した。

「神は私が、俗世を離れ全身全霊でキリストに奉仕することをお望みなのだ」と。

この瞬間から、神への愛が女性への愛にとって代わった。ちなみに女性から神へ、と愛の対象を劇的に変える心の動きは、ずっと後のイエズス会創始者、イグナシオ・デ・ロヨラもやはりたどることになる。

ではどんな形でこの新たな愛の対象に奉仕するのがよいか。

高速で回転し始めたリュイの思考の中に、生まれ育ったこの島を中心とした地中海の海図がまざまざと浮かび上がってきた。北に渡ればヨーロッパ。キリスト教徒の世界。南に渡れば北アフリカ。そこは全域がイスラム教徒に支配されている。そしてこの地中海を、双方の船が駆け巡り、時に舷々《げんげん》相摩《あいま》し妨害し合っているのである。

「異教徒たちを正しい信仰に導かねばならない」

そう思いつくや否や、絶望的な思いにとらわれた。自分には学がない。ラテン語を少し学んだくらいだ。あとは俗語（中世カタルーニャ語）での詩作。何人か女は落とせたが、イスラム教徒を説得したことは一度もない。

悲観がしみわたってゆく彼の思考のうちに突然光明がさした。そのアイディアはお告げのように、自分の能力や可能性などおかまいなしに彼をとらえた。

「不信心者を導く、世界最高の本を書こう」

学がないと落ちこんだそばからこんなことを思いつくのだからどうかしている。自分でも驚いていた。この時以来、リュイは三つの目標を立てた。

一つ、イスラム教徒を説得してキリスト教に改宗させること。そのためには死をも恐れない。むしろ、それで死ねたら殉教者になれる。

一つ、正しい教えをひろめるための、「世界最高の本」を書くこと。

一つ、異教徒の言語で宣教できる修道士を養成するための施設を作ること。平たく言えば語学学校の設立だ。

信仰に目覚めた彼は、家族の反対を押し切って出家してしまう。それからイベリア半島に渡って、サンティアゴ・デ・コンポステーラをはじめとする聖地巡礼の旅に出た。当時のリュイはまだ、「中央」志向だった節がある。巡礼を終えたらパリで「文法と、目標達成に必要ななんらかの知識」を学ぶつもりだった。教皇から正式に認可され半世紀、パリ大学は神学研究の一大中心地になっていた。憧れる。

ところが途中立ち寄ったバルセロナで人生の大先輩と出会ったことが、文字通り進路を決した。教皇グレゴリウス九世の法令集を編纂し、ジャウマ一世の顧問を務めたこともあるドミニコ会士、ラモン・ダ・ペニャフォールだ。

御年八〇を過ぎたペニャフォールは、かつて北アフリカのチュニジアに〝ストゥディア・リンガルム〟を、つまり語学学院を建てた実績を持つ。この場合の語学学院とはアラビア語を学ぶ場で、その目的はイスラム教圏で捕虜となった十字軍兵士らを解放するための交渉だった。また、つい何年か前にはジャウマ一世にかけあって、ユダヤ教の著名な学者（ラビ）との御前討論会を実現させている。

ペニャフォールはこのように、いわば異文化交流の実績を持っていた。半世紀も年下の、マジョルカ島から来た巡礼者を見てなにを思ったろう。たぶん、頭でっかちになるな、くらいのアドバイスはしただろう。パリ大学に行ったって、理論武装が重くなるだけだ、と。

自伝では、回心と同時に前述の目標を立てたことになっているが、語学学校の設立というアイディアはペニャフォールとの出会いから得たものかもしれない。

「異教徒の説得が目標なら、パリより地元の方が現場に近いじゃないか」

ペニャフォールと別れたリュイは、バルセロナ港に向かった。

いまでもマジョルカへの旅にはバルセロナ港からの船旅がおすすめだ。リュイのように、ショパンとジョルジュ・サンドのように。

九年間の修業

ラモン・リュイの魅力——少なくとも私が惹かれる理由——の一つは、合理的な判断力とちょっとぶっ飛んだ思いつきに支えられたその行動力にある。

遊び好きの宮廷人生活から、一転して出家へ。これもかなり極端な話だが、そこまでは、彼自身も認めているように、アッシジの聖フランチェスコの例にならってのことだ。剣ではなく言葉でイスラム教徒と向き合う発想も、リュイが生まれる二〇年も前にこの聖人が行った、エジプトでのスルタンとの対話にヒントを得ていた可能性は十分にある。

だがその先で、リュイはいい意味で堅実な、現実主義者ぶりを発揮するのである。

小鳥や狼にさえ説教できたという聖フランチェスコには文化の壁などなかったかもしれない。一方の自分にそんな能力はない。イスラム教徒を説得するには、まず彼らの考えを知らなければならない。そのためには、アラビア語を学ぶ必要がある。

じゃあどうやって学ぶか。彼はマジョルカ島で働かされていたアラブ人奴隷を一人、雇うことにした。語学への情熱は、身分差も体面もぜんぶとっぱらってしまう。なんとリュイは、それから九年間もこの奴隷を家庭教師にして、アラビア語を習得したのだった。語学だけではなく、イスラム教についても教わり、しばしば議論を交わした。一方ではラテン語に磨きをかけるとともに、神学や哲学の研究も怠らない。

修業時代の七年目には、最初のアラビア語の著作を書き始めているのだから感服する。

リュイの青年期は、後にスペイン統一をなしとげるカスティーリャ王国で「賢王」と呼ばれたアルフォンソ一〇世が、首都トレドで綿々と続けられてきたアラビア語文献の翻訳作業に新たな梃入れをした時期に重なる。トレド翻訳学派と呼ばれるその活動は、中世における知的活動の中でもひときわ胸躍らされるものだった。

しかしそれは進んだものを取り入れるという、いわば一方通行の交流である。それまでのキリスト教圏では、開明的な人々でもそこにとどまっていた。インプットを重視して東方の言語を学んでいた。だがリュイはアウトプットも当然のこととして習得している。読み、翻訳し、知識を増やすためだけのアラビア語ではない。自らその言語で書き、その言語で生きてきた人々に読んでもらう。

それを可能とするだけのじゅうぶんな実力は身につけた。

けれども、奴隷であり教師でもあったアラブ人とは悲しい別れ方をしている。

ある日リュイの留守中に、このアラブ人がキリストを侮辱する言葉を吐いた。人づてにそれを知ったリュイは、怒って彼をさんざんにぶん殴った。以来、彼は主人を恨むようになった。そしてある日、一人で座っていたリュイに隠し持っていた剣で襲いかかった。とっさのことだったが、騎士あがりの反射神経で相手の腕をはじき、切っ先をそらした。それでも剣はリュイの胃に突き刺さった。「死ね！」と奴隷教師が叫ぶ。リュイは力をふりしぼって相手を投げ、剣を取りあげた。

後にリュイの弟子が作成した絵物語では、この時奴隷がこう罵ったことになっている。

「アラビア語を教えなきゃよかったと、俺がどれだけ後悔してることか！　なんで俺は俺たちが正しいと信じるコーランとムハンマドの法を、あんたに教えてしまったのか。あんたはそれを攻撃するつもりだったんだ」

確かにその通りだ。リュイは自分がイスラム教に改宗する可能性まで考え勉強を始めたわけではない。キリスト教こそが正しく、そっちに向けて異教徒の信仰を修正するのがそもそもの目的なのだ。あらさがしのために学んだ、と思われても仕方ない部分はある。

そうこうするうちにリュイのお付きの者たちが駆けつけてきて男をとりおさえた。リュイの傷は大事には至らない。「無礼者！」とその場で処刑しかねない勢いの従者らをリュイはなだめた。「あれだけ習得を熱望した言語、すなわちアラビア語を教授してくれた人物を殺すのは酷すぎるように思えた」と後年述懐している。

が、罪は罪だ。教師を縛り、牢獄に連れていかせた。それから三日間、近所の庵で祈りをささげたが内心の動揺はおさまらない。そこで家に帰る途中、牢獄に立ち寄ってみた。

男は首をくくって死んでいた。

知りたくて、伝えたくて

それから間もなく、リュイはパルマ市郊外のランダの丘で神の啓示を受けた。そして懸案の「世界最高の本」を書くためのヒントをさずかる。一二七四年、リュイは四二歳になっていた。

リュイはこの時インスピレーションを得た、真理探究のための方法を“Ars”と呼んだ。アートのこと。術とか方法の意味だ。そして生涯、その発展と普及に力を注ぐようになる。ランダの丘から戻ってすぐに書き始めた『結合の術』を皮切りに、一三〇八年の『究極普遍の術』まで、術の教本だけで一六作も書いているのだ。

では彼の術とはいったいどのようなものだったのか。詳述する余裕はないが、それは「組み合わせ」の考え方を、問いや命題を作るのに応用したものだった。

リュイの術は同時代ではさほど受け入れられなかったし、彼の度重なるプレゼンテーションも虚しく教皇庁に採用されることはなかった。だが彼の死後、高く評価する学者が増えてゆく。そしていまでは計算機（コンピューター）の原理の原型として評価されているのである。ジョルダノ・ブルーノやライプニッツといった、理数系少年に好まれがちな哲学者がリュイを高く買っているのは偶然ではないだろう。リュイ本人も思索と機械との相性に自覚的だった。たとえばこんな言葉を残している。

「すべての哲学者はよき機械工になれる」(『哲学の原理』)

リュイの術に興味を持った方はウンベルト・エーコの大著『完全言語の探究』(上村忠男・廣石正和訳)を読まれるとよい。私の知る限り、日本語でリュイの術を詳述しているのはこの訳書くらいだ。

平和道の観点からは、リュイがどのようにして術を思いついたか、その過程の方が重要だ。オーストリアのメディア・アーティスト、ペーター・ヴァイベルは、われわれ文芸の友にうれしい仮説を唱えている。前に述べたように、リュイは元来、トロバドール流の詩作に熱中していた。詩なんてものは、三流でよければ楽に書けるが、こだわりだすとなかなか難しい。

ヴァイベルは「詩行を書くための複雑な方法と、洗練された押韻の体系に、組み合わせ理論の萌芽を見てとることができる」と述べる。

詩人としてのラモン・リュイの言語体験が彼の「組み合わせの術」のひな型であり、素になったと仮定できる。詩作の経験、母音、子音、単語、そして韻を組み合わせる技術、それをリュイは、知識を獲得し、現実感を構築する普遍的な方法にまでひろげたのだ（*DIA-LOGOS: Ramon Llull's Method of Thought and Artistic Practice* より拙訳）。

なるほどそれもあるかもしれない。当時の詩は自由詩ではなく、一定の型とルールに従うので、組み合わせ論や計算機的な発想とはなおさら相性がよい。

ヴァイベルの仮説は楽しい。しかし私にはもう一つ、心あたりがある。語学の学習だ。特にアラビア語のような、リュイの母語であるカタルーニャ語とも教養語であるラテン語とも遠く離れた言語。

アラブ人の奴隷はそれなりに聡明だったにしても、教授法など知っていたわけがない。文法という概念だって、知っていたかどうか。話せることと、その言語の体系を客観的に理解することとはまた別だ。

リュイのアラビア語学習は、教師が出してくる例文をまず暗記し、個々のまとまりの役割を自分で解読し——ネイティブが必ずしもその言語を「説明」できるとは限らないのだ——、という独学の要素もたっぷり含んだ、能動的な作業から始まっただろう。

文法的な理解はあくまで解読・推測程度にとどめる。重要なのは、覚えた文を最大限応用できるようにすることだ。これこれの語とこれこれの語とはそもそもグループがちがうのだな。ちがうグループの語同士で置き換えるわけにはいかないのだな、等など。ほらほら、組み合わせの術に近づいてきたぞ。

こうした試行錯誤の経験が、リュイの頭脳の沃野《よくや》に新たな方法論の種をまいていったに違いないのである。そしてそれは、知りたい学びたい、ものにしたいという熱烈な想いの結晶だ。しかも。

改めて強調しておこう。リュイははじめからアウトプットに——相手に自分の考えを伝えることに——重きを置いて言語習得に励んでいた。知りたい想いと伝えたい想いが絡み合う中で続けた九年間の修業。

ここにこそ、本書でリュイを紹介した理由の一つがある。先に結論を書いてしまうと、イスラム教徒を説得するという彼の野心は、大々的には実らなかった。ただ、目的に向けて努力する過程で、〝術〟を考案したり、後述するように自身の文芸の肥やしにしたりと、副産物のなんと豊かなことか。すべてはこれ、敵とされている者らの思考を知り、説得したいという情熱のなせるわざだ。

誰もがリュイを目指せる時代＝現代

リュイの行動原理には、個人から始められる平和創造の営みとして現代でも見習うべきところが多い。たとえば、いわゆる仮想敵国というものに対し、私たち個人になにができるかと言えば、国家に倣って警戒するのではなく——警戒しながらでもよいが——別の面から知ろうと努めることだ。

日本では、中華人民共和国は近隣に領土的野心を抱く危険な存在だということになっている。なっていると言うか、情報の上澄みをすくう限り、そういうことにされるであろう。もちろんわれわれにはすべてを体験し目撃した上で判断することなど不可能である以上、情報はある程度大事だ。しかし、問題が他国のことである以上、情報は否が応でもかたよりがちだ。と言うのも——これは週刊誌等の売文で口に糊していればよくわかるが——近隣諸国の話題など、ある程度の動きがない限りはまず取りあげられないのだから。

だが大きな動きは報道に頼る他なくとも、細かいことはそこそこ知ることができる。「大きな動き」と「細かいこと」の例を一組示す。

新型コロナウイルス流行の発生源としての中国に関する報道は誰もがさんざん目にしたことだろう。中にはこれも敵愾心のネタにしてしまう人もいたかもしれない。私も、中国が憎いといった感情的な言葉を身近で耳にしたものだ。

一方、コロナ禍の中国において「逆行」の二字がなにを指していたかを知る日本人は決して多くはなさそうだ。私は、若干の好奇心と観察力とインターネットのおかげで知ったのだが、これはコロナ封じこめのためにがんばる医療従事者たちを指す。どうも、隔離されて人がよりつかないところへ進んでおもむくから「逆行」、というわけらしく、もちろん賛辞なのだ。

まったくの些末事だ。しかしこの知識は中国に対する恐怖や憎悪を育てるものではなく、むしろ、私の場合、単純に、いいなあとほっこりしたものだ。さすがは漢文の故郷にしてスローガンの国だ、と、なにかとカタカナにしてばかり（エッセンシャル・ワーカー等）の日本より、かえって懐かしいくらいだった。以上、例は終わり。

で、こういうことを学ぶために、リュイにアラブ人の奴隷がいたように、私たちにはインターネットとＡＩというツールがある。これを駆使して異なる言語を学習することだってできるのだ。

言語への関心から付言すれば、「自動翻訳が普及するから外国語の学習は必要なくなる」と主張する論者は、言語を目的のための手段と考えている時点でなにもわかっていないのだから、若い人は特に、あまりまじめに相手にしないで欲しい。言語は手段であると同時に目的でもある。むしろ相手にして欲しいのは、それこそラモン・リュイであり、あるいは、より時代の近い模範を探すなら、アメリカの言語学者ベンジャミン・リー・ウォーフ（一八九七―一九四一）があげられよう。

少々脇道にそれるようだが、リュイの行為の意義を考える上でもちょうどいいので紹介しておこう。ウォーフは、「人間の思考は使用する言語に影響を受ける」という言語相対主義の提唱者として、師のエドワード・サピアとともに言語学史に名を残している。周知のようにアメリカ合衆国の広大な領内には多くの先住民族がおり、ウォーフはその中でもホピ族の言語を調査し、多数派の英語話者からするとわけのわからない未開の言語にすぎないものが、どれほど精緻な体系を備え、しかもこの部族の世界観、ものの見え方と照応し合っているかを論じたのだった。そんなウォーフが早すぎる最晩年に書いた論文「言語、思考、現実」の第二部で、彼は「多種多様な言語を、必ずしも話さなくてよいから、構造を分析し、科学的に理解すること」が「人類の普遍的原理である同胞愛」につながる、と述べる。その際に例にあげたのが、当時アメリカ国民にとってはまさに仮想敵として日に日に嫌悪感が強まっていた大日本帝国の言語、日本語なのだ。

言語学的知識は、論理分析に関する多くの美しい仕組みを理解させてくれる。(…)日本語のことを考えてみよう。われわれが、日本政府の政策方針から外面的に判断する日本人の見方は、同胞愛とは無縁のものだ。だがその言語を審美的に、かつ科学的に吟味することで日本人に接近してみれば、像が一変するのである。これこそがコスモポリタン的レベルでの魂の近しさに気づく一手だ。この言語の愛すべき特徴の一つは、一文の中に位の異なる二つの主語をとれることだろう。私たちは動詞に対し、近いものとより離れたもの、あるいは直接と間接とふつう呼ばれる二つの目的語をとるのに慣れている。似た発想を、主語に適用するなどおそらく考えたこともなかっただろう。この発想が、日本語では現役なのだ(拙訳)。

この後ウォーフは、「日本は山が多い」と「ジョンは足が長い」の例をあげる。そしてそれに対応するもっとも簡潔な英文と比較し、日本語の仕組みの優れた点と、それが日本人の思考に及ぼしうる良い影響を述べる。もしあなたが日本語話者で、多少なりともこの言語に愛着を持っているとしたら、戦争勃発の危機にある相手国の学者(ちなみにウォーフの本業はエンジニアで、最後までアマチュア学者だった)にこんなこと言ってもらえて、単純にうれしくないだろうか。私は、うれしい。

リュイだって、敵の言語を学びながら「コスモポリタン的レベルでの魂の近しさ」を感じることがあったに違いない。私たちもリュイに倣って、知ろうと努めようではないか。

ミラマール修道院の設立と、豊饒な挫折

〝術〟に関する最初の本を書いてしばらく経った頃、ジャウマ一世が亡くなり、広大な領土は二人の息子に分配された。マジョルカ島を受け継いだのは、リュイが子どもの頃宮廷で世話をしたジャウマ二世だ。

新しい王は、リュイがなにやらすごい術を考案したと聞き、居城があったフランスのモンペリエへ呼び寄せた。リュイは自身の思想と方法を説いて聞かせ、一定の評価を得た。この機会に王に願い出て、マジョルカ島に修道院を建ててもらった。現在リュイの像（本章扉写真参照）が立つパルマ市はアフリカ側の海に向いているが、島の北岸に位置するミラマール修道院は、ヨーロッパ側を向いている。急斜面の向こうに地中海が壁のように立ちあがる、すばらしいロケーションだ。

異教徒に、彼らの言語で宣教できる修道士を育てるための施設。観光案内板に書かれた

「ヨーロッパ初の東洋語学院」という謳い文句は事実と若干異なる。先に登場したペニャフォールがスペインのムルシアに建てたのが先と思われる。

しかしリュイの理想はより積極的な、理解と説得のための言語だ。ミラマールでのリュイの役割ははっきりと伝わっていないが、現地の展示（二〇一六年夏に訪問）によると、自身がアラビア語を教えていたらしい。弟子は一二人。十二使徒にならっての数字だろう。ここでの教育にはそれなりの手ごたえがあったと思われる。と言うのも、その後ヨーロッパの他の地にも建てるべく教皇や各地の王に進言しているからだ。

結局、実現したのはミラマールだけだった。では「現地に乗りこんで直接異教徒に説教する」という目標はどうなったのだろう。

疲れを知らない旅行家の一面もあるリュイは、これも実行に移してしまった。六〇歳で初めて北アフリカ、チュニスに渡り、念願だったイスラム教徒への説教を始める。それも賢者と評判の高い相手を集めて説くのである。すると相手は、アラビア語を上手に操りイスラム教にも通じているキリスト教徒が来たのがうれしかったのか、それとも単なる対抗意識からか、逆にリュイを改宗させようとしゃべり始める。

聞き手、論客、やじうまは日を追うごとに増えていった。イスラム教徒たちの言い分を一通り聞き終えると、リュイは満足して言った。みなさんの話を聞く限り、やはりムハンマドの教えを信じる者は神の尊厳というものを完全に理解できていないと判断せざるをえない。特に三位一体がまったくわかっていない。そこで、だ。

「みなさんがこれらのテーマについて二、三日落ち着いて議論したいとお望みでしたら、私はとある術を用いて真理の姿をご覧にいれましょう。その術というのは、わりと最近、神意によって一人の隠者にもたらされたものでしてな」（自伝より）

自分のことを言っている。こうしてリュイが長広舌をふるって聴衆を魅了していると、一人の男がついに我慢ならなくなって叫んだ。「神を冒瀆している！　ひっ捕らえろ！」

リュイはつかまり、裁きを受けるべく、チュニスを支配していたハフス朝のウマル一世の前に連れて行かれた。リュイは死を覚悟しただろう。もとより殉教は覚悟の上。むしろついにこの日が来たかと高揚していたかもしれない。

が、幸か不幸か彼は無事釈放された。ウマル一世はマジョルカ王のジャウマ二世――リュイのパトロンにあたる――と良い交易関係を保っていた。だからリュイを処刑して関係悪化を招きたくなかったのだ、というのが後世の見解だ。こうしてリュイは解放され、なお怒りのおさまらない群衆から石を投げられほうほうの体で、来た時同様にジェノバ商人の船に乗って帰途についたのだった。

その後も二度、イスラム教圏に渡って布教を試みるが、いずれも失敗している。自伝を読む限りでは、二度目などはわざと失敗しに行っているようにさえ思える。

三度目の、そして最後のイスラム教圏への旅は一三一四年から翌年にかけてだった。行き先はまたもチュニスだ。ここで民衆から石を投げられ、それがもとで亡くなったという説もあるが、近年の研究者には否定されている。

一三一六年、故郷マジョルカ島にて永眠。八四歳だった。

永劫のおしゃべり

ラモン・リュイを平和志向の歴史の中に位置づけるのは、それ自体なかなかの異端であろうかと思う。彼は武力を否定したわけではなかったし、そのキャリアの後半には、教皇に十字軍（剣による）の進言さえしている。

だが異なる文化に属する人間同士の、価値観や思想、信念の域にまで踏みこんだ交流において、曲がりなりにも一方通行ではないあり方を、その手段を、追求し実践した彼の存在は、もっと評価されてよい。「知る」ことの目的がただ敵と味方を分けること、になりかねないほどせっかちな言葉が怒濤のように流れてゆく現代にあってはなおさら、学ぶべきところが多いのではないか。

わりと初期のリュイの著作に、『郷紳《きょうしん》と三人の賢者の書』という作品がある。最初にアラビア語で書き、その後自身で俗語（カタルーニャ語）に翻訳したものだ。

神を信じず、世をはかなんで森をさまよう郷紳が、三人の賢者と出会う。三人はそれぞれユダヤ教徒、キリスト教徒、イスラム教徒だ。そしてこの四人が森の中の、泉がわきでる一画で、〝知性〟を名乗る美しい女性に「知性の樹と果実」の存在を教えられる。ここは例によってリュイの術の紹介パートだ。

〝知性〟嬢が去ったあと、賢者たちはその教えを活かして神について語り始める。まずユダヤ教徒、続いてキリスト教徒、最後にイスラム教徒の順に。長い長い、プレゼンテーションだ。すべてを聞き終えると無神論者だった郷紳は三人の教えを理解し、信仰に目覚め涙を流す。そして彼らと出会えたことを神に感謝し、帰途につく。

三人の賢者は実りある討論の余韻に浸る。そして別れ際に「彼らの中の一人が」こう提案するのである。

「どうだろう、〝知性〟嬢に教わったやり方で、今日みたいな議論をまたいつかやらないか？　三人が一つの法、一つの信仰を持てるようになるまで、私たちが互いに敬意を表し、助け合えるようになるまで。戦争や困難、敵意、そして苦痛の因となるふるまいは、人々が信仰を一致させる妨げになるのだから」（*Libre del gentil e los tres savis* より拙訳）

二人に異存はない。賢者たちは次に会う場所と日時を約束して別れるのだった。

この物語の中では、どの宗教が正しいのか決着をつけていないことに注目してほしい。

再会の提案をしたのがどの宗教の者だったかも書いていないのだ。リュイは明らかに意図的に、公平になるようにしている。

こうした知性の使い方こそが、当時のリュイが抱いていた理想だった。やりたかったのはキリスト教の優位を示すことではなく、三宗教の統一だったのではないか。あるいはそもそも、目標を達せられるかどうかは実は二の次で、「互いに敬意を表し」てじっくり話し合えればそれでよい、くらいに思っていたのではないか。リュイが胸にあたためていたのは、正戦論ではなく、正しい話し合いをする方法だったのだ。

少し、私の理想によせすぎたか。ただ、リュイが結果や成果だけではなく途中経過や手段にも価値を見出せる人だったことは間違いないように思う。そして〝論破〟するために学んだアラビア語やイスラム教圏の文化を、当初の動機はどうであれ、知ることで好きになっていったのもこれまた確かだ。そう考える根拠を一つあげよう。

「愛は自由な者に隷従を強い、奴隷に自由を与えるものである」

現在、マジョルカ島の大聖堂のそばにあるリュイの銅像の台座に記されているこの文句は、彼の著作『愛する者と愛される者の書』からの引用だ。この本はもともと、長編小説『ブランケルナ』の中で主人公が書く本として登場する。作中作というやつだ。

内容は、一年の日数と同じ三六六の、愛に関する断章集。「愛する者」がキリスト教徒で「愛される者」が神という隠喩関係を持ち、毎日一つ朗誦することでより深い信仰が得られる、一種の祈禱書を目指して編まれた。

おもしろいのはイスラム教からの影響が堂々と言明されていることだ。本を書こうと考えていた主人公は、伝道師をしていた頃出会ったイスラム教徒の話を思い出す。ある宗教的なグループがあり、その中でも特に高位で尊敬されている者は「スーフィー」と呼ばれ、彼らは人々の帰依を強める、愛に関する短い言葉をたくさん知っている。その言葉は唱えられるべきもので、日々朗誦することで信仰も深まるということだ。

それにヒントを得て書いた、という設定なのだ。リュイ自身がそうして思いついたのだろう。リュイがイスラム教文化から得た影響やヒントを自ら明言するケースは他にもある。

楽しんでいたのだ。好きだったのだ。ついでに言えばリュイの精神世界において、知ることと愛することは親密な関係にある。

本章では「異なる文明」の間での、武力によらない交流の例を、可能性を見てきた。なんとなく固定されがちな「我ら」と「彼ら」の間には壁だけではなく橋もたくさんあることを感じていただければ幸いだ。しかし。

同じ一神教という共通項さえない者が相手だったらどうなるのだろうか。

時は流れて一四九二年一〇月。コロンブス（一四五一―一五〇六）の航海が、二つの大陸の出会いをもたらす。ヨーロッパにとってもアラブにとってもアジアにとっても未知だった世界が、世界史のメインストリームに巻きこまれてゆく。

第三章　人権拡大、国際法、そして永遠平和

先住民の権利を認めたビトリア～国際法の父グロティウスの生命尊重～

哲学者カントが夢見た永遠平和

『戦争と平和の法』の著者、
フーゴー・グロティウス。
写真：dpa／時事通信フォト

この章ではヨーロッパとアメリカの出会いを奇貨としてまかれた一つの平和志向の種の成長を見届ける。そう、それは確かに平和志向に属するに違いない。

征服者たち

肉食の人間たちが島々をだいなしにした。
グァナハニがはじまりだった、
この苦難の歴史の。
粘土の子どもたちは見た、くだけちった微笑み、
打ちのめされた牡鹿の体軀を、
死してなお、わけもわからず。
縛られ、傷つけられた。
燻され、焼き殺された。
嚙みさかれ、埋められた。

そして時が椰子《ヤシ》の樹々の間でワルツを踊り、
くるりとターンを決めるともう、
緑の広間はからになっていた。
　ただ骨だけが残された。
　神と、男たちの栄光のため
　律儀にも十字に組まれた骨が。

チリのノーベル賞詩人パブロ・ネルーダ（一九〇四―一九七三）は、彼を産み育てたアメリカ大陸の歴史を歌った超大作『大いなる歌』の「征服者たち」の章をこのように歌い起こしている。グァナハニとは一四九二年一〇月一二日にコロンブスの率いる船団が最初に到達したカリブ海の島だ。

まったくもって、それは「苦難の歴史」に違いなかった。

出会いは平和的だった。コロンブスとその部下たちは、土地の人々――ここでは当時の航海者にならってインディオと呼ぼう――からなにを得るにも、基本的には公正な取引を心がけた。しばしばビー玉が相手をよろこばせた。あたりは常夏で、住人は裸に塗り物を施している者が多かった。コロンブスは、「タバーコ」を教わり、黄金のありかの見当をつけ、インディオにも様々な種族がいることを知り、一人の王と友好的な関係を築いた。収穫だらけの冒険だった。土産物の中には船員が持ちこんだ梅毒もあったのだが、もちろん検査などあるはずもなく、知らぬが仏だ。

そしてエスパニョーラ島と名づけた島——現在ハイチ共和国とドミニカ共和国がある島——に簡単な砦を作って志願者三九人を残し、ヨーロッパへの帰途につこうとしたその時、後の悲劇を予感させるような事件が起きる。

コロンブスの命令でインディオから弓矢を買いに行った乗組員が、彼らの襲撃を受けたのだ。相手は五〇人余り、こちらは七人と多勢に無勢だったが、武器の性能に勝る船乗りたちが難なく撃退した。一四九三年一月一三日のことであった。

この頃からなにかが狂い始めた。あるいはそれは当然起こるべき衝突だったのかもしれない。コロンブス自身、それまでインディオたちが無警戒だったことの方が理解に苦しむと語っている。なぜ無警戒だったのか？　そこには別の生き方があったのだろう。

帰国したコロンブスは一部始終をパトロンであるスペインのイサベル女王とフェルナンド王に報告し、次の航海への支援を求めた。大発見の知らせはローマの教皇の耳にも届いた。教皇は賛辞とともに、新たに発見され、今後発見される土地の大部分をスペインのものと認める勅書を出す。世に言う贈与勅書だ。この決定には、新世界をめぐってスペインとポルトガルが争わないよう調停する意図もあった。

こうして地球上に勝手に引かれた領有権の境界線は、翌年、ポルトガルの取り分を増やす方に西へいくらかずらされる（トルデシリャス条約）。五〇〇年後の今日も南米大陸ではブラジルだけがポルトガル語圏であとはほぼスペイン語圏となっているのはその結果だ。

こんな乱暴な世界分割ができたのは大昔のことだから、というわけでもない。いまだに戦争の種になっている一九四八年のイスラエル建国は、国連という強国の集まりが決めたことで、その取り決めには先住のアラブ人（パレスチナ人）の権利を軽視する――第一次大戦前後から続く――傾向が寄与していたのだから。

十分すぎるほどの支援と期待を受けて二回目の航海に乗り出したコロンブスは、かつての冒険者の顔に、征服者《コンキスタドール》の残虐な野心をはっきりと浮かび上がらせていた。一七隻の大船団には、植民者や宣教師も乗っていた。そしてビー玉外交の牧歌的な光景があちこちで見られた一回目の航海と異なり、武力行使、略奪はあたり前になっていった。かつてはかたく禁じていた婦女暴行さえ。

もちろんスペイン人たちも無傷ではなかった。それどころか、最初の「虐殺」に手を染めたのはインディオの方だったという見方もできる。コロンブスが即席の砦に残していった人々はみな、殺されていたのだ。だが、人が暮らしているところにやってきて、自分らの価値観（カトリック）を押しつけ、土地と、そこに産する財を奪おうとしている以上、ことはやはり、スペイン人による一方的な加害であり、征服だった。

加えて、これは故意の加害ではないが、スペイン人は天然痘をはじめとする、インディオにとって未知のウイルスを持ちこんでいた。未知とはつまり、抵抗力を持たないということだ。これらのウイルスが虐殺に加担する。

一五〇四年、コロンブスがその生涯最後となった四度目の航海の終わりにエスパニョーラ島に寄った時、インディオの人口は「発見」時の七分の一に減じていた。バハマ諸島などのもっと小さな島々では、もといた住民が絶滅してしまった。それでも労働力は必要だから、今度はアフリカから黒人奴隷を連れてくる始末。

なおおそるべきことに、コロンブスの発見に触発されてその後やってくる征服者たちはいっそうのならずもので、徹底的にわが物顔にふるまい、おびただしい数のインディオの命を奪い、文化を破壊し尽くすのである。アステカ帝国を滅ぼしたエルナン・コルテス、インカ帝国を滅ぼしたフランシスコ・ピサロといった連中だ。彼らにとって、言葉はあざむくために使われる時にもっとも活き活きし、思慮とは策謀を意味した。

黄金を求めるスペイン人は、鉱山を開発するために、タダで使える労働力としてインディオを徴発した。本国の女王らが奴隷とするのをよしとしなかったため（インディオを臣下として扱いたかったのだ）、エンコミエンダと呼ばれる委託制度がとられた。インディオの保護、教化を委託されたスペイン人が、結局は彼らを思うがままタダ働きさせるのである。本国では「インディオの労働に対して適切と思われる賃金、生活費を支給すべし」とされていたが、大西洋を渡る間に空文化してしまったらしい。

過酷な奴隷労働に使われたインディオたちはバタバタと倒れていった。さらには自殺者も増加した。

出会いからの四〇年で、ヨーロッパともオリエントともアジアともまったく異なる伝統を築きあげていた二つの文明が破壊され、白人たち――ほとんどがスペイン人――は南アメリカ大陸の要地をすべて支配してしまった。

一方、ヨーロッパの〝中央〟である他のキリスト教国では、内なる他者との対峙がそれまでの秩序を大きく揺るがし始めていた。贖宥《しょくゆう》状を買えば罪が許される、という儲け主義丸出しのキャンペーンを行う教皇庁に対し、ドイツのウィッテンベルク大学神学教授マルティン・ルターが疑義を呈したことをきっかけに始まった宗教改革が、やがて宗教戦争の嵐を引き起こしてゆくのである。

このような時代状況の中、スペインはきわめて重大な問題を単独で、そして良くも悪くも旧世界を代表して、背負いこむことになった。それを問題として認め、見過ごさなかった事実だけでも、血も涙もないような両世界の邂逅の歴史における、かすかな救いである。インディアス（新世界のスペインでの総称）問題。それは統治形態をめぐる議論から始まり、人権論に肉薄してゆく。

誤解×誤解＝相互理解？

第二章で私たちは、起源を共有する一神教同士の対立と交流を見てきた。キリスト教とイスラム教の間には、対話の糸口となる共通の知識や価値観がふんだんにあった。

ではインディオと、侵略者たるキリスト教徒の場合はどうだったか。

肌の色からもわかるように、インディオと呼ばれた先住民族たちは、ヨーロッパ人よりもむしろアジア人に近い。この人たちのはるか遠い祖先はアジアにいた。それがいまから三万年前から一万年前にかけて、氷期と温暖化の波が繰り返され、その都度海岸線が退いて陸の橋になるベーリング海峡をてくてくと歩いて渡ってアラスカにやってきた。そこからまた長い年月をかけて南北アメリカ大陸にひろがり、一部は船で島嶼《とうしょ》部に移住したのだ。

ともかく彼らはあの突然の出会いの時まで、キリスト教徒ともイスラム教徒ともなんら接点を持っていなかった。お互いに、未知との遭遇だった。ところが本当に未知なるものとしてお互いに認め合えたかと言うと、実はそうはいかなかった。

文化というのは、悪く言えば思いこみのレパートリーの総体である。まだ価値観の体系ができあがっていない子どもでもない限り、人はなにか自分にとって初めてのものに出会うと、なんとかして既知の枠組みに入れて解釈しようとしてしまう。それは仕方ないことだし、一方的ながらも理解しようとする想いの現れである。異文化コミュニケーションのスタート地点としてはまったく問題ない。誤解や偏見は、離陸に向けた助走だ。滑走路いっぱい使えばよい。問題はその先で、現実の観察、ふれあいを通じて当初の〝理解〟を修正してゆけるかどうかだ。つまり真に他者として発見できるか、出会えるか。

コロンブスらもこの例にもれず、自分たちの文化的蓄積が教えるままに、インディオを型にはめていった。そもそもインディオ（インド人）という呼び名自体がそうだったではないか。それから「野蛮人」であり「異教徒」であり「偶像崇拝者」であり……。聖職者たちはなんとかして聖書の記述に説明を求めようとするありさまだ。

白人を見るインディオたちの視線もやはり同様で、先入観を排した無垢なものではなかった。どう見ても初めてなんだけど、初めてだからこそ、言い伝えで知っていたかもしれないし、願っていたかもしれないある存在を投影してしまった。

コロンブス自身が述懐している。

「彼らは、天には神がましますことを知っており、それを信じております。そして我らが天から来たものと確信しております」と（林屋永吉訳『コロンブス航海誌』）。つまり神さまやその代理人のように思っていたのだ。同様の記述は航海誌や報告書の随所に見られる。

誤解に続いて、お互いの誤解に合わせた演技的ふるまいがとられる。〝神さま疑惑〟をかけられていた白人は、時にインディオの思いこみを利用した。もっとも劇的な例はコロンブスが月食を利用してジャマイカ島の人々から食料の援助を引き出したことだろう（一五〇四年二月二九日の月食）。上陸から半年、当初の友好的な態度を改め次第に食料を出し渋るようになっていた人々に対し、コロンブスは警告した。

「諸君の態度に神はお怒りだ。その証拠にまず月を消してみせるとの仰せだから、夜空をよく見ていたまえ」といった具合に。

はたして、言われた通りの時間に月が欠けはじめた。インディオの長は恐れ、反省し、コロンブスに泣きついた。ちゃんと食料を寄付いたしますからお許しください。

老獪な提督は砂時計でちゃっかり時間を計っていた。頃合いを見て、もったいぶって告げる。諸君は許された。間もなく月はよみがえるだろう！

天文学的知識を活用しただけの話だ。

征服者たちが新大陸に馬を持ちこむようになると、リャマより大きな四足動物を知らないインディオたちは、白人たちの騎馬姿にまたもや宗教的なまでの恐れを抱いてしまった。コルテスやピサロのような狡猾な人物がそこにつけこまないはずがない。

あるいは火縄銃。強烈な音を発するこの兵器は、イリャパ＝雷神への信仰と結びつけられた。ギラギラと輝く鎧兜は太陽信仰と。

誤解を正解にする、奇妙な答え合わせが進められていった。アステカとインカという二大国が、数の上では圧倒的に劣る征服者たちにむざむざ支配されたのにはこんな背景もあった。そしてキリスト教徒たちがインディオを〝理解〟するにあたって、もっともはた迷惑な効果を発揮した枠組みは、古代ギリシャのアリストテレスにルーツを持つ説だった。

「人間の中には生まれながらの奴隷もいる」とする、自然奴隷説だ。

一五三九年のサラマンカ白熱教室

スペイン中西部の古都サラマンカ。この街は長らく、スペインの頭脳のように機能していた。パリ大学、ボローニャ大学、オックスフォード大学とともに、教皇から世界四大大学に認定されたサラマンカ大学を擁する学生街なのだ。見どころは数多いが、今回案内するのはサン・エステバン修道院。この中にある、どうやって支えられているのかわからない建築史上の奇跡、通称「ソトの階段」は必見だ。

さてこの階段が作られるちょっと前のこと。一五三四年一一月八日。同修道院に寄宿するサラマンカ大学神学部教授、フランシスコ・デ・ビトリア（一四八三?―一五四六）は一心不乱にペンを走らせていた。パリ大学で研鑽を積み、あふれんばかりの学識を持ち、当時の尺度ではすでに初老に近い年齢を迎えていた彼だが、その名を歴史に刻む業績はここから始まるのだ。

友人の神父に宛てられたその手紙は、ペルーで起きた、インカ人の虐殺、金銀財宝の略奪といった一連の事件に対するビトリアの憤りを伝えている。無慈悲な軍人フランシスコ・ピサロによるインカ帝国の王アタワルパの私刑はこれより三ヵ月余り前、つまり当時の時間的な距離感ではかなり最近の出来事だった。

とにかく、私にはあの戦争における正義というものが理解できません。皇帝陛下にインディアスを征服することができるか否かについては論じますまいが、私の考えではきわめて厳密な意味において、可能でしょう。しかしながら、タバリパ（注：ビトリアの聞き間違いか記憶違いで、インカの王アタワルパを指す）とのついこの前の戦闘に参加した当事者から聞く限りにおいても、タバリパやその配下の者たちはキリスト教徒になんらの害も及ぼさず、また戦争の因となりうるようないかなるふるまいもしなかったのです。（…）哀れな敗者たちから、持てる持たざるにかかわらずすべてを奪うなどということがどうしてできるのでしょう。もしもインディオが人間ではなく猿だったのなら、不法にはあらず。しかし彼らが人間であり隣人であり、自ら皇帝陛下の臣下と見なしていた場合、最近の不信心で横暴きわまりない征服者たちに弁解の余地はありません。（…）もしも私が現在空位になっているトレド大司教の座を熱望しているとして、これらペルレロ（注：ペルー帰りの人々）の無実を認め肯定するのと引き換えに望みの地位をとらせるというのなら、そんなもの望むはずがありません。かくも非人間的で、キリスト教の教義とかけはなれた署名をするくらいなら、舌と手が枯死する方がマシです（Francisco de Vitoria, *Relecciones sobre los indios y el derecho de guerra* より拙訳）。

ここでビトリアが始めたのは、新大陸で行われていることに対する、学者の立場からの抗議である。まだ慎重に、おとなしく、皇帝（当時のスペイン王は神聖ローマ帝国の皇帝も兼ねたカルロス五世）と教皇の権威を認めているが、キリスト教の名のもとに暴走する正義は毫《ごう》も信じていない。その意味で、これはスペイン版の宗教改革の狼煙《のろし》だった。

当時ビトリアは、サラマンカ大学の正教授として講義を担当していたのに加え、年度末に特別講義を求められる立場にあった。そこでインディアス問題を取りあげればいい。宣教師でもなければジャーナリストでもないビトリア教授は、現地へ取材にゆく必要など認めない。熟考に熟考を重ねて草稿を書き溜めていった。明晰な彼の頭脳は、この仕事が単にスペイン人とインディオの関係のみを扱うものではなく、totius orbis つまり「全世界の」人間に適用される「万民法」に向かっていることを見通していた。

先の手紙から四年半が経った一五三九年六月、満員の聴講生を相手についにその特別講義が始まった。後に弟子たちから「Carta Magna（大憲章）」と呼ばれるようになる歴史的な講義だ。

これから重要なポイントにしぼって見てゆくが、その前に先回りして言っておくと、この時点でのビトリアは、決して「インディオの完全なる味方です」といった立場はとっていない。先の章のラモン・リュイがそうだった以上に、キリスト教文化を中心に考えている。講義の中では、古典的な用法にならってインディオではなくバルバロ（元はギリシャ語を解さない者、転じて野蛮人の意味）とも呼んでおり、けっこうひどいことも言っている。

そうした瑕疵《かし》を含めても、新世界の人々に平和をもたらすためになされた、人間精神の偉大な達成であることに変わりはないだろう。

ビトリアはまず真っ先に、インディオに所有権はあるのかという問いを立て、吟味してゆく。これはきわめて重大な問題だった。

もしインディオがその土地や財産の「合法的な所有者」だったのなら、あとからやってきたスペイン人がそれを勝手に自分のものにするのは強奪にあたる。支配して当然と考えている人たち（当時の多数派）はインディオに所有権なんかあってたまるかと信じたい。

自分らのやってきたことを正当化する材料が欲しい。

そこで当時頼られた権威がアリストテレスだった。

インディオにとって迷惑きわまりないことに、この哲人は、『政治学』（第一巻）の中で、人間には「生まれつき治者になるもの」と「奴隷になるのが自然なもの」とがいると主張していた。なおかつ、「野蛮人と奴隷とは自然に同じである」そうだ。

戦争で捕虜になった結果の「法的奴隷」とは異なり、もう、生まれつきの奴隷。「動物が人間に劣るのと同じほど劣る人々」。「他人の所有であることのできる人間」。

この人たちは、より優れた理性を行使できる人々（自由人）に所有され、使われる方がよい。使われてもよい、ではなく使われる方がよい！　のである。これが自然奴隷説だ。

偉大な哲学者のこの説は、国王の希望に反してインディオを酷使したがる征服者、植民者には好都合。正当化の武器として猛威をふるった。

これに対してビトリアは、自然奴隷なるものの存在をあっさり否定してしまう。

アリストテレスの言わんとしたことが、わずかな理解力しか持っていない人は生まれながらにして奴隷であり、自分自身ならびにその持ち物に対する所有権を持っていない、ということでなかったことは確かである。ここで問題にされているのは市民法で言う合法的な奴隷身分であって、だれも生まれながらの奴隷ではない（佐々木孝訳『人類共通の法を求めて』）。

とは言うものの、アリストテレスの本を素直に読めば、彼が確かに「生まれながらの奴隷」の存在を想定していたと理解されるだろう。ビトリアほどのインテリが誤読するはずはない。彼は自分の理想を説いているのだ。ただ権威を頭ごなしに否定するのではなく、参照し、解釈して論を進めるという人文学的手続きをとっているだけで。要するに彼が言いたいのは、「生まれながらの奴隷などいない」ということ。

これは、以前から彼が考えていた「自然法」の適用範囲から当然導き出される結論だった。自然法とは、これまた古代ギリシャにまでさかのぼる概念で、物事の自然な本性から生じる決まりの総体を想定する。人間が決める法律（人定法）が時代や地域によって異なる（異なりうる）のに対し、自然法は普遍的なものとされる。

ところが普遍的な法が仮にあったとしても、これがそうだあれがそうだと解釈するのは人間の理性にゆだねられるだろう。結果として自然法は、いわゆる道徳に近いものになる。

キリスト教の神学にとりこまれてからは、神定法と人定法の間に位置づけられるようになった。そして、具体的な用法としては、たとえば次のように用いられた。

ところで、偶像を崇拝する人々は、とりわけ自然法を犯している。したがって、キリスト教徒が偶像崇拝者を戦争によって強制的に服従させることができるのは当然である。

これはビトリアとは反対に、インディオに対する戦争・略奪は正当であると訴え続けたセプールベダの言葉だが（染《そめ》田《だ》秀《ひで》藤《ふじ》訳『第二のデモクラテス』の「アポロギア（第一部）」）、自然法といえどもさほど普遍的ではなさそうだ、ということがわかりやすいので例にあげた。偶像崇拝が戦争をしかけられるほどの罪になるなんて、「自然」というよりは「キリスト教的な」見方であろう。

ともあれ、重要なのはビトリアが、たとえ自然法を守っていない人々でも、自然法に従って平等であると認めた点にある。自然法に従えば、生まれながらの奴隷などいない。そしてそれは、自然法に無自覚なインディオの場合も成り立つのである。そして「所有権は自然法にも人定法にも属する権利である」。当然、生来の奴隷だから所有権がない、などという主張は通用しなくなる。

こうなると、意地でもインディオの所有権を否定するには別の論拠に頼らねばならない。ビトリアはそうした論拠をいろいろあげた上で、すべてに反論する。そして全体の結論として「インディオはキリスト教徒と同じく、公的にも私的にも疑いもなく真の所有者であり、まさにその理由から、インディアスに住む個々人も君主たちも、あたかも真の所有者ではないかのようにその所有物を奪われてはならない」とまとめるのである。

敵か味方か？　ビトリア、謎の反転

インディオが彼らの土地の正当な所有者だったことを証明したビトリアは、続けて皇帝の権力も教皇の権限も、スペイン人がインディオを支配する合法的な理由にはならないと論証してゆく。コロンブスによる「発見」の翌年、時の教皇が勅書でもって新世界をスペイン王に「贈与」したことを思い出していただきたい。そんなものは通用しないのである。また、「皇帝は全世界の支配者だから」インディオの支配も可能になる、という名目も通用しない。さらにはインディオが「自然法に反する罪を犯した」から——人肉食や男色行為など——といって戦争や征服が正当化されることもない、と説く。

ところがだ。そうやってインディオを擁護し、スペイン人による支配が正しいなんて理由は一つもなさそうだ、と思わせておいて、講義の第三章では逆にスペイン人が正当だとする論拠を述べてゆくのである。

第一の論拠は、移動・移住の自由。たとえば「国外追放は重大刑罰の一つに数えられる。ゆえに、罪もないのに外国人（注：インディオにとっては白人たち）を追い返すことは許されることではない」といった具合に、スペイン人が向こうの土地に行って、住まうのを認める。あるいはこうも言う。「人間同士の友愛は自然法に属し、そして、だれにも害を与えない人間同士の交流を避けることは自然に反することのように思われる」。いやごもっとも。このくだりは読んでいて楽しい。現代日本の思想家・東浩紀《あずまひろき》の『観光客の哲学』を彷彿させるような、旅行のすすめ。本章の最後で扱う、カントの考えに通じるところもある。

問題は、その自由がインディオに邪魔されたから征服戦争が許される、という論理だ。それまでの流れからするといかにも唐突だし、彼が当然知っている歴史的経緯を考えると、あまりに身びいき、スペインびいきの判定に思える。

しかも第二の論拠が、キリスト教の布教のためとされているのだ。それこそ、前の章で、インディオが布教に応じなかったからといって戦争をしかける理由にはならない、とさんざん反論を述べていたのに。

　このあたりがビトリアの、矛盾を感じさせる部分だ。上から目線で言えば、彼の限界となるだろう。彼はどこまでもカトリック側の人間で、インディオが理性的な人間であることは認めながらも、スペイン人より幼稚な段階にとどまっていると考えた。いや、本当に考えていたのかどうかは判断しかねるが、少なくとも聴講生相手にそう述べていた。

　ビトリアに始まるサラマンカ学派と呼ばれる人々を中心にインディアス問題をめぐる政治思想を考察し、若くしてスペイン本国で博士論文を出版する偉業をなしとげた政治学者の松森奈津子は、右で取りあげた問題点について次のように述べている。


　この点において、全世界の概念の下に人間の法的平等性を提示したビトリアにも、自らの国を完全に統治しうる「文明化」した世界（基本的にはヨーロッパ）と、適切な統治制度を維持できない「非文明」的な世界（基本的にはヨーロッパ外部）を区別する視座がみられる。もっとも、後者の世界を全世界の秩序をめぐる考察から排除したわけではなく、その主体と考えていた点は看過されてはならない（『野蛮から秩序へ　インディアス問題とサラマンカ学派』）。

当事者ではなくとも

私の理解では、インディオを見下すような発言は、必ずしもビトリアの本音ではなかった。現実に征服は行われてしまった。多くの命が奪われ、多くの財宝が持ち出された。覆水盆に返らず。するとどれだけ自分の理論や理想とずれていようが、現実の支配は認めるしかなかったのだ。はじめから。だったらこういう弁護ができますよ、とインディオを実際よりも（彼が得ている情報から判断される、講義の前半で描いてみせた像よりも）悪い方に、スペイン人を実際よりも善い方に、それぞれ修正して理論に合わせた。そうした帳尻合わせを行った結果に思える。

あるいはこうも言えそうだ。ビトリアはセプールベダらのように積極的に見下すほど、インディオに関心がない。彼はインディオを擁護したかったわけではなく、世界中で通じる法を考察し、それを守りたかっただけなのだ、と。

比較説明のために同時代人をもう一人紹介しよう。ビトリアと同様ドミニコ会士で、彼とは対照的に、書斎にいるよりはるかに多くの時間をインディオとの実地交流に費やした司祭バルトロメ・デ・ラス・カサス（一四八四—一五六六）だ。インディオの擁護者として、日本でもよく知られている。岩波文庫版『インディアスの破壊についての簡潔な報告』はいまでも全国各地の古本屋で新たな読者の発見を待っていることだろう。

彼はコロンブスとは父の代から家族ぐるみの付き合いで、植民地に渡り、先に述べたエスパニョーラ島の征服に加担した。インディオの奴隷を所有した経験もある。奴隷が名目上廃止された後も、例のエンコミエンダ制の恩恵にあずかって、インディオを使っていた。

このあたりまでは、征服者らと「反対」どころか、同じ穴の狢《むじな》。ところが一度ヨーロッパに戻って司祭となり、目的を布教に切り替えて再び新世界に渡った頃から変化が始まる。そして、二度の回心を経て、自分とその同胞、先輩たちが手を染めてきた事業が悪であり蛮行に他ならないことを悟る。それからは征服者たちの罪を告発し、インディオの待遇改善を徹底して訴えた。六〇を過ぎてスペインに帰ってからはライフワークとなる大著『インディアス史』の執筆に力を注ぐ。

ラス・カサスの場合、はじめにインディオと総称される個別具体的な人々との交流があった。そこにキリスト教の教義をプラスすることで、回心へと導かれた。何百人ものインディオと顔を突き合わせた、支配の、統治の、加害の、そして保護と支援の当事者だった。

一方のビトリアは、スタート地点からして違う。彼はインディアス問題にかかわる以前から、トマス・アクィナスの神学の研究を通じて、自然法概念の拡張を考えていた。そこに「耳にするだけで身体中の血が凍るような」（前出の手紙より）ペルーでの蛮行のニュースが入ってきた。自分が着手している万民法の理論でいけば、彼らインディオを護れるのでは――護るしかないのでは――ないか。同時に、この問題を考察することが、自分の理論を成長させるのではないか。「戦争の法」へと。

そう打算的に考えたわけではなくとも、結果的にはそうなったように思える。

インカ征服のショッキングなニュースは、確かに強烈なモチベーションになっただろう。しかし、感情面での動機としては、殺されたあの人たちのために、よりも、とんでもないことをしでかした私たち（の一部）に対する慚愧《ざんき》の念の方が強かった。こんなことを繰り返さないよう、全世界で通用する法、特に戦争の法を考案すること。

インディオを護るため、ではないのだ。強いて誰かを護るためと言うなら、今後自分らが出会うかもしれない未知の「バルバロ」。そして明日の殺戮者になりかねない自分たち。

そんなわけで、ビトリアの講義で言及されるインディオには具体性がない。ラス・カサスの著書にあって読者を魅了する、種族ごとの差異や風習、儀式、建築等の具体的な記述は皆無に等しい。唯一といってよい例外は、インディオの「悪習」――人肉食や人身御供《ひとみごくう》など――だが、それはインディアス問題の論者にとって、もはや定番。

私はビトリアを批判しているのではない。まったく逆。

インディオだろうが誰だろうが、「神の似姿」であるヒトでさえあれば誰もが、ビトリアの考える法のもとでは平等。理念上、この瞬間から「野蛮人」は地球上にいなくなる。攻めこんでよい、奴隷にしてよい、命を奪ってよい、といった、今日の言葉で言う人権の危機にかかわる事柄に関しては、ヨーロッパ人もインディオも、アフリカの黒人も、誰もが等しく守られる。具体を飛び越え一気に普遍を目指し、そうした世界の基盤となる法の可能性を示した功績は大きい。

ラス・カサスがインディオを奴隷とする間違いに気づいた後も、なおしばらく黒人の奴隷なら構わないと考えていた事実は示唆的である。体験を材料に思索していった彼の方が、インディオ以外の人々への応用が遅れたのだ。理論は、理屈は、無力ではないのである。

言ってみればビトリアは、人類の中のとある一群が、別の一群を、知的操作によって「人間」の枠から閉め出そうとする暴挙を禁じたのである。このことは、少量の知識と性急な思考によって攻撃対象を決める犯罪が散発的に起こる現代日本においても重要な意味を持つだろう。また、イスラエル国の高官たちがパレスチナの人々を「人間動物」などと呼び続けている現状を変えるのにも、ビトリアが置いた原点は有効であらねばなるまい。

この年の特別講義「インディオについて」の第二弾は、「戦争の法について」と特に題されている。戦争に求められる法を考察する、ビトリア版の正戦論だ。それまでの権威であるアウグスティヌスやトマス・アクィナスとの大きな違いは、「戦争への法」のみならず「戦争における法」も詳細に検討している点だ。戦争への法（jus ad bellum）とは、開戦するのに必要な要件を指し、戦争における法（jus in bello）は、戦争が始まってから守るべき決まりごとを指す。話の続きは、およそ一〇〇年後のフランス、パリで刊行された一冊の大部な書物をひもときながらにしよう。

その男、神童につき

日本でも大人気の画家ヨハネス・フェルメールは静謐で緻密な室内画の数々が有名だが、風景画も二点だけ残している。どちらも彼の地元、オランダはデルフトを描いたものだ。川ごしに町を描いた傑作『デルフトの眺望』の画面中央やや右寄りに、クリーム色の塔が、頭一つ抜きんでて見える。デルフトの新教会だ。

フェルメールがまだ少年だった頃、この教会に一人の偉大なデルフトっ子の遺体が運びこまれ、埋葬された。墓碑銘は故人の遺言通り、次のように刻まれている。

オランダの囚人にして亡命者、
スウェーデン女王の公使、
フーゴー・グロティウスここに眠る

と。墓の主グロティウス（一五八三―一六四五）は「生涯に子ども時代を持たなかった」と言われる。七、八歳でギリシャ語とラテン語の詩作をこなし、一一歳でライデン大学に入学。一四歳で数学と哲学と法学の論文を提出し卒業。一五歳で最初の大著を出し評判を呼ぶとともに、使節団の一員としてフランス・パリを訪れる。文武に誉れの高いアンリ四世王はこの少年を謁見した際、「これぞオランダの奇跡だ！」とその早熟な才を絶賛した。帰国すると一六歳で弁護士を開業する。時代が違うとはいえいろいろとぶっ飛んでいる。

そして彼は、幸いにして「二〇歳過ぎればただの人」ではなかった。

最初の大きな仕事は彼が二一歳の時に舞いこんだ。当時のオランダはスペインからの独立戦争を続ける一方、東インド会社を使ってアジア・太平洋地域での交易に精を出していた。海上では、スペインと同君連合の関係にあったポルトガルの船からしばしば妨害を受ける。負けてたまるか、とやり返すうちに、オランダの提督がポルトガルの商船を拿捕し、財産を強奪する事件が起きた（一六〇五年、カタリナ号事件）。やりすぎだ、と世論は沸騰。

東インド会社は、青年弁護士グロティウスにこの件の調査を（要はオランダの弁護を）頼んだ。彼は調査の末に『捕獲法論』を著す。この過程でビトリアやその弟子の著書から多くを学んだ。「国際法の父」への第一歩だ。なお、同書の第一二章は後に修正を加え『自由海論』として単独に出版され、現代まで続く海洋の自由説の起源となる。

順風満帆かに見えたグロティウスだったが、時は宗教戦争の時代。新教の中でもアルミニウス派と呼ばれる少数派に肩入れしていたグロティウスは三六歳の時、国家転覆の陰謀を企てた罪で逮捕され、終身禁固の刑を言い渡されてしまう。そしてとある古城に幽閉されるのだが、賢い妻のアイディアで、本の差し入れに使われていたトランクに自身の身体を折りたたんで入れ、見事脱出に成功する。本は身を助けるのだ。

グロティウスはパリに逃げこみ、国王ルイ一三世以下の歓迎を受けた（一六二一年四月）。王は神童時代の彼の才能を愛したアンリ四世の息子だ。後に夫人も釈放され、再会を果たした。いまや彼は他のオランダ人亡命者らとともに、フランス人の待遇を得、ともかく身の安全は保障されたのだった。

彼がフランスにやってきた時期は、アレクサンドル・デュマの小説『三銃士』の時代とほぼ重なる。東方のプラハ（神聖ローマ帝国領）の新教徒の乱をきっかけに始まった戦争（三十年戦争）が、収束するか、より広範囲に飛び火するかの分かれ目にある頃だった。

そうした情勢を憂慮したグロティウスは、亡命生活が長引くことを悟ると、青年期に『捕獲法論』で着手した国際法の研究を、いま一度、今度は母国の弁護のためではなく、「私人として注意深く」進めてみることにした。

こうして一年余りで書きあげられた記念碑的な大著が『戦争と平和の法』だ。

「人類全体の利益となる」著作

全三巻、邦訳にして一二〇〇ページ以上にもなるこの大作は、その題名とは裏腹に、大部分が「戦争の法」に関する記述に割かれている。以下、訳文は一又《いちまた》正雄の初訳版と渕倫《ふちみち》彦《ひこ》の新しい訳を併用し、かつ意味を損ねない範囲で表記を変えて引用する。

グロティウスは長大で充実した序論のしょっぱなで、自分の仕事の意義を説く。これまでに一国内で通用する法について考察した人物は数多いが、異なる国の人々や諸王に共通の法について書いた者はあまりいない。「包括的に」行った者は、いままでのところ一人もいない。「もしこれが実現されるなら、それは人類全体の利益となるだろう」と直球で述べる。この本こそ、そしてグロティウスこそ、最初の例というわけだ。

そして、戦争においてはすべての法が用なしになるという、一般人のみならず知識人の間でもひろく信じられている「きわめて重大な誤謬」を正す必要から、古代ギリシャの哲学者にして雄弁家カルネアデスを代表者として、これに反駁を加える。

カルネアデスは、まだ哲学ずれしていないローマ人のもとに出向いて、「船が難破して海に投げ出された人が、命からがら板切れにつかまったらそこにはすでに一人つかまっていた。二人だと沈んでしまう。さあどうする?」という問いを立て、「正義」の話をした人物だ。カルネアデスは結局、人間は他の動物と同様自分の利益だけを求めるものであり、正義なんてものはありえない、と論証した。

グロティウスはこれに反論する。人間には他の動物と異なり「appetitus societatis（社会志向）」が備わっている、と。群れを作って助け合うくらいのことは他の動物にも見られるが、人間の場合には「言語」と「一般的な原則に従って知り、かつ行動する能力」がある。これらの能力と合わさった「社会志向」を持つのは人間だけだ、と。

ここにはグロティウスの人間観と社会観がよく表れている。彼の同時代人でこれより二十数年後に『リヴァイアサン』を著し主権国家の成り立ちを説明したトマス・ホッブズと比較するとわかりやすい。ホッブズの思想では、自然状態（国家も法律もない状態）の人間は「万人の万人に対する戦争」状態になる。そのままではまずいから、各人が持っている権利（自然権）を国家に譲り渡して社会契約を結び、平和的な共生を実現する。

一方、グロティウスの場合は、自然状態でも人間たちはなかなかに理性的ということになっている。また、自然状態は国家ができた後も時と場合により（僻地での争いごとや騒乱時など、裁判が行われえない状況）起こりうるものとされる。

こうした「社会志向」を持つ人間たちが集まって作られる社会を守るのが法だ。すでにおなじみの自然法の概念が導入される。ところが、青年期の『捕獲法論』では「神の意思」に由来する「すべての被造物に共通な法」とされていた自然法が、この本では人間の本性から生じる法、と見直されている。しかも神の自由な意思による神意法とは独立した位置に置かれているのだ（グロティウス自身が時々区別を忘れている時があるようだが）。「我々をして社会を欲求せしめる人間の本性そのものが、自然法の母である」。

少し先走って書くと（以下、第一巻第一章より）、法は自然法と意思法に大別され、意思法は神意によるものと人の意思によるものとに分かれる。そして後者の中に、国法やそれより狭い範囲で通用する法と、諸国民に共通の法（万民法）が含まれることになる。

興味深いことには、神意法さえ「普遍的なる法」と「単一の人民に固有の法」に分けられる。たとえばユダヤ教の律法は後者であり、「我々」キリスト教徒を拘束しない、と。神意法はその程度。それに対し自然法は「神もこれを変え得ないほど不変のものである」。

グロティウスは本書の議論において神にそれほど重きを置いていないのだ。なお、本文中で教皇に尊称を用いていないことを主な理由として、『戦争と平和の法』はローマでは禁書に指定された。

一方でグロティウスは「キリスト教徒であれば」という場合分けには、全編を通じてこだわりを見せる。実用的な書を目指して書かれたのだから当然かもしれない。当面の間、国内外での戦争の相手となりそうなのは、異教徒ではなく同じキリスト教徒なのだから。

さて、自然法が人間の本性に由来するのに対し、国法は、人々の「合意」による義務から生じ、集団の利益を向上させる効用を持つ。同様に、すべての国々の合意により、個別の集団の利益ではなく「マグナ・ウニヴェルシタス＝大いなる世界」の利益を考慮して生まれたのが、諸国民の法だ。

前述のように、グロティウスは、戦争においてはすべての法が機能しなくなる、という考えを認めない。「わたしは、キリスト教世界のいたるところで、蛮族でさえ恥ずべきことだと考えるような、戦争に対する身勝手さを見てきた」と同時代の戦争の非人道的性格を苦々しく語っている。

同時に彼は、戦争は（特にキリスト教徒には）例外なく徹底的に許されないとする、絶対的非戦論をも批判する。「なにごとも許されない」と「すべてが許される」の両極端の考え方に対する「治療薬」を提示すること。それがこの大著の執筆動機なのだ。

あれ、似たようなことを私はすでにどこかで書いていなかったか。正戦論の説明だ（本書第二章参照）。ダブってしまうのは無理からぬことである。グロティウスの後世の評価は定まらず、どこまでも正戦論を貫いただけだとその近代性を否定する論者もいるのだ（カール・シュミットのように）。さてどうだろうか。本編を見てゆこう。

内面的正義の効力

序論の後、本編では戦争においても通用すべき自然法と万民法を、膨大な史実を例に詳述してゆく。第一巻では法の起源から始まり、どのような戦争なら起こしてもよいのか、誰が、誰にならしかけてもよいのか、といった条件が考察される。

第二巻では戦争の原因となりうる物事についておそろしく細かく考察される。三巻中最大のボリュームだ。「自己および自己の財産を守るため」が正しい戦争の第一の条件となるため、じゃあその財産とは、所有物とは、所有権とは、と厳密に考えていった結果の分厚さだろう。

最後の第三巻では、いよいよ戦争において許されることと、講和の可能性が論じられる。

グロティウスは「戦争」という言葉を相当にひろい範囲で用いているので注意が必要だ。ふつうに戦争と言えば、国と国との間か、現政権とそれに対する武装勢力との間か、いずれにせよそれなりのまとまりを持った集団同士で行われるものを想像するだろう。しかしグロティウスは、ほとんど「実力行使」の同義語のように扱っている。たとえば、

戦争は、旅行者が追剝《おいはぎ》に対してこれを行い得るように、私人が私人に対してこれを行うことができる（第一巻第四章）

のである。早い段階で私戦と公戦の区別をしているが（第三章）、それでも、読んでい

ると時々「これはどのレベルでの〝戦争〟を言っているのかな？」と戸惑うことがある。主権国家が成立してその内部の人々の暴力を規制するのがあたり前になる以前の、中世的な戦争観を引きずっているのだろう。前述のように、グロティウス本人は母国の独立戦争のさなかに生まれ育ち、太平洋における東インド会社とポルトガルとの「私戦」を調査し、宗派がらみの争乱にまきこまれて逮捕監禁から亡命へ、とざっと見つくろってもこれだけの暴力に触れてきている。

そのためもあって——母国を追われた自分を庇護してくれたフランス王（ただし当初約束してくれた年金はろくに払われなかった）への感謝と畏敬の念も手伝ってだろうか、グロティウスは「主権を有する者」たる王の地位をかなり強固なものと想定している。いま風に言うところの主権在民は認めないのはもちろん、読みようによっては、人民はみな王の奴隷同然だと言っているようにも見える。後にジャン＝ジャック・ルソーはこのへんを突いて一度ならず批判を加えていた（『社会契約論』）。

たとえば、従属者の優位者に対する戦争（第四章）の可否を論じる箇所では「主権を有する者の無定見から、我々が危害を蒙《こうむ》ったとしても、我々は力によって反抗するよりも、むしろこれを耐え忍ばねばならないのである」と断言するのである。後にイギリスの哲学者ジョン・ロックが認めた、人民に危害を及ぼす政府に対する抵抗の権利は、グロティウスにおいては認められないようだ。第一章で紹介した古代中国の義人、伯夷と叔斉兄弟を遠く思い起こさせる。

ところが、反抗や革命、クーデターの類いがまったく許されないのかと言えば、そうでもない。「全人民に対して敵対する王」「支配権が部分的な王」等に対しては、認められる。この例からもわかるようにグロティウスは非常に細かく条件づけする。部分的に読むと、これのどこが「戦争と平和の法」なんだ、といやになるかもしれない。だがご心配なく。グロティウスの狙いは徹頭徹尾、戦争の惨禍を少しでも減らし、平和を拡大することにある。

グロティウスは、彼の自然法概念を合理的に展開させようとするあまり、救いようのない戦争の本質をもいったんは肯定するのである。たとえば第三巻の第四章から先では、戦争において万民法が認めるところを述べる。いくつか抜き出して列挙しよう。

敵の身体と財産を害することは、双方ともに無差別に許容される。

敵の領土内にあるすべてのものを殺傷し得る。

加害権は、子どもと女性にすら及ぼされる。
同様に、捕虜に対してさえ、いかなる時も及ぼされる。
降伏をしようと欲している者に対しても、した者に対しても。（以上第四章）
敵の財産は、破壊し、かつ掠奪《りゃくだつ》し得る。（第五章）
勝者は、破った相手国家の支配権も取得し得る。（第八章）

グロティウスは第四章を始めるにあたって、「許容されること＝罰せられないこと」と「為すべきこと」を区別するよう注意をうながしている。私の解釈では、これらは過去に許されてきた（先例があった）ことであり、戦争を始めるとこうなってしまうという見本である。為すべきこと、でも奨励されること、でもない。

このように、恐るべき戦争そのものに紙上でたっぷり暴れさせておいてから、グロティウスは反撃に出る。ストロングスタイルのプロレスを観ているようだ。

「法規が許容することを、名誉心が禁ずる」というセネカの劇の引用から始まる緩慢な転調はなかなかの見ものだ（第一〇章）。名誉を重んじる心。恥を知ること。この人間らしい感情が正義と結びつき、「内面的正義」が生まれる時、すべての「許容されること」は怒濤のような修正をこうむる。

「正しき刑罰として行われる場合、および、我々の生命財産を保護する方法が他にない場合を除いては、何人をも故意に殺すことは正しくはあり得ない」（第一一章）のである。こうして戦争における殺害権の緩和が求められる。以下、その主な対象を列挙する。


強制されて一方に加担したような「不運により」敵となった者は殺し得ない。

戦争の主謀者と、これに従う者とは区別すべきである。

死に値する敵に対してすら、しばしば処罰を正当に免除し得る。

無辜《むこ》なる者の死は、不慮の出来事によるといえども、可能な限り、これを防止するように配慮すべきである。

子どもは常に助命されるべきである。婦女子に関しても、重大な犯行がない限り助命すべきである。老人もまた（女性については「男子の役割を果たさなかった場合」とある）。

僧侶、聖職者、そして「正直にして人類に有益なる文筆に従事するもの」も。

さらには農工商に従事する人々も殺し得ない（ただし、商人については「武器とは無関係であるから」と、職人に関しては「その仕事が平和を愛し、戦争を好まない者」と記されている。武器商人や武器の技術者については特に記述がないのでわからない)。

それから降伏したがる者も、した者も、人質も殺し得ない。

こっちこそが彼が正義と信じるところなのだ。その後も「緩和」の対象はひろげられ、戦時の略奪ももはや、いくらでも許されるわけではなく、節度が求められることになる。

すべては講和のために

ではこうして蛮行に制限を加える目的はなにか。当然だろう、という以外の理由がある。グロティウスは利益を説明する。かみ砕いて言えば、敵・味方共通の利益、つまり講和の可能性を高めるということだ。

そう、グロティウスが考える戦争は、始まってしまったその瞬間から、終結=講和に向かって双方が努力すべき性質のものなのだ。

いよいよクライマックス。第三巻第二〇章から最後の第二五章までが講和と信義の問題にあてられる。「戦争の法」の群雲がちぎれ、ついに「平和の法」の陽光がさしこむ!

先に名誉心という概念を持ち出したグロティウスだが、戦争を終わらせる努力の足かせになる、当事者の見栄やメンツは考慮しない。基本的な姿勢は、水に流す、だ。

特別の合意がない限り、すべての講和条約においては、戦争によって生じた損害に対しなんらの賠償責任もない、というように取り決められると考えねばならない。

疑いがある場合、交戦者は、両者いずれも被害に対して罪なしという風に契約することを欲したと考えられる。

さすが法律家のグロティウスは、講和条約の文言から生じかねない誤解や不公平についてもあらかじめ手を打つ。

「疑いがある場合は、規定を作成した当事者の利益に反する解釈を採るべきである」と言うのである。これは「条件を提示したものは普通、より強い当事者であるから、かかる者の利益に反するように解釈されるべき」で「売主に不利に解釈されるのと同様である」との理屈になる。

この他、戦争で捕獲された物の返還についても規定があるが、全体に淡泊すぎやしないか、と思われるかもしれない。「被害に対して罪なし」なんてありえない！　と。

　だが戦争の目的は、平和なのだ。講和における両者の最大の収穫は、戦争の終結から再開する平和そのものをおいて他にない。終わるだけで御の字なのだ。細かい取り分にこだわって交渉が決裂したら本末転倒ではないか。

　グロティウスが直接そのように述べているわけではないが、この本には、そして彼の思想の根本には、人命尊重の価値観が脈打っている。グロティウスは言う。

「大いなる善行として神が与え給うた生命を、甚だ価値低く評価するものは、自己に対し、また神に対して、罪を犯すものである」

　彼にとっては「この世のすべての善の基礎であり、かつ永遠なる善の契機たる生命は、確かに自由より一層価値あるもの」であり、「これは個人の場合と全人民の場合とを問わず真実である」（第二巻第二四章）。だから、たとえ正当な原因（自衛のため）があっても、相手が強大で勝てそうにない時にはあえて戦争の権利を放棄する選択肢も考慮すべきだ、と主張する。

　最終章でグロティウスははっきりと肉声を聞かせてくれる。「読者と別れる前に、一言付け加えたいことがある」と。

それは戦争中および戦争後における信義および講和の遵守について、私が先に、戦争の開始を論じた際、戦争を避けることが可能な限りこれを避けるべきことについて、若干の警告を付け加えたのと同様である。信義は他の理由のためのみならず、平和の期待が失われないためにも守られねばならない。

そして「戦争においては常に講和を目標とすべきである」「たとえ損害を受けるとも、講和を受諾すべきである。特にキリスト教徒の場合」と講和の重要性を再三強調し、その利益を説いて、祈禱とともに締めくくられる。

おびただしい史実への言及と、必ずしも首尾一貫していない論理とでざらざらしたこの大著を読み進めてきた読者は、最終章にたどりついて、透き通った音楽に包まれるような感動を覚えるだろう。

グロティウスは序論の末尾で「公務にたずさわる人々が、一目見ただけで、通常発生する紛争の種類と、その解決を可能にするもろもろの原則とを把握することができる」ように工夫したと記している。つまり『戦争と平和の法』は、『六法全書』や『家庭の医学』や『きょうの料理』と同じように、使える本を想定して書かれているのだ。出版されて間もない頃、三十年戦争でドイツを転戦していた北欧スウェーデンの獅子王ことグスタフ＝アドルフが、陣中にまでこの本を持ちこんで愛読していたのは有名な話だ。

フーゴー・グロティウスはその後短期間だけオランダに帰る機会を得たが、すぐにフランスに戻り、駐仏スウェーデン大使としての仕事の傍ら執筆を続けた。最後は乗っていた船が事故に遭い、ドイツで客死した。

彼の死の前年には、北ドイツのウェストファリア地方で、長々と続き八〇〇万を超える死者を出した戦争を終わらせるべく、大規模な国際会議が始まっていた。四年近い歳月をかけてようやく調印されたそのウェストファリア条約によって、オランダは独立を認められ、一〇〇年以上続いたドイツの宗教戦争に終止符が打たれる。そして神聖ローマ帝国は有名無実化し、教皇の政治的な力は失われ、現代につながる欧州諸国の領域が定められる。

ひとまず戦争は終わった。だがすぐまた始まるだろう。始まった戦争は、やまない雨のないように、明けない夜のないように、終わりを迎える。その際にほぼ例外なく講和という、グロティウスが求めた方法が採られたのは不幸中の幸いと言うべきだろうか。
二〇世紀の代表的な国際政治学者ハンス・モーゲンソーは、ウェストファリア条約において「国家相互間の権利と義務を定める国際法原則」が「しっかりと根をおろした」とした上で、グロティウスの仕事を次のように評する。

『戦争と平和の法』は、国際法のあの初期の体系の優れた集大成である。そして、その基礎の上にこそ、何千という条約、国際裁判所の何百という判決、それに国内裁判所によって下された数えきれないほどの判決から成る堂々たる国際法体系が、一八世紀に、より顕著には一九―二〇世紀に築きあげられたのである（波多野里望《はたのりぼう》訳『国際政治』中巻）。

だがしかし、講和条約じゃダメなんだ、と異議を唱える声があがる。グロティウスの死からちょうど一五〇年後のこと。声の主はドイツの高名な哲学者イマニュエル・カント（一七二四―一八〇四）だ。

永遠の平和を目指して

「彼らはひとを慰めようとして煩わす人々だ」

カントは『永遠平和のために』（一七九五）でグロティウスや、その後に続いたプーフェンドルフ、ヴァッテルら自然法論者をそう切り捨てる。なぜか。

国内法にはその執行機関がある。殺人を犯した者は、逮捕され、裁判にかけられ、有罪になれば時には合法的に命を絶たれもする。ところがそれぞれに主権を持つ国家の集まりである国際社会をまとめるはずの国際法や万民法には、それに相当するものがない。自然法よりもその効果はあやしい。ルソーの言を借りると「自然法は少なくとも諸個人の心に語りかけるのに対して、万民法はそれに服する人にとっての有用性以外の保証を持たないために、万民法の決定は、利害が決定を確認する限りにおいて尊重されるにすぎない」のだ（「戦争法の諸原理」）。

だから効力がない、とするのは早とちりなのだが——具体例を知悉《ちしつ》するモーゲンソーいわく「国際法がその成立以来四〇〇年の間、たいていの場合良心的に遵守されてきた、ということも言及に値する」——グロティウスもこの弱点は自覚しており、だからこそ人々の「信義」を強調していた。

ではカントは、どのような代案を出すのだろう。

その内容に踏みこむ前に、時代背景をおさらいしておこう。

前述の三十年戦争終結後、ヨーロッパでは権力を一手に握った君主が統治する国々からなる体制が長く続いていた。条約の名にちなんでウェストファリア体制と呼ばれる。君主の人民に対する態度は国や時期によってまちまちで、時には啓蒙専制君主などという、人々の教師のようにふるまう王もいたが、いずれにしてもみな、支配者。絶対王政と呼ばれる統治の時代だ。

この間の平和志向の例として特筆すべきは、フランスの神学者サン＝ピエール（一六五八―一七四三）による『ヨーロッパに永久平和をもたらす計画』（一七一三）だ。ウェストファリア体制においては、同等の力を持った国同士が対峙する勢力均衡――バランス・オブ・パワー――の考え方が安全保障の主流だったが、サン＝ピエールはこれを批判する。

そして、アンリ四世（少年グロティウスの才能を讃えたあの王だ）と宰相シュリー公のタッグが抱いていた「大構想」をよみがえらせ、仲裁裁判所を伴うヨーロッパ連合の構想を描いた。

それとともに、商業を振興し、各国が相互に依存せざるをえないように――他国の平和が自国の利益になるように――することで平和を達成するビジョンを示した。彼の考えはルソーによって批判的に継承され、カントにヒントをもたらすのである。

そうそう、新世界ではアメリカ合衆国がすでに産声をあげている（一七七六年、独立宣言）。

と、そうした時代状況で、ヨーロッパ中を震撼させる事件が起きた。一七八九年七月一四日、フランスでパリ市民が蜂起。廃兵院から武器を奪い、政治犯が多く収容されていたバスチーユ牢獄を襲撃する。フランス革命の始まりだ。

他国の王たちは、フランスで進められている前代未聞の下剋上劇を黙って見ておくわけにはいかなかった。当時の神聖ローマ皇帝はフランス王妃マリー・アントワネットの兄にあたる。政略結婚で友好関係を築き、事実上の「帝国」――ハプスブルク帝国――を築くのが彼らなりの平和志向だったのだ。皇帝はプロイセン王らとともに、フランス国王を解放するよう、革命政府に声明を出した。

これが革命政府を挑発した形になり、やがてフランスは干渉する各国へ宣戦布告。国歌『ラ・マルセイエーズ』が生まれ、「祖国は危機にあり！」のスローガンのもと義勇兵が続々集まり、反革命の勢力と戦った。その後国王を処刑したことで（一七九三年）いよいよ四面楚歌の状態になる。第一回対仏大同盟。どうする、フランス？

だが一六世紀のビトリアや一七世紀のグロティウスが相手にしないですんだ、新種の怪物の幼虫を養うフランス共和国は強かった。後にナショナリズムと呼ばれるようになる、あの怪物だ。まだ傭兵主体の各国とは異なり、国民の軍は一丸となれる。我慢できる。命をかけられる。

カントの母国プロイセンは、逆にフランス軍に攻め入られるまでにおされ、この戦争から早々に脱落した。そしてフランスとの間で講和条約が結ばれた。

よし、講和だ！　グロティウスが示した平和回復の道のりに沿っている。カントもはじめは納得していたが、この講和条約に「秘密条項」があることを知り、考えを改める。そして講和条約の体裁を借りて書いたのが『永遠平和のために——哲学的な草案』だった。

常備軍を廃止しよう

『永遠平和のために』は当時の講和条約をまねて、予備条項（第一章）と確定条項（第二章）、それに二つの追加条項からなる。最後に長大な「付録」が添えられているが、本書では本編だけを扱うことにする（以下、引用は、光文社古典新訳文庫 中山元《げん》訳）。

はじめに戦争原因を排除するために、六項目の予備条項があげられる。これはその後の確定条項を実現するための条件整備にあたる。順に見てゆこう。第一項目。

将来の戦争の原因を含む平和条約は、そもそも平和条約とみなしてはならない。

これこそがカントの執筆のきっかけであり、現実政治への応答だ。

その理由は、この条約は単なる停戦条約にすぎず、敵対的な状態を延長しただけであり、平和をもたらすものではないからである。平和とはすべての敵意をなくすことであるから、永遠のという言葉をつけるのさえ、そもそも余計なことなのである。

第二項目では「独立して存続している国」は「他の国家の所有とされてはならない」と各国の主権の尊重を求める。また、「共通の敵でない国と戦争をするために、自国の軍隊を他国に貸すという方法」も同様に禁じられる。

そして第三項目。日本国憲法第九条を愛する方は喝采したくなるのではないか。

常備軍はいずれは全廃すべきである。

なんとも気持ちのよい宣言だ。ただ、当時の「常備軍」が意味するものが、後の、一般兵役義務が導入されてからの「国民的常備軍」とイコールではないことは注意を要する。カントも「国民が、みずからと祖国を防衛するために、外敵からの攻撃にそなえて、自発的に武器をとって定期的に訓練を行うこと」は、常備軍とは異なる、とことわっている。おそらくカントの念頭にあったのは職業的な軍人（傭兵）からなる常備軍だったろう。

しかしここでは、どんな常備軍か、よりもなぜ全廃すべきなのか、その理由を考えるべきである。戦前のわが国ではこの項を引いて軍国化を肯定するような言説も現れたのだ。たとえば元海軍士官にして思想家の鹿子木《かのこぎ》員信《かずのぶ》（戦後、A級戦犯）は、もしカントが傭兵部隊ではなく「國民的常備軍、國民的徴兵制度、即ち高貴なる義務の上に立つ常備軍なるもの」を知っていたら考えを改めただろうと主張していた（『戦闘的人生観』所収「カントの永遠の平和を論ず」）。本当のところはどうなのか。

ではカント先生のご高説をお聞きください。

常備軍が存在するということは、いつでも戦争を始めることができるように軍備を整えておくことであり、ほかの国をたえず戦争の脅威にさらしておく行為である。また常備軍が存在すると、(…)かぎりのない競争がうまれる。こうした軍拡費用のために、短期の戦争よりも平和時の方が大きな負担を強いられるほどである。そしてこの負担を軽減するために、先制攻撃がしかけられる。こうして、常備軍は戦争の原因となるのである。

また、社会に属する個人一人一人の自立を重んじるカントは、常備軍兵士の雇用を、国家という他者が「自由に使うことのできる機械や道具として人間を使用する」ことに他ならない、とその道義性を問題にする。

さらには「もっとも信頼できる戦争の道具」である財貨の蓄積も、「兵力の増強と同じ効果を発揮する」ことになるそうだ。他国からの先制攻撃の要因になる、と。

以上が常備軍を全廃すべき理由だ。こうしてみると彼が、どんな形の軍隊であれ増強に反対していることは確かだろう。軍縮の先駆的な提案。

第四項目は軍事国債の禁止。国債に頼って戦争すればいずれ「税収が不足するために枯渇する運命にある」。また、国債で戦費を工面すればよい、という発想があると戦争を安易に起こしてしまいがちになるから（「権力者が戦争を好む傾向とあいまって」）禁止するねらいもありそうだ。第五項目は、暴力による内政干渉の禁止。

そして最後の第六項目。

いかなる国家も他の国との戦争において、将来の和平において相互の信頼を不可能にするような敵対行為をしてはならない。たとえば暗殺者や毒殺者を利用すること、降伏条約を破棄すること、戦争の相手国での暴動を扇動することなどである。

この項目はグロティウス以来の伝統に沿っている。グロティウスが信義を求めるところ、カントは「戦時中にあっても、敵国の思考方法だけは信頼できる必要がある」と述べる。なぜならその信頼がないと講和という選択肢がなくなり、「相手の国を絶滅させる戦争」にまでエスカレートしてしまうからだ。

別に言えば、最後まで言葉が通じる関係を保てということ。はたして現代の戦争当事国の態度はどうだろうか。

以上、六つの予備条項のうち、一、五、六は「状況にかかわらず適用すべき」「強制法」

であり、残りは「状況におうじて主観的に、適用を加減すること」や「完全な遂行を延期することと」も許された「任意法」である。たとえば常備軍をたったいま急に全廃する必要はないが、いつまでも減らす動きを見せなかったり、逆に増やしたりするのはよろしくない。時とともに、改善してゆくべきなのだ。一方、内政干渉や卑劣な敵対行為はいますぐに禁止されねばならないのである。

以上の準備の上に、三条の確定項目が加えられる。

共和制国家による平和連盟

第一確定条項は「どの国の市民的な体制も、共和的なものであること」。そのための三つの条件として、カントは「各人が社会の成員として、自由」であり、「すべての成員が臣民として、唯一で共同の法に従属」し、また「国家の市民として、平等である」ことをあげる。

フランス革命の理念が「自由、平等、友愛」だったことはよく知られている。カントがここであげている共和的な体制の条件もほとんどそれと同じだ。ただ、「友愛」にあたるものは退けられている。

これはカントがこの二年前に発表した最初の政治論文「国法における理論と実践の関係」で述べた、「市民的状態」の三原理に呼応している。そこでは「自由」と「平等」に加えて「自立」があげられている（草稿段階では「自由と平等と世界市民的な統一（友愛）」という文言も見える）。一国の成員に求められるこれらの条件と、国際社会の成員たる各国に求められる条件とが相似に近い関係にあることに注目していただきたい。たとえば先に紹介した予備条項の二、「独立国は他の国家の所有とされてはならない」は、一人一人が自立している――「自分自身の主人である」――ことに対応する。

国内社会の一個人と、国際社会における一国家とを対応させる考え方を、現代の国際政治学では「国内的類推」と呼ぶ（ヘドリー・ブル）。カントはこれを採っている、と考えると、彼の構想の全体像がわかりやすくなる。

共和的な体制がなぜ永遠平和を目指すのに都合がよいのかと言えば、国民の同意がなくては戦争が始められないからだ。戦争をするかどうか問われた国民は、「みずからにふりかかってくる恐れのあるすべての事柄について、決断しなければならなくなる」。他人事ではないのだ。開戦となれば、自分や自分の家族が戦いに行くこともあれば、直接間接に戦費を負担しなければならない。カントは言う。「だから国民は、このような割に合わない〈ばくち〉を始めることに慎重になるのは、ごく当然のことである」と。逆に専制的な体制では、「元首は戦争を一種の娯楽のように考え、それほど重要ではない原因で開戦を決意」してしまう。

本当だ。私たちはいまなお、安全圏から下される危険な決意を警戒する必要がある。

第二確定条項は「国際法は、自由な国家の連合に基礎をおくべきこと」。

前述のように、国家と個人の関係が、国際社会（全世界）と国家の関係に拡大されるなら、「すべての成員」が「唯一で共同の法に従属」するのが望ましい。ところが国際社会は、事実上無法地帯だ。みんな、国をまとめる法は持っていても、複数の国がその下にまとまる法は存在していない。せいぜい個別の講和条約や同盟があるばかりで、「つねに新たな戦争のための新たな口実を探しつづけている戦争状態が終結したわけではない」のだ。

であればやはり国際法が求められる。けれども、先述したように、カントはグロティウスらの考える国際法を、なんら法的な効力を持たない点と、各国が「戦争をする権利として」考案されている点で批判する。そしてその代わりに——と言うかより良い形の国際法を機能させるために——「平和連盟」を提唱する。

この平和連盟は和平条約とは異なるものである。和平条約は一つの戦争を終結させようとするだけだが、平和連盟はすべての戦争を永遠に終わらせようとするのである。この平和連盟は、国家権力のような権力を獲得しようとするものではなく、ある国家と、その国家と連盟したそのほかの国家の自由を維持し、保証することを目指すものである。

科学の時代の哲学者であるカントは、「常備軍の廃止」と同じくここでも、時間という変数をちゃんと考慮する。平和連盟は、提唱と同時に全世界が加盟するような非現実的なものでなくてよい。カントの青写真はこうだ。

ある啓蒙された強力な民族が、共和国を設立したとしよう。すでに述べたように共和国はその本性から永遠の平和を好む傾向があるので、この国がほかのすべての諸国を連合させる結合の要となるはずである。そしてほかの諸国と手を結び、国際法の理念にしたがって、諸国家の自由な状態を保証し、この種の結合を通じて連合が次第に広い範囲に広がるのである。

重要なのは、カントが思い描く平和な世界が、一つの世界国家ではなく、自立した国々の連合によってもたらされるという点である。彼自身、「理性的に考えれば」前者の状態になる、つまり「ついには地上のすべての民族を含むようになる国際国家を設立するほかに道はない」と考察している。そしてこちらの道こそが「積極的な理念」だと自ら評する。けれども彼はこっちを採らず、「たえず拡大し続ける持続的な連合」という「消極的な理念」を採る。なぜだかおわかりだろう。世界中の人々が直接、無媒介に単一の世界共和国を形成するということは、それまで彼らが個々に属していた、自立した国家の消滅を意味する。カントはそういう言葉を使っていないが、多様性が失われてしまうのだ。この点でカントは奇遇にも「戦争は利にならない」と説いた墨子の理屈に近づいている（第一章参照）。一枚岩の世界共和国よりも、多様な国々の団結たる平和連盟を求める。

自然は、諸民族が溶けあわずに分離された状態を維持するために、さまざまな言語と宗教の違いという二つの手段を利用しているのである。言語と宗教の違いは、諸民族のうちにほかの民族を憎む傾向を育み、戦争の口実を設けさせるものではあるが、一方では文化を向上させ、人々が原理において一致して、平和な状態でたがいに理解を深めあうようにする力を発揮する。

と言うわけで、平和連盟と世界共和国に対応するものを、現在の現実の世界に求めるなら――この仮定がそもそも矛盾する話だが――、前者はEU（ヨーロッパ連合）であり、後者に近いのは……中華人民共和国ではなかろうか。あくまでも、イメージです。

アース・シェアリング――地球を分け合おう

さて最後の第三項目。ここに来て、本章で追ってきた三〇〇年の歴史が、愛すべき一文に結実する。

世界市民法は、普遍的な歓待の条件に制限されるべきこと。

サラマンカ大学のビトリアが、移動・交通の自由を論拠に、母国スペインの戦争を形式的には擁護したことを思い出していただきたい。その説くところはよかった、しかしそれを「戦争を起こす正しい理由」にしてしまったのは悪手であろう。

カントは同様の自由を、平和連盟に属する諸国を行き交う世界市民に与える。

ここで歓待（注：原語はHospitalitätで、理想社の全集版では友好と訳されているが歓待の方がよいだろう）、すなわち〈善きもてなし〉というのは、外国人が他国の土地に足を踏みいれたというだけの理由で、その国の人から敵として扱われない権利をさす。その国の人は、外国から訪れた人が退去させられることで生命が危険にさらされない場合にかぎって、国外に退去させることはできる。しかし外国人がその場で平和的にふるまうかぎりは、彼を敵として扱ってはならない。（…）

（…）外国から訪れた人が要求できるのは、訪問の権利であり、すべての人が地表を共同で所有するという権利に基づいて、たがいに友好的な関係を構築するために認められるべき権利なのである。この地球という球体の表面では、人間は無限に散らばって広がることができないために、共存するしかないのであり、ほんらいいかなる人も、地球のある場所に居住する権利をほかの人よりも多く認められることはないはずなのである。

ここで世界市民法という言葉が出てくる。これは「地球のさまざまな民族のうちに共同体があまねく広がったために」必要とされる「国内法と国際法における書かれざる法典を補うもの」である。なおこの第三項目でカントは、Welt（世界）ではなくErde（大地＝地球）の語を意図的に多用しているように見える。

自著の宣伝になるが、私は『逃亡の書』と題する本で、いざとなったら逃げて生き延びる考えを幾多の実例とともに述べた。その考えの根底には「すべての人が地表を共同で所有するという権利」への期待がある。ルーム・シェアにならってアース・シェアと呼びたいこの権利がどうして平和の実現に寄与するのか。「この権利が認められることで、世界の遠く離れた大陸がたがいに平和な関係を結び、やがてはこの関係が公的で法的なものとなり、人類がいずれはますます世界市民的な体制に近くなることが期待できる」とカントは説く。

それだけではなくミクロな効用もある。哲学者のカントにとっては、実はこちらの方が根本的なのかもしれない。光文社古典新訳文庫の解説で、訳者の中山元は説く。

他なる地から訪れた人を歓迎し、迎えいれること、それはたんに外国人に領土への立ち入りを認めるという恩恵をほどこす行為ではない。他なる声を、他なる意見を耳にして、「相手の立場になって考える」ための貴重な機会を獲得することなのだ。

この話を続けていると旅行論に浮気してしまいそうなので、ほどほどで切りあげる。カントは自身が理想とする歓待とはほど遠いものとして、「開化された民族、とくにヨーロッパ大陸で商業を営む諸国の歓待に欠けた態度」を批判する。「彼らにとって訪問とは征服を意味するのである」と。すごい、一文で本質を突いてしまった。そして、貿易相手をオランダに、それも長崎の出島に限定している日本の政策を「賢明なこと」と褒めている。

とはいえカントも、前記サン＝ピエールと同様、健全に行われる商業には、平和実現を促進する力を認めている。各国は友愛によってではなく「たがいの利己心」のために商業を通じてつながり合うのである。そしてこの「商業の精神」は「戦争とは両立できない」（第一追加条項）。もっとも、その後の欧米列強の「商業の精神」は「訪問とは征服を意味する」を体現するかのような帝国主義へと膨張してゆくのだが。

永遠の平和。それは「たんなる空虚な理念でもなく、実現すべき課題」である。「この課題が次第に実現され、つねにその目標に近づいてゆくこと、そして進歩を実現するために必要な時間がますます短縮されることを期待したい」

カントはそうしめくくっている。彼はこの本を気に入っていたようで、年若い友人に献呈する際、「私の夢想曲」と呼んでいる。

ところで――。

先に引いた文の中でカントは「元首は戦争を一種の娯楽のように考え」と述べていた。戦争が娯楽？　そんなことがあるのだろうか。専制君主の胸中はいざ知らず、私たちに思いあたる節はあるか。たとえばイギリスの作家ジョージ・オーウェルはどこかで「サッカーの国際試合は銃撃戦のない戦争だ」と言っていた。これなど、戦争と娯楽の意外な近さを指摘しているのではないか。

というわけで次章では芸術、娯楽と平和志向の関係にちょっとばかり深入りしよう。そのための舞台は、第一次世界大戦の前後がよさそうだ。

第四章　戦争は〝魅力的〟なのか

「文化的暴力」の罠〜戦争を讃え続けたマリネッティ

未来派宣言を発表したイタリアの詩人
フィリッポ・トンマーゾ・マリネッティ。
写真：Hulton Archive／Getty Images

平和を愛する人にとっては残念なことに、戦争には人をひきつける魅力がついてまわるのかもしれない。

「戦争は、体験しない者にとっては甘美なものだ」と喝破したのは人文主義の巨人デジデリウス・エラスムスだ。部外者にとって甘美とは、当事者にとって甘美であるよりずっとたちが悪い。なぜなら当事者はたとえ甘美でも身にふりそそぐ戦争そのものの相手に忙しかろうが、部外者なら存分に憧れられるからだ。憧れ、欲し、ついにはもたらしうる危険さえある。

だからこそ私たちは、戦争の魅力と、あるいは戦争には魅力があるという噂と、しっかり向き合わねばならない。そしてそれがネス湖の怪獣に類する噂だけの存在なのか、それとも本当にあるのか見定め、後者の場合は、平和の実現に向けてなんらかの対抗策を講じなくてはなるまい。この章はそのための小さな試みだ。

文化的暴力に抗して

現代平和学の第一人者であり、日本とも関係が深いヨハン・ガルトゥング（一九三〇—）

によると、暴力には三つの形態がある。直接的暴力、構造的暴力、文化的暴力だ。

直接的暴力は説明無用だろう。構造的暴力は間接的な暴力に近い。政策や社会制度によって生じる貧困、差別などが構造的暴力にあたる。この種の暴力は社会構造に組みこまれているために見えづらい。

そして文化的暴力とは、「構造的・直接的暴力を正当化する文化に根ざすすべてのものを包含する」（木戸衛一《えいいち》、藤田明史《あきふみ》、小林公司《こうじ》訳『ガルトゥングの平和理論』）。簡単に言えば、暴力を許容したり美化したりする言説や芸術作品がそれにあたる。

直接的暴力は、よほどのケンカ好きや職業軍人、あるいはプロレベルに場数を踏んだ市民運動家でもない限り、いまの日本ではそんなに身近ではないだろう。ユダヤ系ドイツ人の思想家ヴァルター・ベンヤミンによると労働者のストライキも合法的な暴力なのだが、ここでは除外する。

構造的暴力は一般人の大多数にとって、それを助長する政策がとられないかチェックする対象にこそなれ、自ら手を染めるものでもない（と祈りたい）。悲しいことに被害者として接する人の方が多いかもしれない。たとえば新自由主義政策の結果格差が拡大したとしたら、低所得に苦しむ人々は構造的暴力の被害者だ、ということが言える。

文化的暴力は私たちにとって、前の二つよりはるかに身近で、厄介な代物だ。厄介だと言うのは、知らないうちに加害者になっている危険が格段に大きいから。しかも文化的暴力は、それを行使したり被ったりすることが他の二種類の暴力の肯定に結びついてしまう。

一般的に、文化的から構造的を通って直接的暴力に向う因果的な流れが認められる。文化は説教し、教え、諭し、扇動し、われわれを鈍くし、搾取そして／または抑圧を正常かつ自然なものと見させるか、あるいはそれら（とりわけ搾取）を見させない（藤田明史訳『ガルトゥング平和学の基礎』）。

ガルトゥングはそう説明している。

いまの美智子上皇后が皇后だった頃に詠んだ次の一首は、文化的暴力というものの罪深さに対し、自戒をもこめて歌いあげたおそるべき秀歌である。

知らずしてわれも撃ちしや春闌《た》くるバーミアンの野にみ仏在《ま》さず

アフガニスタンのイスラム過激派武装勢力タリバーンによって破壊されたバーミヤンの磨崖仏《まがいぶつ》を、いま四〇代以上の人々はニュース映像等で見たことがあると思う。多くの人はきっと、「ひどいことしやがるな」「もったいない」と軽く正義感をたぎらす程度だろう。ところがこの歌人は「知らないだけで自分も撃っていたのではないか」と自身が加害の側に、暴力を行使する側に入っていた可能性を疑おうとするのである。皇后がなぜに、なにを、撃つというのか?

善悪二言論でタリバーンを切る立場で考えるのなら「私たちが中近東情勢に無関心でいた結果、過激な連中を増長させ、磨崖仏が破壊されるまでになってしまった」という脈絡がいちおうできるかもしれない。その場合は無関心に誘うすべてが文化的暴力の種となる。だが私は、一首をそんなにせまい了見に閉じこめておきたくはない。「知らずしてわれも撃ちしや」というこの、世にはびこる文化的暴力をキッと見つめかえすまなざしにどぎまぎしつつ、想像力をひろげてゆくのが最良の鑑賞ではないかとおおいにおけなくも思う。

戦争は「世界唯一の健康法」?

戦争に「娯楽」的な価値を見出そうとする思想や言説は大きく分けて二つの嗜好がある

と考えられる。戦争を審美的に愛するものと、物語として惹かれるものと。ざっくり言えば「戦争ってカッコいい」と「戦争って泣ける」だ。両者はくっきりと分けられるものでもなく、どちらの傾向にしても、それを体験する人間の知性と感性が媒介することになる。美学者ウィルヘルム・ヴォリンガーが芸術作品の美的価値を分類する際に用いた言葉を強いてあてはめると、前者は「抽象」の美、後者は「感情移入」の美となろうか。

本章では「戦争は美しい」ということを古今未曽有のしつこさで訴え続けた困ったちゃんの活躍を、反面教師として見学しておこう。

二〇世紀初頭。

前の章までと比べ、世界の姿はずっと現代のそれに近づいている。第三章でグロティウスが滞在したパリにはまだエッフェル塔も凱旋門も建っていなかったが、両方できている。それくらい、いまに近い。

電灯、電話、レコード、映画、そして飛行機。みんなすでに発明されている。政治思想では社会主義者の国境を超えた組織であるインターナショナルがもうとっくに活躍を始めている（第五章参照）。そして、これらの新技術にしろ新思想にしろ、まだまだ身の振り方が――歴史的な評価が――定まっていない。だからこそおもしろい。そんな時代だ。

一九〇九年二月二〇日、フランスのフィガロ紙に「Le Futurisme（未来派）」と題する記事が三段に渡って掲載された。寄稿者の名はフィリッポ・トンマーゾ・マリネッティ（一八七六－一九四四）。エジプト生まれのイタリア人詩人だが、自身の詩誌を中心にフランス語の詩作活動を続けていた。

「ぼくたちはモスクランプの明かりのもとで夜通し起きていた――ランプの真鍮の笠はぼくらの精神同様に明るい、なぜならともに電気の心臓の内なる成長を蔵しているから」と書き出される散文詩調のエッセイに続いて、「未来派宣言」の条文が並ぶ（以下、拙訳）。

一、われわれは危険への愛情、活力と蛮勇の営みを歌わんと欲する。
二、勇気、大胆さ、革命こそわれわれの詩に不可欠な要素である。
三、従来文学は思惟《しい》に富んだ不動、恍惚、そしてまどろみを尊重してきた。われわれはこれに対して、攻撃、熱にうかされた不眠、駆け足行進、決死の跳躍、平手や拳の一撃を称賛せんと欲する。
四、われわれは世界に新たな美が一つ加わったことを宣言する。すなわち速度の美だ。

爆発性の息吹を吐き散らす蛇のごとき巨大な管をボンネットにさらしたレーシング・カー、機関銃の斉射のごとくうなりをあげて疾駆する自動車は、サモトラケの勝利の女神よりも美しい。

ここまででもすでに暴力的な好みが見てとれるだろう。また、昔ながらのジェンダー観で言うなら、どうにも「男の子っぽい」好み。
そして第七条と第九条において、その好みはより明け透けになる。

七、美はただ闘争にのみある。攻撃的な性質を持たない傑作など存在しない。詩とは、未知なる諸力を人類が征服するためにしかけられる強襲であらねばならない。
九、われわれは、世界の唯一の健康法たる戦争と、軍国主義、愛国主義、無政府主義者たちの破壊活動、命を賭けうる美しき理想の数々、女性蔑視を称揚せんと欲する。

全一一条の後にマリネッティは、イタリアで「未来派」と自ら名乗る芸術運動が始まっていることを報告している。イタリア未来派の誕生だ。

当時は芸術の諸領域で、新しい美のありかたが探求されていた時期だ。ピカソらのキュビスム運動はこの一年前に始まっている。芸術音楽では、もう間もなく（四年後だ）ロシアのストラヴィンスキーがバレエ音楽『春の祭典』を初演し、不協和音と野性的かつ複雑きわまりないリズムで聴衆の度肝を抜くのである（パリでの初演時に演奏開始間もなくヤジと、観客の間での論争が始まったというエピソードはあまりに有名）。その四年後（一九一七年）にはマルセル・デュシャンが小便器を横にして『泉』のタイトルで展示。現代アートの始点を置くことになる。芸術、という枠自体がぶよぶよと揺れている時代。

マリネッティらの運動も、この時代背景とは無縁ではない。攻撃性や「速度」、危険に勇気といったもろもろへの愛と、戦争をじかに結びつけているらしいその子どもっぽい素直さは、文明人の持つあやうさを突いているようで、あなどりがたいものがある。速度の美、闘争の美、勇気とスリル……現代人が日々消費している芸術やエンターテインメントで、これらの要素をまったく持たないものの方が少ないのではないか。

マリネッティという政治的な芸術家を精一杯肯定的に評価すると、彼は自ら恥をさらして、人類の持つ無意識の戦争愛を打ち明けてくれたのである。同時に彼の愛する戦争が原始的な戦争ではなく近代兵器に彩られた「科学の成果」であったことは現代人にとっても大きな教訓をはらんでいる。誰もがうっかり罹《かか》りかねない戦争愛症候群の特効薬になるので、少々お付き合い願いたい。

二度と読まなくてよいためのマリネッティ選集!

イタリア未来派は宣言以来、急速に政治活動に接近し、「未来派の夕べ」と称するイベントを各地で行い、その趣味をひろめて喝采を得たりひんしゅくを買ったりした。彼らにとってはできあがった作品よりも、制作過程を人前に公開するなどのパフォーマンスも含めた行為こそが芸術なのだ。

マリネッティの行為にはこんな評価もある。

独立の存在として固定化されてしまった作品ならいざ知らず、行動の芸術における芸術家は、常に現実と積極的な関わりを持つことによってその芸術を実現してゆかなければならない。目の前にある現実に対して彼が無力であってはならない。それは芸術家としての自身の死を意味することになるからだ(茂田真理子『タルホ/未来派』)。

しかし結局のところ彼は「目の前にある現実に対して」「無力」だったように私には思える。「芸術家としての自身の死」はとっくに、何度も、迎えていたように見える。と言うのも彼は戦争に負けているのだから。戦争において負けるのではなく、現実のすべてを巻きこもうとする戦争の力に易々と組み伏せられてしまったのだから。これほど楽な、現実追従はないのだ。まったく、「無力」。

彼が用いる「戦争」という言葉はほとんどすべて、メタファーやもののたとえではなく、戦争そのものである。戦争のどこがどうして「世界唯一の健康法」なのか、マリネッティのアジ文を読んでも理論的な説明は見あたらないが、よくわかるのは、彼がこのキャッチフレーズを気に入っているということ。一九一一年に発表した「戦争、世界唯一の健康法」と題する文を見てみよう。

学生諸君のために、未来派と無政府主義的発想との明確な線引きをしてみよう。無政府主義は人類の進化の永続性を否定し、人類の放物線状の飛翔をさえぎり、ひたすら世界平和の理想にむかわせようとする。大草原での抱擁と、喝采に包まれた愚かな楽園があればよいのだ。対してわれわれ未来派が決して譲れない原則においては、人間の生理と知性は繰り返し生起し、際限なく進歩する。われわれは諸民族の友好や融和などは、超克済みか超克可能とみなす。そんなわれわれが認めるのは戦争、世界唯一の健康法である。(…)

それにしても、未来派の発想と無政府主義のそれとのより深い溝は、愛という重要な問題への向き合い方にある。愛の名のもと、感傷や肉欲は人類を強硬に支配する。われわれ未来派は、愛や感傷、耽溺から、人類を解放したいと切に願う(訳は土肥《どい》秀行の訳をもとに、イタリア文を参考に一部あらためた)。

無政府主義(アナキズム)とは政府をとっぱらった平等社会を実現しようとする当時の人気思想の一つだ。この思想を奉じる人々(アナキスト)はしばしば直接行動(いわゆるテロ)にも打って出る。より穏当な社会主義者たちの集まりである後述の第二インターナショナルからは外されていた。

注意深い読者はお気づきだろうか、マリネッティらの最初の「宣言」の中では「無政府主義者たちの破壊活動」を「称揚せんと欲する」と書かれていたのを。当時は讃える相手だったのが、二年足らずで貶《けな》す対象になっているのだ。なぜか。彼ら無政府主義者たちが、細かい暴力に訴えこそすれ、究極的には国家やそれに類する統治形態を廃した形での世界平和を目指しているからだ。大好きな戦争がなくなってしまう！　そんなのいやだ。で、やっぱりこれを読んでも戦争のなにがどう世界の健康に益するのかわからない。

最後の段落ではマリネッティ的好み（思想というほどでもないのでこう呼ぶ）のもう一本の柱である、愛情嫌いが表明されている。彼にあっては女性蔑視と結びついているらしきこの好みを開陳した、「愛と議会制に反対して」と題する長文から訳出してお見せしよう。

われわれは愛——感傷趣味と愛欲——こそ世界でもっとも不自然なものと確信している。種の未来派が手段として自然かつ重要と認めるものは、ひとえに性行為があるのみ。愛——ロマンチックな強迫観念と官能——は、それを人類にもたらした詩人たちの発明にすぎない。ならば人類から愛を、これじゃ納得の仕上がりができないとわかってしまった出版人の手から手稿を奪うように取り去ってしまうのもまた、詩人たちであろう。

女性嫌悪もたちまち彼の科学崇拝の燃料となる。一文はこんな妄想でしめくくられる。

実を言うとわれわれ強度の未来派はかくも陶酔させる幻影を目にしている。地上的になりすぎてしまった女性、よりよく言えば、棄て去るべき大地の象徴となってしまった女性から、完全に切り離されて感じられるようになることを。

さらにはこんな夢さえ見た。いつの日か、純粋なる意思の産物であり、科学が発見の途にある諸法則の総合たる、機械じかけの息子を得られるようになることを。


マリネッティらが矢継ぎ早に宣言を出したり「未来派の夕べ」を行っていた時期、ヨーロッパとその周辺では戦争の危機が繰り返し訪れていた。主権国家が自国の利益と領土を拡張しようと野心をたぎらせる帝国主義の時代だ。

火種は二ヵ所。衰退するオスマン帝国がヨーロッパに残り少ない領土を維持していたバルカン半島と、列強の野心が集まる北アフリカだ。マリネッティらの母国イタリアはこのどっちにもかかわっていた。北アフリカの火種をバルカン半島につなぐ役割を果たしたとも言える。一九一一年九月、地中海の対岸トリポリタニア(現・リビア)へ侵攻し、その宗主国オスマントルコを海に陸に破ったのである(伊土《いと》戦争)。その結果イタリアは北アフリカに植民地を獲得するとともに、オスマン帝国の弱体化を世に印象づけた形になり、これがバルカン半島で同帝国と対峙する諸国を勇気づけ、バルカン戦争へとつながってゆく。
その時までにすでに「八〇〇を超える講演、展示会とコンサート」を行っていたと豪語するマリネッティは、では現実に起きた戦争にどう反応しただろうか。「宣言」を発してこれに応えていた。

二年以上に渡り、（…）危険と暴力、愛国主義と世界唯一の健康法・戦争とを賛美してきたわれわれ未来派は、平和主義の不潔な精神が彼らの滑稽なるハーグの宮殿の地下深くに閉じこめられて苦痛にあえぐ中、ついにイタリアにおけるこの偉大なる未来主義の時期を生きることができてしあわせだ（「未来派政治運動」）。

「ハーグの宮殿」とは、グロティウスの提言に対する世界史の応答とも言える、第一回万国平和会議（一八九九年）が行われたオランダのハーグに建設中の「平和宮」を指すのだろう。ハーグで二度に渡って開かれた万国平和会議では、捕虜の虐待や毒ガス兵器の使用を禁ずるなど、細かいルールを明文化したハーグ陸戦条約が採択され、「戦争といえども、なんでもありというわけではない！」という古代から人類が抱いていた考え——戦時国際法——が、いよいよ具体的な形をとりつつあった。マリネッティはそうした努力を愚弄しているのだ。

続きを訳出するが、最初に書かれていることは絶対にマネしないでいただきたい。

最近われわれは街路や広場で、もっとも頑固な戦争反対者たちをよろこんでぶん殴っては、我らが大原則を大声で叫んでやっている。

一、臆病者を除いて個人と人民にすべての自由が与えられるべし。

二、〝イタリア〟の一語は〝自由〟より重しと宣言されるべし。

三、偉大なるローマのはた迷惑な記憶を消し去り、百倍も強大なるイタリアの偉大さにとってかえるべし。

言動ともに過激化している模様。「三」については、過去（ローマ帝国）の栄光を自身や国家の理想や目標にしないという点で、ファシズムや、より一般的にナショナリズム（後述）と袂を分かつ。この点では使いようによって評価できよう。

さあそろそろ他人のふりをしたくなってきたが、〆の一句を。

イタリア未来派の詩人たち、画家たち、彫刻家たち、音楽家たちよ！　戦争が続く限りは、詩句を、絵筆を、のみを、オーケストラを放っぽっておこう！　天才の赤き休暇が始まっている！　今日崇敬するに値するものは、〝炸裂弾〟の交響曲や敵軍の中で霊感を得た我らが砲兵たちが彫り上げる、狂気の彫刻をおいて他にはない！

ご覧の通り、もはや彼らにあっては戦争を芸術にとりこむといった関係ではなく、戦争から生じる爆発や破壊そのものが「交響曲」であり「彫刻」であり、すなわち芸術になるのである。なお、この伊土戦争でイタリア軍は史上初めて飛行機による偵察を敢行している。ここから空爆や空中戦まではあっという間で、これまたマリネッティの「速度」「破壊」「騒音」趣味をよろこばせることになろう。

やがて第一次大戦が始まると（一九一四年七月）、当初は中立だった母国においてマリネッティは当然のことながら参戦を主張。メンバーとともに参戦デモを行って逮捕された。そしてイタリアが、いわゆる「未回収のイタリア」――以前から領有権を主張していた南チロル地方など――を狙って英仏露の協商国側に立って参戦すると、おおよろこびで仲間たちを戦場にけしかける。マリネッティ自身も志願した。
「一九一五年　未来派の本年」と題された、学生たちへの長大な檄文から。

イタリアの学生諸君！
動的かつ攻撃的な未来派は今日、未来派だけが勃発以前に予見し称賛しえた世界大戦争において完璧に実現されている。**現在のこの戦争はかつて存在した中でもっとも美しい未来派の詩である。**未来派は人生への戦争の闖入《ちんにゅう》を、未来派の夕べ（効果的すぎる、勇気の宣伝だ）という現象を創造することによって的確に記してきた。未来派は革新的芸術家たちの軍隊化を手がけた。

この後に自身と仲間たちの様々な作品や公演を列挙し、それらがいまや「芸術的に自然な表現」となったと胸を張る。お、なんかいちおう芸術家っぽいぞ。しかしすぐに「空爆、装甲列車、塹壕、砲撃戦、電荷、電気を帯びた有刺鉄線」は古い芸術とは無縁のものだった、と現実の戦争に向けてしっぽをふりまくるのだった。

マリネッティによると、第一次大戦で未来派のメンバー一三人が亡くなった。だが彼は懲りなかった。戦後も好戦的な運動原理はそのまま。

ここに、社会主義を経由してきてマリネッティと意気投合した男がいる。後にイタリアの独裁者となるベニート・ムッソリーニだ。彼はマリネッティらが平和主義者たちを「よろこんでぶん殴って」いたあの伊土戦争の頃には、おどろくなかれ、イタリア社会党の闘士として地元で反戦ストライキを指導し投獄されていた。出獄後に党内で頭角をあらわし、党機関紙の編集長を務めるまでになる。だが第一次大戦時には参戦側にまわり、社会党から除名、戦後はファシスト党を結成し、マリネッティと合流したのだった。

それから一五年ばかりの歳月が流れ、ムッソリーニの天下となったイタリアは地中海を渡ってエチオピアに侵攻する（第二次エチオピア戦争）。久しぶりの戦争だ。もはや若くないマリネッティはなにを思い、なにを語ったか。

二七年前からわれわれ未来派は、戦争を美的でないとする意見に反対してきた。……したがってわれわれはここで確認する。……戦争は美しい。なぜなら戦争は、ガスマスクや威嚇用拡声器や火炎放射器や小型戦車によって、人間が機械を征服し支配する状態を樹立するからだ。戦争は美しい。なぜなら戦争は、人間の肉体を金属で被うという夢をはじめて実現するからだ。戦争は美しい。なぜなら戦争は花咲く野に、連発銃の炎の蘭を付け加えるからだ。戦争は美しい。なぜなら戦争は、銃火、大砲の連射、その合間の静寂、芳香と腐臭を、ひとつの交響曲にまとめ上げるからだ。戦争は美しい。なぜなら戦争は新しい構成、たとえば大型戦車、幾何学模様を描く飛行編隊、燃え上がる村々からからせん状に立ちのぼる煙、その他たくさんのものを創造するからだ（「トリノ新聞」／注：ヴァルター・ベンヤミン「複製技術時代の芸術作品」『ベンヤミン・コレクション1　近代の意味』（浅井健二郎編訳）から孫引き）。

軍事技術のレパートリーが増えただけで、基本的になにも変わっていない！二七年間もこの美意識を保ち続け、新たな軍事技術ができるたびにその美に一つ付け加えてわくわくしているような人生。芸術家に倫理を求めちゃいけない、という古いステレオタイプのフィルター越しに見ても、やはりさびしい気がする。

けれども、しつこいようだが、彼の主張は、よっぽど特殊で変態的な好みを述べているというわけでもなかろう。同じ第一次世界大戦の光景で言えば、たとえばフランスの作家マルセル・プルーストは畢生《ひっせい》の大長編小説『失われた時を求めて』の最終巻でパリ夜間空襲を描写しているが、それは確かに美しい。

数時間まえに私が見た飛行機は、青い夕空に褐色の斑点を昆虫のように散らしていたが、それらがいまは、部分的に街灯が消されていっそう深くなったように思われる闇のなかに、投げる炬火《きょか》であかるい古代の火船《かせん》のように通りすぎていた。それらの人間遊星がわれわれに感じさせたもっとも大きな美的印象は、おそらくなんといっても、ふだんこのパリでそこまで目をあげることがほとんどないあの夜空を、われわれに見つめさせることであったろう。（…）

（…）何機かの飛行機が、まだ火箭《かせん》のように上昇しては星々に加わり、何本かのサーチライトが、空を区切って、青白い星屑か、さまよう銀河といったものを、ゆっくりと移動させていた。そのうちに、飛行機が星座のまんなかにはいってきてはさみこまれる、そしてそんな「新しい星々」を見ていると、人は自分がべつの半球にいるような気がしただろう（井上究一郎訳『失われた時を求めて10』）。

もっとも、この頃の夜間空襲などまだまだ牧歌的なもの。では無差別爆撃が激化した第二次大戦の時はどうだったか。日本の諸都市が盛んに空襲を受けていた頃、逃げ惑う人々にさえ、敵機を美しく見あげることはあったのだ。一九四五年五月二四日未明の城南空襲を体験した住民に、こんな証言がある。

「B29一機が数条のサーチライトを受けて翼をキラキラ銀色に輝かせながら現われた。美しいなあ！　しかしそいつが西の空から一直線に私の頭上へ来る。いけねえっ。危険と感じた」と。この証言を著書で引用した作家の星野博美は「米軍機を見て『美しい』と感じるのは、ごくふつうの感覚だと思う」と一言添えている（『世界は五反田から始まった』）。同感だ。もっとも私はB29のフォルムが嫌いだが、それは半ば好みの問題だろう。

同じ大戦末期の空襲に関して、当時一〇代前半の少女だった詩人の吉原幸子《よしはらさちこ》は後に次のように歌っていた。

人が死ぬのに
空は　あんなに美しくてもよかったのだらうか
（…）

戦ひは
あんなに美しくてもよかったのだらうか（『吉原幸子詩集』所収「幼年連禱Ⅲ」より）

そう、別にふつうなのだ。ドンパチ、キラキラに美を見出してしまう感性は。持続力や深さは別として。だからこそ怖い。その好みをたくみにつかれたりくすぐられたりしたら、一気に戦争肯定に流れてしまう危険は誰にでもじゅうぶんにある。あらかじめ処方箋を考えておこう。

マリネッティ病の対症療法　ボッチョーニの場合

マリネッティはカナリアみたいなものだ。近代文明で自身を鎧《よろ》った人類が発するかすかな好戦気運、きな臭さを嗅ぎ当ててくれた。私たちには確かにスペクタクルを好む傾向があり、そのスペクタクルの種類や規模によっては戦争でしか〝実現〟できないものもある。

遠くから見てきれいだなとかカッコいいなとか感じられる光景は現代の戦争でもしばしば現れる。私が子どもの頃に初めてテレビのニュースで観た同時代の戦争の映像は、湾岸戦争のバグダード空爆だった。たしか夜間の攻撃で、暗視スコープを使っているのか全体に蛍光緑っぽく染まった画面の中、対空射撃の火球が緩慢にのぼってゆくのを見て、きれいだなあと思った記憶がある。だけどいまは同様の映像を観ても、正しくムカつける自信がある。

人の目は、光り物に弱い。これは太陽に生活のリズムを作ってもらってきた種としての習性であるように思える。地底人やコウモリではない以上、健全な趣味とさえ言える。にぎやかにキラキラぱちぱちやっていたら、多少きれいと感じても仕方ない。

ただ、人は幸いにして感性を無垢なままに保てはしない。目も耳も肌も、知識や想いのフィルターを通して刺激を感受する。これは戦争だ、そしてそれは多くの人から生きて歳をとる楽しみを奪う、憎むべきものだ。その想いがあるだけで、少なくとも私は、少年期にまったく心を動かされなかったと言えばウソになる、戦争の美なるものにもはや惑わされはしない。

と、まず一つ、身近にできる対症療法を紹介した。

しかしこんなものは私が文字通り不惑を過ぎ、芸術的な感性も前衛的な思考力も衰えた単なる道徳おじさんになりさがったからできることであって、はるかに深く美を探求したり、科学に恃《たの》んで人間性のアップデートを追求したりしている方々には「あん？」といったところであろう。一〇代の方々には退屈すぎるかもしれない。

そこで、正真正銘の芸術家、それもマリネッティの同時代人が、マリネッティ病をいかに乗り超えたか、例を一つ紹介しよう。

ここで取りあげるのは他でもない、イタリア未来派を代表する画家ウンベルト・ボッチョーニ（一八八二―一九一六）だ。「未来派画家宣言」（一九一〇年）署名者の一人で、第一次大戦が勃発する三ヵ月前には『未来派の絵画と彫刻』を出版し、グループ内でも抜群の才能を世に知らしめていた。イタリアが参戦すると、マリネッティと同じアルピン連隊に入隊。イタリア北部の戦線に投入される。つまりマリネッティの仲間も仲間、ド仲間だ。

一九一五年の八月から一一月まで、彼は軍隊日記をつけているが、そこには祖国イタリアのために戦える高揚感や死の危険が未来派らしい「自由語」でつづられている。

戦地に行く前にマリネッティは、仲間の別の画家に「その驚嘆すべき機械の形式（軍用列車、要塞、負傷者たち、救護班、病院、パレード等など）のすべてを研究し、戦争を絵画的に生きてくれ」と書き送っていた。ボッチョーニもなるほど、戦争を楽しんだ節はある。戦争は未来派が期待した通り「すばらしく、驚嘆すべき、おそろしい」ものだった。彼は「山の中にいると、無限と戦っているようだった。巨大さ。無限。生と死、ぼくはしあわせ」と書きつけている（Caroline Tisdall, Angelo Bozzolla, *Futurisme* より拙訳）。

だが彼が戦争をモチーフにして描いた作品は『槍騎兵《そうきへい》の突撃』（一九一五年）一枚のみで、それも従軍する前の作品だった。しかも槍騎兵などは未来派の教条からすれば時代錯誤。戦争自体が芸術だから、描く必要はなかったのか。それともインスピレーションが得られなかったのか。

一二月に所属部隊が解散し休暇に入ると、友人の作曲家フェルッチョ・ブゾーニ夫妻の元に身を寄せ、絵画制作に打ちこんだ。この時期にはセザンヌの表現を熱心に学んでいる。新旧の数直線で測れば一つ前の、「古い」表現に属する。結局、絵画の場合は言葉だけの文芸よりもいっそう、一人一人の作家、一つ一つの表現が具体的で、真摯な態度で芸術に取り組む画家たちは、言葉で自分らを縛るほどには「なになに派」に留《とど》まりえないのだろう。

半年後、休暇を終えてヴェローナ近郊の砲兵旅団に配属された彼は、もはやすっかり戦争に魅力を感じなくなっていた。芸術が——「戦争という芸術」ではなく、おそらくは真の、私たちが罪なく愛せる方の芸術が、すっかり彼の心をとらえていたのだ。彼は書く。

芸術ならざる一切のものへの軽蔑を胸に、ここからおさらばしたほうがいい。芸術よりおそろしいものは、ないね。ぼくがここで目にしているすべては、絵筆の絶妙なタッチや、調和のとれた詩行、ゆるぎない和音に比べたらまったくのお遊びレベルなんだ。芸術と比較すれば、他のすべては機械的な問題だったり、習慣だったり、記憶のねばりでしかない。芸術だけが、ありなんだ（前掲書）。

ボッチョーニは、パリ留学経験もあり、過去から同時代まで様々な画風を学んできた、若きベテランだ。その彼が、少年のような純粋さで、ほとんど飢えや渇きに匹敵するような芸術への欲求を吐露しているのだ。いったいどういうことか。

これが現実なのだ。芸術の、現実。

一人の青年が全身全霊で没入するジャンルとして、戦争はふ、つ、う、の、美、術、に劣るのである。負けているのだ。これはそのまま、強固な平和志向の表現にもなる。ボッチョーニが最後に到達したこの境地を、どうか忘れないでいただきたい。

最後に——と言うのは、彼はこれを書いて間もなく、訓練中の落馬事故が原因で亡くなってしまうのだ。悲しい結末だ。最後の日々に、僚友マリネッティに対しいかなる感情を抱いていたか、知る由もない。

行きがかり上、マリネッティ病と名づけたこの趣味を打破するものとしては、イタリア生まれのフランスの詩人ギヨーム・アポリネールのケースも忘れるわけにはいかない。文字で絵を描くカリグラムという手法や、戦争の美を詩にうたったことなどから、表面的には未来派に似た印象を持たれるかもしれない。が、それは誤解である。芸術家としての奥行きがマリネッティとは比較にならないのである。

戦場での体験から書かれた「戦争の驚異」は、戦争を美化していると誤解されがちだが、よく読めば明快に「戦争の美なんか大したことない、ぼくたち詩人がもっとすばらしいものを想像し創造するのだ」と歌っていることが理解されよう。

アポリネールは戦前も戦中も、ラブレターをよく書き、その中に詩を添えることもしょっちゅうだった。彼は本質的に抒情《じょじょう》詩人だった。その名を聞いてピンと来なくとも、シャンソンの名曲『ミラボー橋』の詩の人だ、と言えば伝わるかもしれない。あるいは、画家マリー・ローランサンの元彼。素敵な男だったが、第一次大戦が終結を迎える直前に、スペイン風邪で亡くなった。アポリネールはマリネッティと違って日本でも全集が出ているので、興味を持った方はぜひ彼の文学世界をのぞいてみて欲しい。

ここまで槍玉にあげてきたマリネッティの戦争好きは、ほとんどもっぱら、戦争が実現する視聴覚的な刺激に由来していた。美しいとかカッコいいとか、しびれるとか、激アツとか、手に汗にぎるとか、ヤバいとか、そういった刺激。この単純さゆえに、彼の美学はレーシングカーと装甲列車を同じ数直線上に置いて賞玩するのである。

そしてここで重要なのは、マリネッティはただ流血や暴力を好んだがゆえに戦争を愛するタイプではなかったということだ。つまり、画家サルバドール・ダリの幼少期のエピソードにあるような、友人をどこかに突き落として額から血を流すのを見て美しいと感じた、とかそういった好みとは似て非なるものである。

紹介した文からもおわかりいただけたと思うが、彼は急速に発展する科学技術によって人々の生活が、目に見えて耳で聞こえるレベルで変えられてゆく様に興奮していた。戦争以前に、力強い機械に魅力を感じていたのであり（〝未来派〟の名に落ち着く前には〝力動派〟とでも訳しうるdinamismoの呼称を検討していた形跡がある）、グループ内の音楽家には、実際に機械じかけで騒音を出す「楽器」を発明して披露していた者もいた。戦争を褒めたたえたのは、科学技術が人間に君臨する極限的なジャンルだったからだと考えられる。それに気づいていた点で、彼は「将軍たちは一つ前の戦争に勝つことを考えている」と評された当時の頭の古い軍人たちよりもよほど時代が見えていたと言えよう。

そう、単なる戦争ではなく、常に近代科学の粋を集めようとする戦争が行われる時代に、人類は足を踏みいれてしまったのだ。このことの意味は第七章で掘り下げる。

戦争＝カッコいいとするこの安っぽい趣味は、ボッチョーニとアポリネール、それに私のケースと、足早に紹介した三人の例でもってじゅうぶん打倒できたものとして、そろそろおさらばしよう。

やっかいなことに戦争の〝魅力〟はこれだけではないのである。

第五章　死者たちを思えばこそ

ナショナリズムとはなにか〜第二インターナショナルの試み〜

軍人作家ユンガーの平和論

ドイツ陸軍の軍人、作家としても
活動したエルンスト・ユンガー。
写真：akg-images／アフロ

文学博士の石川明人《あきと》は『戦争は人間的な営みである　戦争文化試論』と題する著書を次のように書き起こしている。

戦争や軍事には、いかんともしがたい魅力がある。

私たちはそのことを、まずは素直に認めなくてはいけない。それを「不謹慎だ」などと言ってもしょうがないのである。

彼は「平和について議論をするのであれば」「軍事は文化」であり「戦争は人間的な営みである」ことを認めなければならない、と序章でその基本姿勢を明らかにしている。軍事や戦争の本質に目をつぶっていては平和を考察できない、と。その限りでは本書と近いところから議論を始めている。

石川は戦争が個々の人間にとって「参加型のドラマ」になりうると説く。

人間は自らの生に、何らかの意味、あるいは物語やドラマを求める生き物である。表面的には客観的な「歴史」にこだわっているように振る舞っていても、本当に重視し求めているのは、納得のできる「物語」なのである。（…）

そうしたなかで「戦い」のモデルは、人に安定した世界観を与えることになる。自らの実存理解を助け、あるいは人生の意味、世界観を提供しうるという点で、奇妙ではあるが、「戦い」には癒しの機能も隠されている。（…）

もちろん私も、命が非常に大切なものであることを否定するものではない。しかし、命が「一番」大切であるかというと、実際には、多くの人々は必ずしもそうは考えていないし、そうは振る舞わないのではないだろうかとも思うのである。

というのも、戦争やテロは、そもそも「命よりも大切なものがある」と考えられているからこそ生起するものだからである（前掲書）。

こうして、戦争のドラマ性、感情移入の美の最大公約数を抽出すると、どうやらそれは〝死〟や〝命を賭ける〟ことの崇高さ、不可侵性にあることがわかる。戦争は、その死者によってたくみに自己弁護するのである。私たちは――人のいいタイプなら特に――死者に対しては敬意をもって遠慮しがちだ。戦死者に対して身内意識があればいっそう。できれば、あの人たちは、自分の死に納得して死んでいったのだと思いたい。

だがその優しい気持ちは、ともすれば次なる戦争を肯定する、文化的暴力に動員されかねない。だからこそ平和を望む者は、「戦争には命を投げ出す価値がある、これだけの人が死んできたのがそれを立証している」というウロボロスの蛇のごとき肯定論の核に切りこまねばならないのである。

国民とナショナリズム

というわけで、こんどの相手は物語発生装置としての戦争（の魅力）と、他ジャンルにはないその価値を担保すべく戦死者たちを駆り出そうとする力学である。命を盾に感動させようとする物語は、芸としてはあまり褒められたものでもない気がするが、ここでも戦争は、それがフィクションではなく事実である点に恃んで胸を張り続けるのである。

では戦争において、人はなんのための死を求められるのか。数ある大義の中で、本章では現代改めて耳をつんざく勢いで息を吹き返している、ナショナリズムを取りあげよう。

近代に入ると、新たに芽生えた「国民（ネーション）」意識とその排他的な傾向である「国民主義（ナショナリズム）」が、献身という物語へと人々を追い立てる役割を担うことになる。ではそもそも国民とはなんなのか。ナショナリズム研究の古典的な名著、ベネディクト・アンダーソン（一九三六―二〇一五）の『想像の共同体』を参考におさらいしておこう。

彼の主著のタイトルにもなっているように、国民とは「イメージとして心に描かれた想像の政治共同体《イマジンド・ポリティカル・コミュニティ》である」。つまりあくまでも「想像されたもの」である。しかしそれを言うなら、アンダーソン自身も述べているように、全員と顔見知りであるような村落共同体も含め、あらゆる共同体は「想像された（イマジンド）」ものであろう。彼は、国民は想像されたものであるから実態ではないとか虚偽（アーネスト・ゲルナーの言葉を借りれば「もともと存在していない」ものの「発明」）であると主張しているのではない。それまでの共同体は、個人の交友関係から出発し、「各人に固有のものとして、個人を中心にして無限に伸縮自在」なネットワークとして想像された。ところが国民は、個人とは切り離されてすでにあるものとして想像される。

アンダーソンの記述から、わかりやすい例を引いておこう。

ひとりのアメリカ人は、二億四千万余のアメリカ人同胞のうち、ほんの一握りの人以外、一生のうちで会うことも、名前を知ることもないだろう。まして彼には、あるとき、かれらが一体何をしようとしているのか、そんなことは知るよしもない。しかし、それでいて、彼は、アメリカ人のゆるぎない、匿名の、同時的な活動についてまったく確信している。

あっ、これ私もわかる、見ず知らずの日本人の同胞が一億何千万かいて生きていることを「まったく確信している」。そうピンとくるものがあったら、国民を想像できているのだ。

そして国民は以下の三つの仕方で想像されるものだと言う。

①国民は限られたものとして想像される。

このことは、とある国民には必ず外部が——その国民に属さない者たちおよびその者たちの世界が——想定される、と言い換えられる。平和論をやる上ではきわめて重要な点だ。

②国民は主権的なものとして想像される。

つまり国民は他の国民によってその主体性を制限されるべきものではない。その主権を保障するにはなんらかの政治的制度が必要だろう。もっとも典型的には国家という形をとることになり、ここに国民国家が成立する。

③国民は一つの共同体として想像される。

かっちりまとまった、一枚岩の共同体。幻想に近づいた観のあるこの性質については、アンダーソン自身の説明を引いておこう。

なぜなら、国民のなかにたとえ現実には不平等と搾取があるにせよ、国民は、常に、水平的な深い同志愛として心に思い描かれるからである。そして結局のところ、この同胞愛の故に、過去二世紀にわたり、数千、数百万の人々が、かくも限られた想像力の産物のために、殺し合い、あるいはむしろみずからすすんで死んでいったのである。

あたり前の話ではあるが、国民意識は放っておいても物心つけば芽生える性質のものではない。本、新聞、ラジオ、その他のメディア、それから当然、教育を通じて形成されてゆくのである。すでに国民国家ができている場合、義務教育の形で当然のように国民物語を叩きこむわけだが、それだけではない。歴史上の偉人、英雄といま生きている国民の仲をとりもつ小説が、マンガが読まれ、映画が鑑賞される。

一方、生まれ育った土地への愛着は、教育にもメディアにもよらず生じるもので、国民意識よりはるかに古い感情である。しばしばこれをパトリオティズムと呼んで区別するこ思想家ロベルト・ミヘーレスの「鐘楼《しょうろう》のパトリオティズム」という語が有名だ。村の教会の鐘楼が見えるとああ帰ってきたなと安心する、この郷土意識。

郷土感情は、多くの場合、もっとも快いもっとも詩的な人間感情の花というべきものであることは疑いない。しかしこのような鐘楼のパトリオティスムスは、大規模な様式をともなう国家愛とは決して論理的なつながりをもつものではない。生れ故郷への愛は祖国への愛を含むものではない。後者は自分が生まれたものではなく、見たこともなく、したがってまたなんら幼年期の思い出によって結ばれてもいない町や村のすべてを包含するからである（Michels, Robert, *Der Patriotismus. Prolegomena zu seiner soziologischen Analyse*, Duncker & Humblot, 1929／注：大澤真幸《まさち》『ナショナリズムの由来』から孫引き）。

本書では郷土感情を論じるゆとりはない。右の記述は、国民感情（や国家愛）というものの不可思議さを反照的に知る手立てにしていただきたい。

増殖する国民国家

初期の国民国家ができる過程は完全に意識的ではなかったにしても、ひとたびできあがるとモデルとして他国が模倣できるようになる。国民意識の設計を担うのは言論だけではない。空間においては記念碑や広場や特定の様式を持った建築が、そして時間においては記念日がこれに協力する。新たに暦の上に置かれる記念日には、多くの場合、革命の発端となった日や、国民の危機をおびやかす戦争に打ち勝った日が選ばれることとなろう。

かくして国民共同体は、必ずしも共和国でなくても実現できる柔軟さを示してゆく。王や皇帝は「どこそこ家の」王であることよりも「なになに人の」王であることに自己同一性を見出すようになり、それによって国民統合の要となりうる。

国民意識が、人種意識や血縁意識とは別のものであることは――日本人の読者は特に――注意しておかねばならない。日本や韓国のように人種的な均質性が比較的高い国においてこそ、「日本人って言ったらこういう感じでしょ」と、身体的・外形的な特徴をなんとなくの国民の〝条件〟と考えてしまう傾向は強かろうが、国民意識、そしてナショナリズムは元来そうした点に条件づけて排他的になる性質のものではないのである。むしろ部族的、遺伝的、血縁的な共同体意識よりははるかに柔軟で、悪く言えば無節操に、それまで国民でなかった人まで帰化（多くの西欧語では自然化と訳しうる動詞をあてている）という形で同胞に招き入れる寛容さを持っている。さらには、される側にとってありがたいのか迷惑なのかは知らないが、国家の恣意《しい》によって被支配民を国民化することさえ起こりうる。大日本帝国が沖縄、台湾、そして朝鮮の人々に対して行った皇民化はそのいい例だろう。

けれども先に確認したように、「国民は限られたものとして想像される」。全地球人が一つの国民になることはないし、それよりはるかに前の時点で、別の――たいていは近くの、隣の――国民との違いを強調せざるをえないのである。

「われわれなになに人はこれこれの美点を持っている！」。ひな形を求めるこの意識が強くなると、外形的な要素も当然駆り出される。

たとえば、隣国フランスに国民国家的統一の先をこされ屈辱を味わったドイツでは、プロイセンを中心に統一の気運が高まり、より意識的に〝国民化〟の努力が、創意が、作為がなされた。ナチスから逃れてアメリカに亡命した歴史学者のジョージ・モッセの『大衆の国民化』はこのプロセスを、特に建築や美術に着目してていねいにたどっている。

それによると一九世紀半ば頃には、作家や彫刻家が採用した「白い肌と金髪碧眼《へきがん》」と「雄々《おお》しく剛健」な肉体が「ゲルマン的人間」の理想型として国民意識の構成要素となっていたようだ。しかしその外形的特徴の半分は、芸術家たちが古代ギリシャ的理想を引き継いだものなのだ！　ついでに言えば、ゲルマン民族を煽りまくったアドルフ・ヒトラーの外形的特徴とはだいぶ離れている。

対抗馬、インターナショナル起つ

国民意識とナショナリズムが国家という箱を得てひろまってゆく中、人間たちの共同体のあり方を、より精度の高いレンズで観察しようとする思想が生まれた。国民は「一つの共同体」としてその構成員がみな平等なものとして想像されるが、それは幻想だ。経済に注目してみよ。資本家がおり、消費にうつつを抜かす余裕のあるブルジョワジーがおり、そんな余裕とは無縁で、日々自分の肉体と時間を資本家に提供して薄給を得る労働者がいる。フランス人だ、ドイツ人だ、イギリス人だ、などという対立は人類が本気でかかずらうものではなく、それどころか真に解消すべき対立――経済的な格差、階級の違い――を隠蔽してしまう。必要なのは国民意識ではなく階級意識であり、資本家とブルジョワジーの支配を終わらせ、真に格差のない社会を目指すべく、労働者たちは国境を超えて団結せねばならない。

こうした考えのもと、『資本論』の著者カール・マルクスらの提案で発足した社会主義者の組織は国際労働者協会と名づけられた。通称、インターナショナルの誕生だ。

マルクスが宣言文を書いた最初のインターナショナル（一八六四年、ロンドンで結成）は、パリ＝コミューン（普仏戦争末期、敗北間近のパリに成立した史上初の労働者による政体）の崩壊後、社会主義者への弾圧が強まる中、方針の対立もあって解散してしまう。

だがインターナショナルは死なず。その後も、主として八時間労働実現を目指す労働者の国際会議が何度も開かれた。フランス革命のちょうど一〇〇周年（一八八九年）のタイミングにパリで開かれた大会には一九ヵ国からの代表者およそ一八〇名が参加した。

そして翌年五月一日に八時間労働の要求を掲げてデモ行進を行うことを決議する。これがいまに至るメーデーの起源になり、またこの大会が事実上、第二インターナショナル（以下、第二インター）の結成式となった。

第二インターは結成間もない第二回大会（一八九一年）の時点ですでに、「戦争に対する戦争」のスローガンを掲げ、国家間の戦争を未然に防ぐことを活動目標の柱にすえた。

一九〇〇年には国際社会主義事務局と常設書記局が設置され、常設の制度としての枠組みを整える。主な参加国はドイツ、フランス、イギリス、オーストリア・ハンガリー二重帝国、ベルギー、オランダ。それに、いずれも亡命者という身の上での参加だが、ロシアのレーニン、ポーランド・リトアニアのローザ・ルクセンブルクが重要な役割を果たした。他にはアメリカ合衆国、アルゼンチン、オーストラリアなど。ヨーロッパに集中しているが、数珠つなぎしてゆけば地球を一周できるくらいに広範囲なネットワークはできた。

アジアから唯一参加したのは日本だ。一九〇〇年の第五回大会（パリ）のタイミングで、当時『労働世界』の主筆を務めていた片山潜《せん》が初めて第二インターとのコンタクトをとる。日清戦争後、ひん死の状態にあった清国に対する反乱が起き（義和団事件）、その鎮圧のために列強各国が中国大陸へ軍隊を送っていたまさにその頃で、日本帝国は新たな軍事大国として警戒されつつあった。そのような情勢下、日本のカタヤマから第二インター事務局に届いた手紙は、会場に感動を呼び起こした。

「どうか大会にお伝え下さい。極東に貧しい仲間がおり、あなた方ヨーロッパの社会主義者と同じ主義主張のために努力している、と。パリ国際会議に行きたいのは山々ですが、貧しさのせいで参れません」

議長を務めたフランス社会党の平和主義の闘士ジャン・ジョレスは手紙を朗読し終えると、「極東が戦争の舞台となっているまさに今日、その地にすら国際主義の精神が目覚めていることを見るのは慰めとなる」と述べ拍手を浴びたという（西川正雄『第一次世界大戦と社会主義者たち』)。いい話ではないか。こうして日本は正式に第二インターに迎えられた。「極東」での戦争がその後、日露戦争という形で拡大した時には、日本代表の片山がロシア代表のプレハーノフと――交戦国国民同士の――友愛の握手を交わすことで国家にとらわれないインターナショナルのメッセージを発するのに貢献できた。が、日本の社会主義者たちは一九一〇年の大逆事件以降、表だった協力はできなくなる。

第二インターの参加者たちはどうやって反戦と平和を実現しようとしていたのだろうか。レーニンが初めて参加した第七回大会(一九〇七年)では、北アフリカにおけるフランス―ドイツの権益争いなどのきなくさい情勢を受けて「帝国主義と国際紛争」の対策を論じる特別委員会が設けられた。なお、場所はドイツのシュトゥットガルト。アントニオ猪木ファンにはおなじみの名前だ。

このシュトゥットガルト大会では、「戦争勃発の恐れが生じた際」の関係各国の労働者たちの果たすべき役割として「適当と思われる手段により、戦争阻止の為にあらゆる努力をすること」が確認された。手段は「階級闘争の尖鋭化と一般的政治情勢に従って」変化するものとされたが、具体的には明記されなかった。議論の段階ではゼネストや蜂起などの手段もあがっていたのだが、反対派に配慮して伏せたのである。一口に社会主義者の連帯と言っても、ドイツのように党（社会民主党）としての活動が順調な国の人々は穏健な路線をとりたがるし、パリ＝コミューンの生の記憶が残るフランスの人々は強硬な手段も辞さず、という具合に傾向が違った。

シュトゥットガルト決議は一九一〇年に開かれた第八回大会（コペンハーゲン）で採択された反戦決議にも再録された。そこには新たに三点の具体策が加えられた。

国家間の紛争はすべて国際仲裁裁判所の解決にゆだねるべしとの要求を絶えず行う。

全般的軍縮を目指す提案、さしあたりは海軍軍備の制限協約の締結と海上拿捕権の撤廃とに関する提案を何度でも行う。

秘密外交の廃止と、政府間の現行また将来の条約すべての公表とを要求する。

このようにして、戦争の危機が強まるたびに連絡を取り合い、対策を協議していた第二インターの面々だったが、第一次世界大戦の勃発は防げなかったのである。

平和志向史に咲いたあだ花

よく知られているように、第一次大戦の引き金は、オーストリア・ハンガリー二重帝国の皇太子がセルビア王国の首都サラエボで民族主義者に暗殺されたことだった。このため同帝国とセルビアの間で緊張が高まるが、それが世界大戦にまで拡大してしまったのは、複雑にはりめぐらされた同盟網の帰結だった。

サラエボ事件からオーストリア・ハンガリーがセルビアに最後通牒を出し、セルビアに味方するロシア帝国が動員令を出し、対してドイツ帝国もオーストリアに味方して戦争計画を発動させ、隣国フランスはロシアとの同盟関係から、また普仏戦争へのリベンジ熱からこちらも動員令を出し、ドーバー海峡の向こうのイギリスもロシアとの同盟関係から参戦する……という具合に芋づる式の戦争が始まるまでには約一ヵ月の猶予期間があった。七月危機と呼ばれるこの期間におびただしい外交交渉が行われたのだが、結局戦争は避けられなかったのである。

第二インターの人々ももちろん、この期間に会合を持った。ところがどうも、戦争は起きないだろうという楽観気分が主流だったようだ。それでも、七月一四日にパリで開かれたフランス社会党の党大会では、以前から提案されていた、「戦争になった際には当事国の軍需・交通産業の労働者がゼネストを敢行する」という強硬案をやや弱めた形の決議案が可決された。

「戦争を防止し阻止するための、また政府に仲裁裁判に訴えさせるための手段の中で、当事国の間で同時かつ国際的に組織された労働者のゼネストと、もっとも積極的な形での煽動と大衆行動とが、とりわけ有効だと本大会は考える」

しかし、ジョレスがまとめたこの案でさえ、六対四で賛成派がかろうじて上回った程度だった。以前からゼネスト案に否定的なドイツの仲間たち――彼らは自国内で政党としての地位を築きあげていただけに、穏当な手段にこだわり、時にはブルジョワ政党と揶揄された――が納得するだろうか？　八月に行われることになった第二インターのパリ大会でそれが決まるはずだった。だがジョレスは二週間後の七月三一日、狂信的なナショナリストの銃弾に斃《たお》れる。翌日にはドイツ、フランスが総動員令を発し、ドイツがロシアに宣戦布告するという、象徴的なタイミングでの死だった。

戦争は起こってしまった。だが、不幸にして戦争が始まった場合の示し合わせもしてあったではないか。「労働者階級は、その即時中止の為に介入する義務がある」と。

こちらの計画は、悲しいかな、画に描いた餅と化す。

なぜ？

国民意識よりも階級意識を重んじていたはずの社会主義者たちが、そろいもそろって、ナショナリズムに手なずけられてしまったのだ。

たとえばパリ＝コミューンの生き残りであり、ゼネスト案による戦争阻止をねばり強くとなえつづけていたフランスのエドゥアール・ヴァイヤンからして、まだ実際の戦闘が始まる前にもう、「侵略があれば、社会主義者はすべての義務を果すであろう。祖国のため、共和国のため、革命のために」と、愛国的な発言で演説をしめくくる始末。フランスにあっては最初の大革命の時以来、革命熱と祖国の死守とが結びつきやすい伝統が地下水脈のように続いている。それがあらわれた感じだ。

第二インターの事務局が置かれ、ハブの役割を果たしていたベルギーではどうだったか。ベルギーは、他国と違い同盟網にかかっておらず、国として中立を維持するはずだった。ところがドイツがフランスに攻めこむため、守りのきつい北部を避けてベルギーを通過するという、（戦争計画通りの）暴挙に出ると、あたり前と言えばあたり前だが「ドイツ憎し」の声が高まる。社会主義者たちも例外ではなく、七月末には戦争反対デモを行っていた面々が、四日後にはデモの中止と戦時公債賛成を決める。戦時公債を認めるのは、カント以来の「永遠平和のため」の掟破り（本書第三章参照）。

ドイツ社会民主党もやはり、戦時公債の賛成にふみきった。皇帝ヴィルヘルム二世の、いまこそドイツ国民は一つにまとまるべきだという「城内平和《ブルクフリーデン》」論にコロッと参ってしまったらしい。そしてドイツ国民はそれまでのすべての国内問題を忘れ、戦争という国民的使命のために一致団結する（「八月の体験」と呼ばれる）。

他、きりがないので略す。

インターナショナリズムはナショナリズムの前に敗れ去った。この知らせを聞いたレーニンははじめ、支配階級が社会主義者たちを攪乱《かくらん》するためにひろめたデマだと、鼻で笑っていたらしい。それくらい、信じがたいことだったのだ。物理的に故国から長いこと離れていたがゆえにナショナルな熱狂にからめとられないで済んだレーニンは、かねて心でも頭脳でも準備していた「戦争を革命に転じる」仕事に着手するのだが、それはもはや本書の扱うところではない。

ひとたび起こってしまうと、戦争はもはや参謀や兵士たちだけのものではなくなる。哲学者が、詩人が、画家が、歴史家が、そして科学者が駆り出され、彼ら彼女らの文化的な献身によって、一つの国家は自国の正義と敵国の悪とをひたすら増幅して反響させる巨大なエコー室と化す。

橋かけとして――ロマン・ロラン流の祖国愛

第二インターの崩壊、と呼ばれるこの事件は、左回りの平和主義的想像力に、しみのようなトラウマとなって残っている。理論や頭脳では国民意識にはかなわないのか。それだけナショナルなものは強く、確かなものなのか。

フランスの作家ロマン・ロランは開戦間もない頃に発表した「戦いを超えて」（後、同表題の単行本に収録）で、突如として各国に生じた英雄崇拝的愛国心のパンデミックに対する嘆きと憂慮を示した。ちなみに大戦勃発時、旅の空にいた彼は、反平和、反ロランの嵐が吹き荒れる祖国フランスに帰るのを断念、スイスにいて書き続けることを選択している。

ロランはこの記事で、インターナショナルの参加者たちを手きびしく批判した。「今回の伝染病的な戦争によって、もっとも弱点を示した二つの道徳的な力は、キリスト教であり、また社会主義である。これら宗教的あるいは非宗教的国際主義の相反する使徒たちは、突如としてもっとも熱烈な国家主義者になった」と。

ではロランは自国を愛さないのだろうか。いかなる祖国愛も、平和の敵としてなじるのであろうか。そうではない。

このように、祖国愛というものは、他の祖国を憎み、他の祖国を守る人々を虐殺する以外に、開花の道はないのであろうか？　（…）否、私の祖国愛は、私が他の祖国を愛する忠実な敬虔な人々を憎み殺すことを望みはしない。私たちの共同の幸福のために、私が彼らの祖国を尊敬し、彼らに結ばれるように努めることを欲するのだ。

ほどなくして彼は、祖国フランスの善良な人々からバッシングを食らうことになる。非難される理由の一つは「私たちが戦っている」ドイツの人々に対して、「私が尊敬と友情を保っている」からだった。それに対し彼ははっきり答える。

そうだ、私はドイツ人の友人をもっている、フランス人の友、イタリア人の友、イギリス人の友、各人種の友をもっていると同じように。それは私の富であり、私はそれを誇りとし、それを大事に保っている。自分のもっとも奥深い思想を共にすることができ、自分が同胞の絆を結んだ誠実な魂たちにこの世界で出会う幸福をえたならば、それらの絆は神聖であり、試練の時にこそそれを断とうとしたりはしない。びくびくしてその絆を認めるのを止め、私たちの心情になんの権利もない世論の傲慢不遜な強情に屈服する者は、なんという卑怯者だろう！（「私を非難する人々への手紙」）

これこそ社会主義思想によらないインターナショナルの実践ではないか。当時はロマン・ロランのような当代きってのインテリにして初めて可能な友情ネットワークだったかもしれない。しかし、現代ならどうだろう。国籍を超えたつながりを持つ個人は――動画サイトのコメント欄を通じたやりとりまでも含めれば――確実に、格段に増えている。そのつながりが、「他の祖国を憎む」方向ではなく愛し、尊重する方向に活かせれば、平和を実現するささやかな力になるだろう。と、信じたい。

そしてそちらの可能性を、よりによって二つの大戦を引き起こしたドイツの、社会主義者でも宗教家でも平和主義者でもない現役の軍人が開示するのを私たちは目撃する。

軍人作家エルンスト・ユンガー

死者たちによって己を高めようとする戦争（と、その大義とされる国民‐国家）をいかにして乗り超えるか。毒をもって毒を制す、の筆法でもないが、ご登場いただくのはドイツの軍人にして、戦争を英雄的精神の発露の場として美しく描くところから作家キャリアをスタートさせたエルンスト・ユンガー（一八九五―一九九八）だ。

第一次世界大戦の従軍日記『鋼鉄の嵐の中で』でデビューしたユンガーは当時、ロマン・ロランのように戦争以外の人生経験を豊富に持つ平和主義者ではなかった。一九の歳に出征し、四年近く従軍して何度も負傷し多くの勲章を授与された彼にとって、戦場は成長の場であり、戦争は人間精神のもっとも高貴な部分が表出される機会だった。たとえば第一次大戦最大の激戦となったソンムの会戦（一九一六年六月―一一月）で、ドイツ軍の最初の攻勢が終わった後、ユンガーの指揮する小隊が配置換えになった時の記述はこんな具合だ。

「ソンムの戦いでも最悪の地点に送られるのだと知っていたにもかかわらず、われわれの士気は最高だった。軽口と笑いがトラックからトラックへと飛び交っていた」（『鋼鉄の嵐の中で』英訳からの拙訳）

ミリタリー・ハイといったところ。そして弾丸雨飛のピンチを迎えた際には――。

ちょうど夜の一〇時になる頃、隊前面の左翼に集中砲火が始まり、二〇分後にはわれわれもその渦中に入った。せまい空間にいて完全にチリと煙に囲まれていたが、それでもほとんどの弾丸はわずか手前かわずか後ろにそれた。この台風が吹き荒れる中、私はわが隊の隊列にそって歩いた。男たちは小銃を手に石像のように立ち、硬直したまなざしを各々の足もとの土に向けていた。ときどき照明弾の光で、ひしめく鉄兜また鉄兜、いならぶ銃剣また銃剣がぎらりと輝く。この男たちを指揮できるのは私の誇りだ。こいつらは大地に打ちつけられるかもしれないにしろ、打ちのめされることは決してない。物質が最大限にその力を誇示する場面で、人間精神がそいつに勝利するのはこんな瞬間だ。はかない肉体だが、意思の鎧を着こめば、もっとも恐ろしい罰にも耐えうる。

「打ちつけられるかもしれないにしろ、打ちのめされることは決してない」とは、後のヘミングウェイ（『老人と海』）を連想させる表現だ。彼の描く戦争は、なるほど魅力的に感じられることもある。余談だが、若い頃のユンガーの軍服姿は、「ドイツの軍人はカッコいい」とする俗説の一例になりうる程度にはイケメンで、決まっている。

ユンガーらの敢闘もむなしく、戦争でドイツ帝国は崩壊、ベルサイユ条約で巨額の賠償金をおしつけられた。これが後にナチスの躍進をもたらす遠因となるのだが、しばらくはワイマール共和国と呼ばれるリベラルな体制のもと、復興の努力が続けられた。

この間ユンガーが手がけた仕事の一つが、前の戦争で亡くなった者たち――それは彼の戦友でもある――の追悼だった。

第一次世界大戦では各国合わせて一〇〇〇万もの兵士が亡くなったとされている。そしてアンダーソンが「無名戦士の墓と碑、これほど近代文化としてのナショナリズムを見事に表象するものはない」と書いたように、戦死者の記憶の継承と追悼は、国民意識の形成という「日々の人民投票」（エルネスト・ルナン）に深くかかわる営みである。

ユンガーは、祖国ドイツの敗戦後一〇周年を迎える一九二八年に『忘れえぬ人々』を編集、刊行する。大戦の戦死者四四名それぞれにささげて書かれた追悼文（生前の当人の文章のケースもある）をまとめた文集だ（以下、ユンガーの引用は川合全弘《かわいまさひろ》編訳『ユンガー政治評論選』より）。

ユンガー自身はまえがきとあとがき、それに一人の戦死者のための追悼文を手がけた。その戦死者は、アメリカ合衆国出身で、ドイツに帰化し、「六十八歳の高齢で戦争志願兵として入隊し、七十一歳の少尉として軍人の運命に見舞われた」人物だ。この人にささげられた章で暗に語られているように、「ドイツ的本質を深く理解する本当の友人」代表としての価値を見こんで選ばれたようだ。要するに帰化人枠である。ユンガーが書いているように、前の大戦時、ドイツに好感を持つ外国人は少なかった。そんな中、帰化したドイツに殉じてくれた、と、そっけなくまとめてしまうとそういうことになる。

ここからも想像できるだろうが、この文集の時点でのユンガーは、同胞たちへの追悼の心情が、もっぱら祖国ドイツへの排他的な愛国心（ナショナリズム）と結びついてしまったとしても構わないと考えている。むしろ、必然的にそうなることに、特に疑義をはさまないようだ（ちなみに彼は第一次大戦と第二次大戦との間を〝休戦期間〟と位置づけていた）。

ユンガーの文章は――私は邦訳と英訳でしか読んだことがないが、そこから判断する限り――動きのある描写をしても、抽象的な論を打っても、どちらにしても人を煽る魅力を持っている。「あとがき」から引用しよう。

本書を締めくくるにあたって、私は、多様なるものへの人間生来の愛着を超え、自らがある**全体的なるもの**によって語りかけられることを認める際に湧き上がる、あの感情の幾分かでも、本書が読者の人生行路に連れ添わせることができたなら、という願いを表明したい。生の数学は、それ独自の法則を有している。すなわちこの数学において、全体は部分の総和を超え、結婚は男と女を、友情は二人の人間を、国民は人口調査の結果が表現しうるものを超える、ということを常とするのである。この不思議な超過、すなわちその長さや重さや数を測定したり、あるいはそれ以外の何らかの仕方で算出したりされることのない、生の非合理な偉大さは、我々にとって、この生をそもそも生の名に値するものたらしめる当のものであると思われる。

周知の通りドイツは第一次大戦で敗戦国となった。だがユンガーは、後に触れるヒトラーと異なり、おびただしい同胞の死が「無駄だった」と嘆くようなことはしない。

大戦における血が「いたずらに」流されるということなど、ありえない。この戦争はいたずらに敗れたわけではない。いやそれどころかひょっとして、戦争に勝利することよりも、戦争に敗れたことの方が、我々にとってはいっそう重要であるのかもしれない。ちょうど場合によっては生が、幸運の温水浴によるよりも、むしろ運命の一撃によって、よりよく純化され、鍛えられることがあるように。真心からの行為はけっして無駄ではありえず、それの価値を測るものは**成功**ではない。

ここで述べられている、戦争における「真心からの行為」の評価は、本書で先に用いたやや砕けた表現で言えば「戦争って泣ける」に相当するだろう。実際、ユンガーは率直に感情移入を薦めている。

感動し、心の奥底まで揺さぶられること、これこそ、我々が戦死者のために挙行しうる最良の葬儀である。彼らの生と死には、**戦争**の価値が存在する。それを正しく我々に働きかけさせるならば、我々は正しい仕方で感動することにもなろう。感動、それは、いっそう純粋な領域へと引き寄せられ、引き入れられることを意味する。

このようにして我々は死者を我々の内心に生かすのである。なぜなら彼らは生者よりもいっそう生き生きとしているからである。彼らは、人間に許される最も力強い仕方で生を肯定した。**ドイツ**と彼らが呼んだものは、この肯定の象徴のことであった。

あえて末尾にひろった一文を見なければ、ここに引用した文は大きな戦争を経験したどの国民国家でも通用する。敗戦の経験者ならなおさらだ。さらには現代の、追悼論をとおりこし、戦争肯定論にも立派な一席を獲得できるだろう。死者を称賛し感謝をささげることが、戦争に〝意味〟を与え、その戦争の主体であった祖国の美化まで律儀につながってしまうこの回路。ドイツを日本に置き換えたら、いわゆる大東亜戦争肯定論者の人々をよろこばせそうだ。繰り返すが、これは第一次大戦終結後一〇年目のエルンスト・ユンガーのナショナリズムであり、追悼意識である。

ここで終わっていたら、本書で取りあげてはいない。ユンガーはここから一つ、覚醒するのだ。だが彼の脱皮を追う前に、一〇〇年後のいまもこの段階のナショナリズムを〝保守〟しつづけているかに見える現代日本の思想家の説くところに耳を傾けておこう。

靖国神社は作法に厳しい?

漫画を主な表現媒体とする小林よしのりは、社会現象を巻き起こした最初の『戦争論』から、素朴マリネッティ症候群と右記の初期ユンガー的な戦死者観を折に触れて提示してきた。党派的思考に染まらず柔軟にマイナーチェンジしてゆくタイプの作家なのですでに考えを改めているかもしれないが、後者については少なくとも二〇一五年の『新戦争論1』でも維持されているので紹介しておきたい。

靖国神社についての見解だ。

小林は当時の日本の首相が靖国神社に参拝し、「不戦の誓い」をしたことを批判する。靖国問題ビギナーのために説明しておくと、彼は首相が参拝したのを批判するのではなく、「不戦の誓い」で参拝したのが許せないのである。この点では、参拝する／しないで愛国心が決まるかのような◯×《マルバツ》クイズ的思考になじんだ保守とは一線を画す。この作家のまじめで尊敬に値するところだろう。しかしである。

以下、彼のマンガのナレーション部分を引用する。

> 靖国神社は「不戦の誓い」をする所ではない。／犠牲者を「慰霊」する場ではない。／靖国神社は国のために命を捧げた「英霊」を「顕彰」する施設である！／まあ、何も知らない一般庶民は、不戦や平和を誓っても、自分の現世利益を願っても、何でもいいだろう。／だが、首相や政治家、そして愛国者ならば、国のために命を捧げた「英霊」に手を合わせて「不戦の誓い」はダメだ。

そして、「本来なら、こう誓うべき」として、以下のセリフが吐かれる。

「よくぞ国のために命を捨ててくださった」

「我々もいざとなったらその覚悟で国を守ります」

小林によると、「『不戦の誓い』なんかしたら、戦ったことが悪かったということになり、『英霊』に対して、最大の侮辱になる」そうだ。

本当にそうだろうか？

私は、靖国神社云々《うんぬん》以前に、これまでわが国が参加した戦争で亡くなった人々が犬死にだったとか無駄死にだったとか「いたずらに」死んだといったふうには考えない。われわれ生者が誰かの死を知ったり思い出したりした時点でその死者は無意味になりようがないという考えがある。詭弁《きべん》めいて聞こえるかもしれないが、「あの人たちは犬死にだ」と断じる場合においても、もしその言説が、ただそう言っていればリベラルに見えそうだから符丁《ふちょう》として使っているのでない限り、成り立つ。

なんにせよ、みだりに死者の意思を語るべきではない。もし誰かが、自分の信条を伝えるために死者の現在の想いを語ったら、それは騙《かた》りである可能性がじゅうぶんにある。おなじ可能性と資格をもって、こちらも自分の信条を伝えるために、死者を騙ればよい。たとえば右に引いた小林は、いまの日本人ももっと国民意識を持って自分の国を守る気概を持て、という自身の考えを効果的に説くために、戦死者の想いを作ってしまっている。死者たちはすべからく、国のために納得して死んだことにされ（「よくぞ国のために命を捨ててくださった」）、私たちがその姿を模範にする（「我々もいざとなったらその覚悟で国を守ります」）ことをよろこぶ存在として理想化されているのだ。

こう言うと、いや靖国神社というもののつくりからしてそうなんだよ！　とかいろいろと理屈をつけて反論する人がいるだろうが、素朴にそうした理屈を信じられるとしたら、生者の圧倒的な専制という、この世界の酷な現実に対する認識が甘い。

『新戦争論1』には、かつてプロレスラー・船木誠勝《ふなきまさかつ》が巧みに用いて脚光を浴びた〝掌底〟で知られる骨法《こっぽう》創始者・堀辺正史《ほりべせいし》との対談が収録されている。そこでのメイントピックも靖国神社で、武士の系譜に詳しいと言う堀辺は小林に対し、同社が武士道の流れをくむものだ、と説明する（太字は原文通り）。

犠牲的な行為をして早く死んでしまったとしても、こんな素晴らしい人間がいたんだ

ということを末代までも語り継いで欲しい、それ以外望むところは何もない……これは武士の共通の願いでした。こうした精神というのは武士たちの間で受け継がれ、幕末の志士の中にも遺伝子として繋がってきたんです。

例えば吉田松陰《しょういん》は、幕府に捕まって刑死しましたが、死ぬ間際に彼が望んでいたことは何かというと「永遠を生きる」ということだった。（…）

（…）生き残った志士たちは、死んでしまった志士たちの本望を叶えようとした。君たちが命を捧げたことによって近代日本、明治維新が出来上がったのだから、我々はそれを顕彰します、という感覚でいたわけです。

そしてこの「顕彰」の動機が靖国神社の根底にある、と説明される。

小林が「感動的な話だな〜」と受けるこの話には興味深い点が二つある。

一つは、〝ナショナリズムあるある〟の一つである「記憶と忘却」のご都合主義が、モグラたたきのようにはっきりと頭をのぞかせていること。靖国神社の「顕彰」が武士らしい心意気から始まったにせよ、西南戦争（一八七七年）では、比率としては政府軍よりはるかに武士率の高い西郷軍を賊軍とレッテル張りし、顕彰からも慰霊からも排除していたではなかったか。そのように排他的であるかと思えば、前の大戦の激戦地となった沖縄では、犠牲になったゼロ歳児さえ国のために戦ったという扱いで靖国神社に祀られたのである。それは遺族給付金を与える条件（別に言えば方便）でそうされたのだが、ではいったいこの子たちをどう「顕彰」しろと言うのか。

都合よく記憶し都合よく忘れ、物語は作られてゆく。ナショナリズムとは、記憶のコラージュでできる。だからこそ切り取りやコピペに習熟した現代人に危険な面もあろう。次章で私はその性質を逆手にとった、ナショナリズムの有効利用を提示するつもりだ。

そしてもう一つ。右で語られている内容は、「武士」の一語でなんとなく日本風に感じられるかもしれないが、私たちがすでに見てきたユンガーの追悼姿勢と本質的にちがわない。ユンガーが「まえがき」で「我々の感情にとって、能力と可能性とを十分に有しながら捧げられた豊かな一生命のイメージ以上に、犠牲のすぐれた比喩がありえようか」と述べ、四四人の追悼を用意する時、やっていることは顕彰ではないか。

戦死者は死ぬことによって、不完全な現実から完全な現実に、束の間の現象としてのドイツから永遠のドイツに入ったのである（「総動員」）。

というユンガーの一文も付け加えておこう。これなど、堀辺師範が言及する吉田松陰が読んだら、大和魂の話と理解してもおかしくはない（松陰は『孟子』を武士道的に読みかえるなど、現地化《ローカリゼーション》に柔軟な発想を持つ人だったし）。

よく似ている。ではユンガーは、大日本帝国の靖国神社運営や、あるいはその前の武士の物語から追悼文集の仕事を思いついたのか？　そんなわけはないし、その必要もない。本書の第一章でネアンデルタール人がすでに埋葬をしていたと紹介したのを思い出していただきたい。死後どうなるか、死者とどう付き合うかの問題意識は人類の歴史と同じくらいに古い。自分たちだけ特別、を装うのには無理があるのだ。くわえて、前に述べたように国民意識の設計は模倣、移植しうる。これだけ言えばじゅうぶんだろう。

そして弔《とむら》いの想いはなるべく、平和に向けたいとするのが本書の、私の立場である。むろん小林よしのりだって「いざとなったら私も侵略戦争します」と英霊に約束しろ、などとは言っていない。それでもやはり、靖国神社を、いな、過去の戦死者たちを、国民意識の領域画定と、武力行使の意思の再生産に使っている点で、私はぬぐい切れないせせっこましさを感じるのである。

次に見る、第二次大戦期のユンガーもおそらく、そう見るのではないか。

ユンガーの「平和」

自他ともに認めるナショナリストだったユンガーは、国家社会主義ドイツ労働者党つまりナチスとは距離を置いた。ナチズムが過激すぎると見なしていたのではなく、国民革命を標榜する〝シル義勇軍〟の後援者でもあったユンガーの方がとがっていたのである。ユンガーの立場は、方法的には無政府主義者にも似て、投票やデモなどの穏当な手段はとらず、破壊活動も辞さない。ナチズムが現実的に政権を獲得するための運動であるのに対し、ユンガーらの（新）ナショナリズムは「理念をできる限り深く純粋に把握しようとする願望がある」（「ナショナリズムとナチズム」）と自ら違いを分析する。「したがってナチズムにとっては当然ながら大衆が役割を演じるのに対して、ナショナリズムにとって数は意義を持たず、例えばシュペングラーのように民主主義によって鉄のごとき必然性とともに黙殺される人物が、議会における百議席よりも重みを持つ」と彼が言い放つ時、またしても小林よしのりらの〝武士〟意識引水型ナショナリズムに接近するのは興味深い。

なお、ユンガーはヒトラーの反ユダヤ人政策をまったく支持しなかった。また、第一次大戦の祖国ドイツの敗北は社会主義者たちの裏切りのせいだとするいわゆる「ナイフの一突き」説にもとりあわなかった。むしろ軽蔑した。このことは特記しておきたい。

一方のナチズムは、ユンガーが正しく見てとったように、より実際的、現実的に政権奪取を目指した。「政治の耽美主義化」（ベンヤミン）をおしすすめ、大衆を熱狂させ、ついに党首のヒトラーが首相にのぼりつめると、独裁体制を確立する（一九三三年）。ワイマール共和国は幕を閉じ、ドイツ第三帝国（ナチス・ドイツ）の時代が始まる。

ヒトラーもユンガーと同じく、第一次世界大戦で戦い、負傷した経験を持つ。彼が祖国ドイツの共和国化と敗戦を知ったのは、毒ガス攻撃で目を負傷し入院していた野戦病院だった。「わたしは母の墓前に立った日以来、二度と泣いたことはなかった」「だがいまわたしは泣く以外に方法がなかった」と彼は回想している。そして彼も彼なりの仕方でやはり、犠牲者たちに後ろ髪をひかれずにはいられない。


かくしてすべてはムダであった。あらゆる犠牲も、あらゆる労苦もムダだった。はてしなく幾月も続いた飢えもかわきもムダだった。しかもわれわれが死の不安に怖れながらも、なおわれわれの義務をはたしたあの時々もムダだった。その時倒れた二百万の死もムダだった。祖国を信じて、二度と祖国に帰らない、とかつて出征していった幾百万の人々の墓はすべて開かれてはならなかったのではないか？（…）

（…）ドイツの母親たちが当時決して再会しえない悲痛な気持ちで、最愛の若者たちを出征させたとき、かの女たちが祖国にささげた犠牲の意義は、これだったのか？　これらいっさいのことは、いまや一群のあさましい犯罪者の手に祖国を渡さんとするために生じたことなのか？（ヒトラー著、平野一郎他訳『わが闘争』）

この数日後に彼は、祖国を売り渡した（と見なした）ユダヤ人とマルクス主義者への敵意を新たにし、「政治家になろうと決意した」のだった。それから一五年、天下をとったヒトラーは復讐に向かう。

実質的に戦時体制以外の政権運営を知らないナチスは、マグロが泳ぎをやめると酸欠になって死んでしまうように、戦争の準備と戦争をしていないと維持できない。ナチス・ドイツは再軍備を始め、まずスペイン市民戦争（一九三六―一九三九年）でフランシスコ・フランコ将軍のナショナリスト陣営を支援し、新兵器の実験を行った。パブロ・ピカソの大作で記憶されるスペイン北部・バスク地方の町ゲルニカの空爆はその一例だ。そして一九三九年の秋にはポーランドへ侵攻。ヨーロッパを新たな世界戦争にひきずりこむのである。前の大戦の勝者だったフランス軍はドイツ軍の電撃戦の前に敗れ、パリは無血占領された。ユンガーはフランス派遣軍の司令部付将校として一九四一年夏にパリへ赴任する。とりあえず降伏を選んだフランスの戦略は、花の都パリを直接の戦火から守った。

その環境でユンガーは、後にヒトラーに反旗を翻してクーデターを起こし処刑されることになるシュトゥルプナーゲル将軍らの庇護のもと、長編エッセイに着手する。世界大戦がもたらすであろう犠牲者たちのためにあらかじめ書かれた追悼文のような性質を持つその作品は、『平和——ヨーロッパの青年への言葉、世界の青年への言葉』と題されて終戦直後に発表された。刊行以前に生原稿の形で読んだ人も、反ヒトラー抵抗派の中にはいたようだ。一九四四年秋に一八歳で戦死するユンガーの息子も「この作品を知っていた」と緒言《しょげん》に記されている（同書は結果的に実の息子への追悼も兼ね、彼にささげられた）。

「愛によって完全に克服された憎悪は、愛に変わる。そのとき愛は、憎悪を経ないときよりも、いっそう強いものとなる」

エピグラフとしてスピノザの『倫理学』から、この美しい定理第四四が引用される。

この時点ですでに、一つ前の大戦の後に書いたレクイエムとはトーンが違うことが予感される。なにしろ和訳でおよそ七〇ページ余りになるこの論考の中で、ユンガーが初めて祖国ドイツの名を記すのは実に半分以上ページを費やしてから、なのだ。あれだけドイツを思い、前の大戦の死者たちをその名のもとに呼び起こしていた彼が！

ではなにを語っているのか。「一世代の人間全体」であり「人類」であり「諸国民」であり「あらゆる国々」であり、ついには「地球」。要するに自身が属し、そこに忠誠をちかったはずの国民国家から踏み出した、よりひろい単位の共同体だ。そしてその共同体においで達成されるべき「平和」の姿が考察される。『平和』はナショナリストのユンガーが戦争の最中——彼によれば一九四三年の夏には草稿ができていた——に達したインターナショナリズム宣言なのだ。

おそらくこの戦争は人類最初の共同作業であった、と言ってよかろう。戦争を終わらせる平和は、第二のそれでなければならない。カオスの中から平和を建設する主役は、古い建物を検査し、改良するだけでなく、それを凌駕し、それを自らの中に統合する新しい建物を創造しなければならない。(…)

では我々の考察を導く福音たるべきものは何であろうか。それは、戦争が**万人**に果実をもたらさなければならない、ということである。

言うまでもなく、彼は「この戦争」つまり第二次世界大戦について論じている。これからも戦争が起こるたびに「万人に果実を」もたらすようにしよう、などとはこれっぽっちも想定していないから誤解しないでいただきたい。すでに起きてしまい、おびただしい数の人命を呑みこんでいっているこの戦争だけは無駄にせず、死者をも含めた万人のために活かそうとしているのだ。

万人のための果実とは末長く続く世界平和に他ならない。この戦争がもとよりそうした目的で始まった、というのではない。起きてしまった以上、新たな平和の原動力にせねばならないのだ。なぜなら、死んでしまったあの人たちがおり、生き残っているわれわれがいるから。ユンガーは戦争の犠牲者たち、とりわけ「他者のために犠牲を払う人々」を「世界を新たに構築するための礎石」として讃える。ここからは少し長めに引用してゆきたい。

当時、なおも事態を良き方向へ転じようとする最善の意志もまた、まもなく自らが限界に達するのを見た。そのとき、無数の名も無き人々にとってなお残された道は、運命が彼らに命じたその場所で、重荷を誠実に担うことだけであった。

そしてその瞬間が訪れたとき、あらゆる国々で彼らが、国境での戦闘、大洋での会戦、飛行大隊の激しい空中戦へと赴いた姿は、はるか遠い未来の記憶の中でも偉大な劇たり続けるであろう。当時、どの民族、どの軍隊においても、驚嘆すべき行為が夥しく生まれ、定評ある武勲の列に新しい栄誉が数多く加わった。この大戦闘では、誰もが敵を誇りに思えた。時の流れがやがて敵対関係を風化させていくにつれ、勝者と敗者の間に尊敬が、いやそれどころか秘められた愛が成長するだろう。お互いがお互いにとって意義ある存在となったからである。

以前と同様に戦争の叙事詩的な光景を賛美する筆はここでも健在だが、敵 - 味方を超えた感情を強調している点に注目していただきたい。そして、次の段落から犠牲者の属性は戦士から銃後の人々へと移る。

これらの男女、陰鬱な空間で過ごした彼らの辛苦に満ちた日々、暗い町々で彼らが行った夜回り、兄弟やせがれや子供の安否を気遣って胸塞がれる思いでなした彼らの献身的活動、これらは、深い感謝と感動とともに永久に語り継がれていくにちがいない。こうして、無数の人々が倒れ、過重な仕事によって衰弱し、重荷と心労に打ちひしがれ、燃え尽きる火のように消え去っていったのであり、彼らの名を知る者はない。

ここで粉砕された良き穀粒《こくりゅう》は失われてはならない。それは我々に長らくパンを保障するだろう。それが可能となるのは、この労働が内に含む真の意味を、我々が把握するときだけである。その意味は、この労働を通じて、殺戮と破壊の手段、人間の射殺や船の撃沈や都市の破壊の手段が大量に作り出された、という点にあるのではない。彼らの心の奥底には、むしろ純粋な献身への感覚、憎悪の世界におけるよりもいっそう豊かに花と実を結ぶ、純粋な犠牲への感覚が生きていたのである。

「それが可能となるのは、この労働が内に含む真の意味を、我々が把握するときだけである」の一文は、私たちが死者を想う際に、それに無自覚でいることがかえって冒瀆になりかねない、「生者の圧倒的な専制」と私が呼ぶものへの自覚を表明している。死を意味づけ、語るのは私たち残された者でしかありえないのだ。「過去の真の像は瞬く間に過ぎ去る」とベンヤミンが歌ったその稀有な時をのぞいては。では彼らの「献身」はなにに向けられていたのか？　ユンガーは、武器弾薬等の生産のためではないことを注意深くことわっている。

この「2」と番号が付いた節では、戦争およびその犠牲者に対する美化のそぶりが残っている。だが、続く「3」の節でユンガーは、犠牲者たちのより悲惨な面、悲惨な境遇に想像力を働かせ、記述する。「我々は、純然たる苦痛、純然たる苦悩の深みに没した人々のことをも忘れてはならない」と彼は説く。

飢餓や伝染病で衰弱し、手当も薬もなく死んでいった大勢の人々を、誰が知っているだろうか。そしてまた、都市が爆撃で粉々に破壊された際、自宅の瓦礫の下で圧死した人々、防空壕の中で溺死や窒息死した人々、焼夷弾を浴びて焼死した人々の大群を、誰が知っているだろうか。このようにして亡くなった婦女子や老人は、全く数限りない。無数の人々がかけがえのない日々を奪われ、無数の人々が生の何たるかを知ることなく終わった。

きれいごとにはなりえない戦争の現実。そして――。

さらに我々は、船とともに沈んだ人々、広い海の中で独り溺死した人々、氷のように冷たい波間に漂いながら凍死した人々、熱した蒸気や爆発の衝撃や燃え盛る油によって一瞬のうちに落命した人々、遠くに見える救命ボートを空しく求めた人々をも、想起しなければならない。

この悲惨さは、かつてのユンガーが美しく歌いあげるすべを知っていた対象すなわち戦士たちにさえついてまわる。無謬《むびゅう》のヒーロー、常に自動的に国のために死んだことにされる「英霊」概念に固執する人々が器用に忘れてしまえる視点だ。

相手の中に実際に敵を認め、胸に疑いを抱くことなく戦死できた者は、まだ幸運であったと言わねばならない。しかし多くの人々、しかもまさしく最も善良な者、最も勇敢な者、最も聡明な者は、〔自国の〕旗印の下に生命を投じることを余儀なくされながらも、その魔力に屈することなしに、破壊の犠牲となった。というのも、彼らは次のことに気付かずにおれなかったからである。すなわち、自分たちが祖国の国境よりももっと高次元のものをめぐる戦いの渦中にあること、この同胞相撃つ戦争の中に地球の新たな意味が胚胎《はいたい》されていること、そして死闘すべく接近してくる敵の中にも、すぐ傍らの味方よりいっそう緊密に高い目標と結ばれている者があること、それにもかかわらず味方への忠誠を保たなければならないこと、これである。

このように、とりわけ真正の純粋な心の持ち主にとって、戦争は悲劇的な領域にまで食い込んだのであり、未来の声と過ぎ去った時代の声、世界の声と故郷の声、義務の声と洞察の声との衝突は、まさしく誠実な意識にとってしばしば解きがたい矛盾と思われた。

ご覧の通り、さっきからずっと、どこの国のとかなに人のといった限定詞はまったく用いていない。一つの固有名詞も呼ぶことなく、死者たちを記号化から救う筆力には圧倒される。「忘れてはならない」「想起しなければならない」と、この沈痛な帆を張った大乗の船は死者という限りの死者を乗せてゆき、どこへ向かうのか。「かつての犠牲が無名兵士の中に諸民族をその意義において高める形態を獲得したのと同様に、新たな犠牲は、**諸民**

族の限界をはるかに超える効果と形成力を発揮することになろう」。

『平和』の「第一部：種子」はこうしてしめくくられる。もはや説明するまでもないが、種子とは犠牲者たちのことだ。そこから育つ「果実」とは平和に他ならない。

「第二部：果実」では「この戦争においては万人が勝利しなければならない」とのテーゼのもと、戦後実現すべき平和の構想が語られる。それは、今日の読者ならおそらく誰もが、「これ、EU（ヨーロッパ連合）のことじゃない？」と思うであろう内容となっている。

しかし同じ一つの戦争で「万人が勝利する」などということがありえようか？　それは勝利をどう定義するか次第だ。ユンガーは非常におもしろい解答を見せてくれる。彼はまず、「勝利は、それによって祖国がもっと大きく」なることと説く。だがもしも、とある国が隣国の領土をいくらか奪って「勝利」したら、奪われた隣国にとっては敗北になってしまう。全員が勝利するのは、地球が有限である以上不可能では？

そうではない。「祖国は他国の犠牲の上に新たな領土を得てはならない」ことくらい百も承知だ。

祖国の成長は、むしろ関係国全ての同意と協力によってなされなければならない。すなわち、古い国境が新しい連邦によって廃止され、新しいより大きな帝国が諸民族を統一しなければならないのである。これが、骨肉の争いを正しく、そして万人の勝利をもって終わらせうる、唯一の方法である。

シェアしてしまえば大きくなれるのだ。

ヨーロッパ全土にひろがる新たな共同体では、「技術、工業、経済、交通、貿易、度量衡、防衛に関わる事柄全て」が「統一的に組織されるべき」である。一方、精神文化に属する分野、民族意識については、統一を求めない。

民族や人間が異なり、諸々の多様性が存在するところでは、自由が支配しなければならない。これは、歴史、言語、人種、風俗、習慣、法律、教養、芸術、宗教に当てはまる。ここでは、パレット上の色彩は、いくら多くても構わない。

粋な表現ではないか。この広い共同体を、彼は「帝国」と呼んでいるが、もちろんこれは帝国主義の帝国ではない。ついでに言うと、SF的想像力にも恵まれたユンガーは、科学技術が社会に及ぼす影響に敏感で、国民国家を超えた「大きな帝国」を編成すべき理由を、犠牲者に支えられた平和や友愛の思想だけではなく、技術の進歩にも見出す。

蒸気機関、石炭、鉄道、電信機が国民国家の統一と発展のために果たした役割を、新たな次元と別の領域とにおいて、電子技術、モーター、飛行機とラジオおよび原子力が再び果たす。これに対応して、古い世界が狭くなりすぎた、という不平もまた繰り返される。国境が賃金の自由な流れを妨げ、国家と経済との形式の〔国毎による〕相違が人間と財の交流を阻むからである。

『平和』の最後の節は、本書にとっても重大な問いに当てられている。「個々の人間は平和のためにいかなる貢献をなしうるか」だ。集団のノリや時代の趨勢《すうせい》の前に、個人はもろく、翻弄されがちだ。いったいなにができるだろう。ユンガーは、生きてゆく個人を励ます。世界にはびこる暴力と戦う機会は「最も平凡な者にさえ」与えられており、「ひとりひとりの責任は途方もなく大きく、誰も彼からそれを取り上げることはできない」と。

ひとりひとりが特に理解しなければならないことは、平和が疲労から生じることはありえないということ、これである。恐れもまた戦争とその継続とに寄与してしまう。これほど短い猶予期間の後に第二次世界大戦が勃発したことは、そうとしか説明のしようがない。平和のためには、戦争を望まないということだけでは十分でない。真の平和は、戦争する勇気をさえ上回る勇気を前提とする。というのも、それは精神の仕事、精神の力の表現だからである。人が自己自身の内なる赤い炎を消し、まず内心において憎悪と人を反目させるそれの力とからよく自己を解放するとき、平和は獲得される。

「未来派宣言」で「勇気」を讃えたマリネッティは、「戦争する勇気をさえ上回る勇気」に気づくこともなく、戦争のかりそめの魅力にはまっていった。ユンガーだってもし第二次大戦前に亡くなっていたら、至高の内的体験をもたらす場としての戦争の聖性を経験し、つづった作家にとどまっていたかもしれない。

しかし彼は『平和』で表明した思想にまで進んだ。「果実」はそれ単独でもじゅうぶんに魅力的な平和構想案だ。反ナチス派とはいえ、大戦中に、現役のドイツ軍将校が書いていたことを考慮するとなおさら。けれども『平和』の決定的な魅力は――そして本章で取りあげた最大の理由は――「種子」でまず戦争の犠牲者との向き合い方について一つの弁証法を示した上で、樹木のように「果実」へとつなげるその静謐な運動性にある。

日本も同時期に戦争をした。他国の人々を敵視し、敵視され、最後には完膚なきまでにやられた。その経験から日本でもユンガーのように、犠牲者たちを見殺しにせず、また犠牲者たちに過度な責任感を抱いてしまうこともなく(「この次は私も戦います」のような)、国民意識の殻をやぶって膨張する共同体意識を育てる思想は芽生えただろうか。

社会学者の大澤真幸は執筆に一五年かけたという大著『ナショナリズムの由来』で次のように述べる。

ネーション(引用者注:本書における国民、国民意識にあたる)は、限界づけられており、ネーションと人類を同一視することはできない、と述べた。しかし、この特殊主義の背景に無際限の普遍主義があるとするならば、国民ということと人類共同体であることとの区別はときに曖昧なものになり、ある種の思念の内で両者が混同されるということもありうるのではないか? このような混同はごく稀ではあるが、確かに見られるのである。日本の第二次大戦後の（暗黙の）ナショナリズムは、そのような混同を犯した典型である。

大澤は佐藤健志《けんじ》のサブカルチャー論（『ゴジラとヤマトとぼくらの民主主義』）で取りあげられた『宇宙戦艦ヤマト』と『沈黙の艦隊』をそのような「混同」の表象例として紹介する。佐藤の論においては、そうした「混同」は戦後日本の未熟な国際感覚の産物だったかもしれない。けれども本書では、国民意識と人類との、より積極的で身近な「混同」のすべを追求したい。そしてその混同が義務となり祈りとなり事実たりえる地を、私たちは知っているはずだ。

次章、日本へ行こう。

第六章　メイド・イン・ジャパンの平和志向

神話から幕末まで～内村鑑三の現代性

「戦争廃止論」を発表した思想家、
キリスト教指導者、文学者の内村鑑三。
写真：国立国会図書館所蔵画像／共同通信イメージズ

準備体操から始めよう。

本コースの目標は、国民意識から出発して地球の星民としての意識を修養する道を示すことにある。まず、予想される反発にお答えしておこう。

なぜ国民意識なんぞにこだわるのか?

これには深刻な理由がある。私は、平和づくりに役立つような本を目指している。役立つことをあまり重視していない私の人生観からすれば異例なことに。そして二〇二四年の現代に投じる、平和道の実用書をやるには、とにもかくにもある程度安定した国民意識が、ごく俗っぽい意味で使えるし、使った方がよいのだ。

なにしろ現代は「ナショナリズムはロシアやインドや中国は言うまでもなく、ヨーロッパやアメリカの各国民に対してさえ、依然として強力な支配力を持っている」時代状況なのだから(ユヴァル・ノア・ハラリ著、柴田裕之《やすし》訳『21 Lessons　21世紀の人類のための21の思考』)。これは五年以上前の記述で、近年はさらにこの傾向が加速している。もちろん日本国民だって例外ではなさそうだ。

そして健全な国民意識であれば、右に引いたハラリが言うように「人間の共感の環を拡げることに利点があるのは間違いない」。また、その国で育ったからこそ出会うことができた（出会う確率が高まった）人々や思想、習慣、表現等などの偏差は情報技術が爛熟した今日においても依然としてある。それはこの地球に、多様性という名のざらつきを保つのに貢献するだろう。国民という環境のこういった利点は、平和づくりに向け動員したい。

問題は排外主義的なナショナリズムだ。自分の国はすごい、俺たち国民最高、という愛が嵩じて、他国や他の民族集団を侮蔑する、バカにする、さらには攻撃する。

本章ではまず、この排外主義的ナショナリズムにお引き取りいただくために、頭の準備体操を提案する。手順はこうだ。あなたが属すると自覚する国民――もしくはアイデンティティを置く民族集団――の歴史をふり返り、〝敵〟や〝被害者〟や〝かませ犬〟を必要とせずに楽しめる（お望みなら、誇ることもできる）、平和志向の史実や人物を探してみる。独りフリートークのような気軽なノリでよい。そうしてなにかおもしろいネタがそろったら、「よその集団にも、これとそっくりではないにしろ同じように豊かな平和道の系譜があるはずだ」と無条件に思うこと。無条件に、というのがミソだ。半端な〝勉強〟は、選択的に堕す危険が大きい。「これこれの民族には誇るべきものがなにもない」云々。私たちは無知だ。子どもの頃から物知りと言われていた私にしてご覧の通りなのだから、推して知るべし。
では日本人である私がこの準備体操をやるとどんなラインナップになるのか、ご覧に入れよう。以下は思いつくままに、年表も、種本もなしに書き出したものだ（もちろん後で確認と補足はした）。この「身についてるぞ」感が大切。時代範囲は明治以前までとした。

①神話

そもそも論。そもそも論として、日本の神話にはいわゆる八百万《やおよろず》の神々が登場する。最高神にあたる天照大神《あまてらすおおみかみ》は怒ると積極的に相手を罰するのではなく、天岩戸《あまのいわと》に引きこもってしまう繊細さを持っている。自分が隠れてしまうと世界に光が失せ、災害を招くことをわかっていてやるのだ。ストライキ的な手段で世をただそうとするこの性格。

禁止・命令形の戒律をさずける聖書の神とも、異教徒への攻撃許可を下すコーランの神とも全然ちがう。最高神のこの性格や、自然万物に応じて多様な神々を認めるアニミズムの要素を持った多神教であることは、いずれも平和志向との親和性が高い。なお、後に日本に含まれることになる琉球の神話もアニミズムの多神教に属するし、アイヌ民族のそれは、より素朴かつ緻密な自然崇拝であると考えられる。その意味で、現在のわが国に含まれる三つの主な民族集団の土着信仰はお互いに、一神教ほどは離れていない。

もちろんどんな信仰でも、他者に圧しつけると暴力になるので注意が必要だ。明治日本の国家づくりが踏んだ轍。

②十七条の憲法

古墳時代を過ぎ、小学校の歴史学習だとそろそろ〝人物〟が登場し出す頃。その筆頭、聖徳太子（五七四―六二二）が制定した十七条の憲法（西暦六〇四年）。第一条に置かれた「和を以て尊しとなす」や第二条の「篤く三宝を敬え」は特に有名だ。

和を以て尊しとなす、とは人がみな争わず、協調しあっている状態こそ望ましい、という意味だ。他は第一〇条、第一七条が現代でも実用性を持ちうる。第一〇条は「人が自分と違う意見を持っていても怒るな」ということを言っている。「彼にとって正しいことは自分にとって悪い。自分にとって正しいことは彼にとって悪い」といったことは往々にしてあるのだ。そして最後の一七条は、大事なことは独断せずにみんなで話し合って決めよ、と説いている。

全一七条は儒教と仏教、それに法家思想のアマルガムで――以上の影響はいずれも中国大陸や朝鮮半島から来ている――、抜きんでて独創的ということはないが、役人、官僚の心構えとしてよくできている。

第一〇条で怒りを戒めているのは後の日本平和志向の歩みに消えない痕跡をとどめているようで興味深い。また、絶対的な是非（正誤）の判断へと急がない心は、今日、特に重要。

③遣唐使

飛鳥時代には、遣隋使に続いて遣唐使が始まった。唐に遣いを出し、中国の文化はもとより、シルクロードを経由してユーラシア大陸の反対側から集まる様々な文物を摂取するのである。使節団とともに学習意欲のある者を送りこむ、わが国における最初の、継続的な留学制度だった。吉備真備《きびのまきび》、阿倍仲麻呂《あべのなかまろ》、最澄《さいちょう》、空海《くうかい》、円仁《えんにん》などなど、この交流が日本文化に与えた刺激ははかりしれないものがある。そしてこれは、第二章で触れたコルドバの都にキリスト教国の人々が留学に行ったのと同様、平和裏の訪問だった。戦の結果たまたま異文化に触れる機会を得た、といった性質のものではないのである。

日本——ここではじめ近畿、次いで関東を中心とする中央政権の統治範囲を指す——はその地理的な条件のおかげで、常にいやおうなしに異文化との接触にさらされる、という経験は持たずにきた。受ける側としては、商人や、時折日本海側に流れ着く遭難者に対応していればよい。ヨーロッパのように、中央アジアから怒濤のように流れてきた民族大移動に蹂躙される、といった事例もなく、また、北から西からの異民族の襲来をほとんど強迫観念のように繰り返し被ってきた中国とも異なる。

そして外国に人を送る側としては、遣唐使に代表されるように、出すも出さないも自国の側でコントロールできた。その歴史を通じて何度も飢饉や災害に見舞われるが、流民はたとえ生じても、この島の中を逃げまわる程度で――そうした〝移民〟が新天地を持てるくらいの大きさにも恵まれていた――、文字通りの海外に流れることは稀だった。

そのため、中央政権の意向一つで、海外からの影響を物理的に制限しやすく、よく言えば国をあげての内省の時をぜいたくに持てた。個人にたとえるなら、年がら年中四六時中、人付き合いや情報摂取に忙殺されるのではなく、たまには一人になってじっくりとぼんやりする。史上、大きく二度、この内省期を持った。

一つが遣唐使廃止後、宋との貿易が始まるまでのおよそ一五〇年間。この時期にはそれまでの唐の影響を減じた国風文化が盛んになった。その次は江戸幕府第三代将軍家光の時から始まった、いわゆる鎖国の期間。こちらは二〇〇年以上続き、それまでの蓄積と、限定的に入ってくる大陸やオランダ経由の西洋の知識とゆっくり対峙し、いわば「自分さがし」が本格化するのである。

④〝文〟への逃避と、共和思想の誕生

平安時代、貴族社会の爛熟の果てに武家が台頭、中でも有力な二氏、源氏と平家との争いの結果前者が勝利し、鎌倉幕府を開く（一一九二年）。征夷大将軍を頂点とする幕府と、天皇を頂点とする朝廷と、二つの焦点を持ったいわば楕円状の統治形態の始まりだ。むろん実際の権力は幕府に集中し、朝廷側は、僅少な例外を除いて、従い、あるいは翻弄される立場だ。西洋史における皇帝権と教皇権との争いのような派手な展開は見られない。ただ、新たな武家政権が自らの正統性を証し立てしようとする際には、天皇家を倒すのではなく、逆にそのお墨付きを得るのに努めた事実は、もう一つの権力としての朝廷の意義を物語っている。西洋史では、教皇が皇帝にちらつかせる「破門」の威力は、時とともに弱まっていったが、日本史では、天皇の敵すなわち「朝敵」「逆族」扱いされる恐怖は、江戸時代の末期まで効力を保った。保ったと言うか、江戸期に思想によって補強された。いずれにせよ幕府と朝廷とのこの緊張関係がショックアブソーバーとして働いたのは確かだ。

さてそうした幕府主導の統治の発端となった鎌倉時代。正確には開府直前の平安時代末期だが、文系向け、芸術家向け平和志向の一大スローガンが刻まれる。源平の合戦で京が

荒れていた頃、一九歳の歌人・藤原定家《ふじわらのていか》（一一六二―一二四一）は生涯に渡って続けることになる漢文日記『明月記《めいげつき》』にこう書きつけるのである。

世上乱逆追討耳ニ満ツト雖モ、之ヲ注セズ。紅旗征戎吾ガ事ニ非ズ

世の中は逆族・平家を討伐する戦いで騒々しいが、そんなの私には関係ない、と言っているのだ。この一文を太平洋戦争中に〝発見〟した作家の堀田善衞《ほったよしえ》（一九一八―一九九八）は非常な衝撃を受けたことを後に繰り返し語り、つづっている。

平安末期・鎌倉初期に、朝廷の起こす戦争なんか俺の知ったことか、何も関係がない、ということをいう言論の自由があった。ところがこの間の戦時中には、言論の自由どころか、こんなことをいい出せばたちまち「治安維持法」によって逮捕されたであろう。（…）その頃は、歴史は進歩するものであると一般的に考えられていたから、日本の歴史は退歩しているのではないか、と私もまだ非常に若く、二十代の初期であったから、考えた（『時代と人間』）。

より詳しくは『定家明月記私抄』を参照されたい。定家が示した芸術至上主義は、消極的な平和志向の一例となろう。

鎌倉時代にはもう一つ、日本の思想史に重要な影響を及ぼす潮流が生まれる。法然《ほうねん》（一一三三―一二一二）の浄土宗から親鸞《しんらん》（一一七三―一二六三）の浄土真宗へと推移してゆく、宗教改革だ。こちらは朝廷とも幕府とも異なる第三の集団、民衆を受け手とし、民衆の願望を片親として生じた。

なるほど法然は、初期においては後鳥羽《ごとば》院の理解を賜っていた。だが彼に向けられた興福寺の攻撃は、つまるところ、「渡来人が伝えたのでも、大陸への留学生が持ち帰ったのでもない宗派を勝手に興すとは何事だ」と、「おまえの教えは天皇の治める国柄に合わない」の二点に要約される。前者は土着性および独自性へのいちゃもんで、外来のものをよしとする、わが国にある程度普遍的な傾向と解釈しうる。そして後者は、法然の思想が、自分自身も含めみな〝凡夫〟で、学識の深浅も修行の多寡も身分の貴賤も関係なく、いま風に言えばみなが平等であるという根幹を持っていることへの批判であった。フランス文学の研究家で現代詩作家で、かつ浄土宗の僧侶でもある守中高明《もりなかたかあき》の言を借りれば「法然とは、日本宗教史上はじめて出現した仏教的共和主義者なのである」(『他力の哲学』)。

加えて、法然から親鸞へと至る他力思想は、世の中のことどもは「自分で」なんとかできるはずだという主体性信奉を、そもそも前提としない。親鸞に至って、この思想は個々人の罪を個々人のせいにする、われわれ現代人がふつうに「当然」と考える慣用化した思考をも否定する。

さるべき業縁のもよほせば、いかなるふるまひもすべし(『歎異抄《たんにしょう》』)

親鸞が唯円《ゆいえん》との対話において説いたこの言葉は、ある人がなにかとんでもないことをしでかしてしまうのは、前世、前々世、前々々世……からの〝業縁〟であり、必ずしもこの一個人の責に帰せられない、という話をしている。手放しで前世を信じられなくなった現代人にあっては、この通時的な共犯意識は、共時的に、つまり同時代の様々な他者とのかかわり、置かれた状況の結果として生じる「仕方がなさ」と解釈されよう。これは人が人を許すのにも重要だ。

不思議なことに、他力の思想は思想として受容されている以上にひろく、責任をめぐる日本人の思考傾向に浸透しているようだ。これは浄土真宗の影響か、そもそもそうした下地があったから浄土真宗が生まれたのか、鶏が先か卵が先かの論になるが、西洋近代と鋭く対立する一つの立脚点として後々まで機能することになる。

⑤夢幻能——死者との交流

続く室町時代からは、申楽《さるがく》から始まった能楽が、世阿弥《ぜあみ》（一三六三―一四四三）の創意によって夢幻能《むげんのう》という様式を得た事実を拾っておきたい。夢幻能とは、簡単に言うとこの世のものならぬ存在が登場する曲（演目）である。シテ（仮面をつけて舞う、主役）が演じる死者の霊が登場し、自ら過去の想いを語り、舞い、最後にはカタルシスをともなって消えてゆく、という展開を持つ。この世のものを主人公とする現在能ももちろんあるが、死者の霊に代表される、この世のものならぬ存在が登場する夢幻能の数々が当然のレパートリーとなって洗練されていったことも含め、この国の人々の死生観を深いところで反映しているように思える。

私見では、夢幻能とは死者を束の間よみがえらせる最高のジャンルの双璧をなす（もう一つは残された者たちの思い出語り）。これを実現するために役者は物質的な——肉体的な——

表情の変化を封じる能面をつけ、またきわめて抽象化された、言ってみれば不自然な立ち居振る舞いを、気の遠くなるような稽古の果てに身につける。私たちは、西洋的な意味ではまったくもって写実的ではないその舞台に、えもいわれぬリアリティを感じ、霊との束の間の交流をともにするのである。

現代の情報科学は、二〇一九年末の『NHK紅白歌合戦』にAIでよみがえらせた美空ひばりを出演させる、くらいのことはできるようになっている。いずれは一般の人々が、注文に応じて身近な死者を美空ひばりと同程度のクオリティでよみがえらせてもらえる、デジタル口寄せのようなサービスも普及し、それなりのセラピー効果を生むことだろう。だが、この「よみがえらせ方」は夢幻能とはまったく異なる思想のもとにある。

⑥徳川幕府の正戦論

約一世紀に渡る戦国時代にも平和志向のネタはある。

有名なのは剣豪・塚原卜伝《ぼくでん》の無手勝流の逸話だ。ある舟旅の途上、乗り合わせたどこぞのケンカ自慢が卜伝に勝負を挑んだ。わかった、お相手いたそう。卜伝は手近な岸辺に舟を寄せる。ケンカ自慢がはやって岸に跳び渡ったのを見るや、すかさず棹《さお》をひるがえし岸をトン、と突く。舟は川中へ。

「おい、逃げるな！　こっち来て戦え」。陸でわめくケンカ自慢。「戦わないで勝つ、これが無手勝流だ。はっはっは」といったお話。この〝戦法〟は国際政治にも活かせるだろう。なお、戦っていたらケンカ自慢が秒殺されていたと思う。

一六〇三年、徳川家康が江戸幕府を開く。家康はグロティウスの同時代人（第三章参照）。徳川が、戦乱のない世の中を実現すべく、諸国諸大名を巧みに塩梅して幕藩体制を作りあげたことはよく知られている。徳川家に恭順して日が浅い外様大名の藩は遠隔地に散らし、江戸と京を結ぶ東海道には信頼できる譜代、親藩を敷き詰める。大名の奥さま方には江戸に住んでもらい人質とし、謀反を抑止する。国（藩）をまたぐ移動には届けが必要で、無許可の旅行は関所がとりしまり、街道沿いに配置した有力な寺が監視の役割を担う。こうして、とにもかくにも大きな戦のない時代が二五〇年続くことになる。

制度設計はたいしたものだが、では思想はどうだったか。ここでは将軍家の兵法師範を務めあげた不世出の剣豪・柳生宗矩《やぎゅうむねのり》の思想をのぞいておこう。

一介の剣客から最終的には柳生藩藩主にまで取り立てられることになる宗矩は、将軍家に剣を教える当然の必要として、一対一の剣技に限定されない、よりひろい視野で兵法を考えるようになる。晩年に著した『兵法家伝書』では、まず老子を引いて、武力に訴えるのは天道に外れるものであるが、やむをえない場合に武力で人を殺すのは天道にかなうものだ、と一種の正戦論を説く。

「一人の悪に依て万人苦む事あり。しかるに、一人の悪をころして万人をいかす。是等誠に、人をころす刀は、人をいかすつるぎなるべきにや」と言うのである。書の末尾には改めて「人をころす刀、却而《かえって》人をいかすつるぎ也とは、夫《それ》乱たる世には、故なき者多死《おおく》する也。乱たる世を治めむ為に、殺人刀を用て、已《すでに》治る時は、殺人刀即活人剣ならずや」と説かれる。殺人刀と活人剣の対概念に集約される彼の思想は、いかにも乱世を生き抜いて平和の時代の入り口までも見届けた剣豪にふさわしい。

なお、初代将軍・家康が柳生新陰流に惚れこんだきっかけとなった奥義、無刀どりを解説する「無刀之巻」は、剣も武術もやらない人にも大いに参考になる。無刀とはつまり、相手に刀があってこちらに刀がない時の構えを指し、これを国家になぞらえて非武装平和のヒントにしたい誘惑にかられる。

⑦安藤昌益と東洋的な方法意識

前述のように江戸のいわゆる鎖国期には、外からの影響をコントロールした結果として、わが国に独自の思想や文化が育った。本書のテーマに即して思想家を一人だけ取りあげるなら、やはり安藤昌益《しょうえき》（一七〇三頃―一七六二）を推す。彼は、身分差も男女差もとっぱらってすべての人間が直接農耕に従事する「万人直耕《ばんにんちょくこう》」の平等社会を構想した。ヨーロッパで共産主義やアナキズムが生まれるより早く、それに通じる思想に達していた、といった紹介のされ方をすることも珍しくない。そうした比較で言うと、古典的なマルクス像ではなく、『人新世《ひとしんせい》の「資本論」』で若き学究・斎藤幸平が新たに提示した「脱成長コミュニズム」へと舵を切った晩年のマルクス像に近い、と言えるだろう。

医者でもあった昌益が万人直耕を理想とするのには、それによって「活真《かっしん》の八気《はっき》互性《ごせい》」をとどこおりなく運行させていれば病気にならない、という一種の健康哲学としての意味もある。かみ砕いて言えば、宇宙も身体、この世界も身体、人体も身体であって、これらすべてを健康にする、そのための直耕。人間が様々な決まりをこしらえてからの「法世」（あるいは「私法の世」）はこうした自然の動きを阻害している。そんなものは許せん、という思想である。生活習慣がそのまま理念になるような思想、そして実践。有機体としての宇宙の秩序を意識したものとしては、ダルマ（法）思想の一種ととらえられるだろう。

これは晩年のマルクスが構想していた「精神労働と肉体労働の対立がなくなったのち、労働が単に生活のための手段であるだけでなく、労働そのものが第一の生命欲求となった」共同体に似ている（『ゴータ綱領批判』）。「経済成長をしない循環型の定常型経済」を維持する非西欧的な伝統共同体の可能性を探っていたという、斎藤の提示するマルクス像は、昌益を経由しても説得力を持ちそうだ。

昌益はその思想のおもむく当然のところで、戦や軍備を認めない。秀吉の朝鮮出兵や薩摩島津氏の琉球侵略を批判している箇所もある（『自然真営道』の「真道哲論巻」）。また、罪人に対しては、つかまえて餓えを味わわせて食の大事さを知らしめ道を説き、それで反省したら一度は許す。さもなければ一族の者が殺す、という独特の死刑観を説いている。

ここで一つ、一般化を試みたい。本書では第五章まで、文明間の差異を意図的に小さく見積もってきた。「違う」にこだわって『文明の衝突』を著したサミュエル・ハンチントンに対し、同僚のヨハン・ガルトゥングが「対話の可能性」に立脚して反論したのと同様の立場だ。しかしあえてここで、その慣習を破り、東洋の従来文明と西洋の近代文明との違いを簡単にまとめておきたい。

ひろく海外にも禅や東洋思想を紹介した鈴木大拙《だいせつ》によれば、西洋的な思考はまず自分とそれ以外の区別から始まり、物事を分けた上で考えはじめる。「主客の分別をつけないと、知識が成立せぬ」のである。これに対し東洋的な思考は、「物のまだ二分しないところから考えはじめる」と（『東洋的な見方』）。効率とか生産性とか科学の発展に、どちらが向いているかは明らかだろう。もちろん西洋的な思考だ。

ここからは私なりの付け足しになるが、区別を好むか排するかは、手段と目的との関係にも及ぶ。東洋文明は手段と目的との区別があいまいである。あるいは、手段が目的と地続きになっている。そうした実践の形態を好む。一方で西洋近代は、目的と手段はあくまで切り離され、目的が圧倒的に優先される。

安藤昌益の思想は、ただ世の中が平等になればよい、という理想主義とは異なる。その目的のためにまずは資本主義を徹底的に進歩させせよ、という、誤謬だらけの加速主義とも縁がない。その目的と切っても切り離せない、万人が耕作に従事するという手段を重視する。この手段は、それ自体が目的に重なっている。これが東洋的な方法意識だ。

第一章で紹介した古代中国の何人かの変わり者たちを思い返してみよう。あの人たちも目的以上に手段へのこだわりを見せていたではなかったか。それから——お祭しの方もおられるだろう。インドの独立運動を指揮したマハトマ・ガンジーもやはり、東洋的な運動論を貫いたと言える。彼は独立のためには支配者と同じ暴力——しかも近代的な装備による——の土俵に立つのではなく、非暴力と、イギリス製品のボイコットと、昔ながらの糸車による生産を続けるという手段面にこだわり抜いたのだ。

ちなみに昌益は、文字さえも、自ら耕さずに寄生している連中が作り出したものだから本当は使いたくないんだけど、誤りを正すには誤りを用いるのも致し方ない、といったことを説いている。ものすごいこだわりようだ。

⑧坂本龍馬のあがき方

江戸末期、ペリー来航から倒幕までの一四年間は、時代の要請に応えるようにして個性的な人物が大勢活躍した。一人を選ぶなら、小学生の私を歴史の世界に引きこんでくれたこの人、坂本龍馬（一八三五―一八六七）をあげるしかない。もちろん龍馬は非暴力の非戦論者などではない（あの時代にそういうものがいたとしたら、人間版オーパーツである）。幕府の長州征伐の際には長州藩に武器を提供し、戦が始まると軍艦に乗ってこれを助けたのであり、実力行使の経験は立派にある。そんなことはいいのだ。

平和志向の系譜に置きたいのは、この人にはなにやら天然の生命尊重傾向が備わっていたように思えるからだ。土佐の郷士という下級武士、それも実家が豪商ゆえに金で得た身分とはいえ、侍は侍だ。にもかかわらず、いさぎよく腹を切れ、式の規範的な美意識はまるで意に介せず、恬然《てんぜん》として生に執着していた。他人を生かした例で言うと、江戸で大金を着服する罪を犯した同郷の友、沢辺琢磨《さわべたくま》を逃がした逸話が真っ先にあげられる。

自身が生に執着したハイライトは、薩長同盟成立の晩に伏見の旅館・寺田屋で一〇〇名以上の捕り手に襲撃された時だ。この時のことは護衛の長府藩士で宝蔵院流の槍の使い手・三吉慎蔵《みよししんぞう》が後に詳しく記している。それによると、親指を切られて多量の出血を見ながらも付近の材木小屋の屋根に逃げのぼった龍馬は、「逃げきれないからいさぎよく切腹すべき」という三吉の言を退けた。そして三吉を一か八か、味方である薩摩屋敷に走らせる。これが功を奏して薩摩藩の手で救助され、九死に一生を得るのだ。

そして二つの焦点を持つ楕円的な統治が続いていたからこそ可能となる大政奉還という平和志向の政権移譲を目指し、武力倒幕にこだわる他の志士たちとは異なり〝賊軍〟や〝朝敵〟を決めてかかるのをよしとしなかった。

その師である勝海舟が、〝官軍〟の将西郷隆盛と話し合って江戸の非戦開城を決めたのもまた、不幸中の幸いと言うべき平和志向の一幕だった。

近代日本の代表的平和論者

準備体操は以上。繰り返すが、他の国や民族集団にもすべからく、こうした豊かな平和志向の史実があるのだと決めつけること。具体的にはもちろん異なっている。ただなんとなく、通じるものがある、と。すると、わくわくしてこないだろうか。

以上を踏まえて、近代だ。ここから先は（次章も含め）私が一〇代後半頃から練ってきた平和道と直結するところなので、史実の陳列という以上の記述になる。まばたき無用の真っ向勝負、いざ尋常にお付き合いいただきたい。

明治維新以降のわが国は、英国やプロイセン－ドイツ等の列強国に範をとり、天皇を頂点とする近代国家づくりを急いだ。時に欧米列強がアジア、アフリカ諸国を次々と植民地化していた帝国主義の時代。明治政府は二〇歳以上の男性に三年間の兵役を課す徴兵制を速やかに整え、戦争に備えていった。それから明治の四五年間だけでも、台湾出兵（一八七四年）、唯一そして最後の内戦となった西南戦争（一八七七年）、日清戦争（一八九四―一八九五年）、日露戦争（一九〇四―一九〇五年）と、四度の戦を経験することになる。

もしもこの間に一度として、一人として、戦争反対を唱える者が現れなかったら、学んでもそう平和のヒントにならない近代史ができていただろう。幸いにして、平和志向はぼつぼつ見られた。

思想の潮流ごとに一人を選べば、まず自由民権運動の夭折の異端児・土佐の植木枝盛《えもり》

（一八五七―一八九二）は一〇代半ばにしてほとんど本能的な非戦平和論を主張し、その後に草した憲法草案では、

日本各州ハ既ニ寇賊ノ来襲ヲ受ケ危急ニ迫ルニアラザレバ戦ヲ為スヲ得ズ（第三一条）

と、厳密に自衛戦争のみを可としている。社会主義者の中では幸徳秋水《こうとくしゅうすい》（一八七一―一九一一）が名著『帝国主義』で同時代世界の構造的暴力を鋭くえぐるとともに、「平民新聞」を起こして「順法と非暴力」による「博愛のための平和主義」を高らかに宣言した。共産主義者の片山潜が第二インターナショナルに参加していたのは前章で見た通りだ。主義や思想を離れ、生活感情に根ざして反戦をうたったものとしては、与謝野晶子《よさのあきこ》（一八七八―一九四二）が国語の教科書でもよく知られている。

それぞれがそれぞれに、戦争や構造的・文化的暴力に対抗した言動でもって日本近代史に消えない足跡を残している。さらには大正、昭和戦前、昭和戦後から平成まで、思いつくままにあげてカタログ程度の章を仕上げることはできるが、ここでは一点豪華主義を採ろう。

私が光を当てたいのは内村鑑三《かんぞう》（一八六一―一九三〇）だ。一見ベタでいて、二一世紀も四分の一が過ぎようとしている現代にあってこそいっそう教えられるところをたくさん持っているのだ。

ほとんどすべての格闘技で人間の両手の果たす役割が前提とされているように、平和を目指す平和道においても、私たちは一対の価値観を臨機応変に使い分ける〝かまえ〟をとる必要がある。ボクシングなら利き手を後ろにした半身が基本となるところ、ジークンドーでは逆になる。場合によっちゃスイッチする。この運動性を思考に取り入れること。

私が提案する価値の両手とは〝特殊性〟と〝普遍性〟だ。内村鑑三はその見本を示してくれる。

鑑三は旧幕府に味方した高崎《たかさき》藩士の生まれという、時代の激動をその心身に受けとめやすい環境にあり、底の浅い量産型の近代人におさまることはついになかった。

東京大学予備門から札幌農学校に転学して間もなく洗礼を受け、同期の新渡戸稲造《にとべいなぞう》らとともに掲げた「一身を二つのJに捧げん」という抱負はよく知られている。すなわち、Ｊｅｓｕｓ（イエス・キリスト）とＪａｐａｎ（日本）だ。時代を考えると、前者は外来、後者は土着の価値観と対置されようし、普遍（一般）と特殊の対でもある。キリスト教の伝道師となり聖書研究に身をささげつつ、最晩年まで武士道への愛着を表明してはばからなかった。

また、彼は農学と水産学を学んだ理学士だった。現代なら理系人間ということになるだろう。いわゆる理工系が――その産業応用であるテクノロジーが「普遍性」を代表する傾向の強い現代こそ、彼のような人間の思想が説得力を持ってほしいものだ。

そして彼こそ、本章の冒頭に記した、国民から星民への橋かけを生きた人物だった。もっとも彼はWeltmann＝世界人というドイツ語を好んだが。

国を愛し、国人に捨てられて

I for Japan;
Japan for the World;
The World for Christ; / And All for God.

私は日本のために、日本は世界のために、世界はキリストのために、そしてすべては神のために。内村鑑三が米国アマースト大学留学中の二四歳の頃（一八八六年）、自分の聖書に書きこんだ言葉だ。

この時渡米三年目、多少のノスタルジーと、キリスト教国・アメリカが、期待していたほどキリスト教的ではなかったことへの幻滅が手伝っていたにせよ、まずは「日本のために」を出発点とする彼の理想がうかがえる。鑑三は新渡戸稲造や岡倉天心《てんしん》と同様、英文で日本の外への発信も盛んに行うのだが、その第一作にあたるエッセイは同じ年に『ザ・メソジスト・レビュー』に「A JAPANESE」——日本人の署名で寄せた「ヤマトダマシイ（日本精神）の道徳的特徴」（拙訳）だった。

その後帰国してからの鑑三は随所で、日本は、そして日本人はこうではないか、こうあるべきだ、と論じている。上から押しつけられるナショナリズムではなく、下からの国民意識形成にたずさわっていたのだ。たとえば「日本国の天職」（『六合雑誌』136号）では「東西両岸の中裁人器械的の欧米をして理想的の亜細亜に紹介せんと欲し進取的の西洋を以て保守的の東洋を開かんと欲す」と日本の役割を説くのだ（なおこの文を後に改編して収めた『地人論』は、詩人の大岡信が「明治の最も美しい思想的産物のひとつ」と評した傑作で、超おすすめだ）。

内村鑑三は自国を愛していた。自国・日本とは、世界と没交渉にはなりえず、むしろ世界に対しなすべき「天職」を持つものだった。そして彼の考える日本観、日本国民観は、明治の藩閥独裁政府から圧しつけられたものではなく、自身の勉学と修養と友人交歓の中で作られたものである。このように形成されるものを私は自選ナショナリズムと呼び、現代世界で、平和志向に資するナショナリズムの一変種として大事に育てたい。

ところが愛国者をもって自任する彼はこの時期すでに非国民扱いされる恐怖を味わっていた。一八九一年一月のことである。当時第一高等学校（現・東京大学教養学部）の嘱託教員だった内村鑑三は、その二年前に作られた「教育勅語」に対し拝礼を怠ったと非難を浴びたのだ。大したことでもないのだが、哲学者の井上哲次郎博士が、キリスト教と日本の国体は相容れぬなどと攻撃をしたことで、大ごとになった。つまり自分の信仰が、国の教えに抵触してしまったのだ。では明治政府が作りあげた国教とはどのようなものだったか。ちょうどハラリ博士がまとめてくれているので引用する。この現代の売れっ子知識人については後で少々批判するが、使えるものは使わせてもらう。

実際には、日本という国は神道を徹底的に作り直した。（…）この「国家神道」を、日本のエリート層がヨーロッパの帝国主義者から学んだ、国民や民族という非常に近代的な考え方と融合させた。そして、国家への忠誠を強固にするのに役立ちうるものなら、仏教や儒教、封建制度の武士の気風のどんな要素も、そこに加えた。仕上げに、国家神道は至上の原理として天皇崇拝を神聖化した。天皇は太陽の女神である天照大神の直系の子孫で、自身も現人神であると考えられた（前掲書）。

鑑三がぶつかったのは「天皇崇拝を神聖化した」の部分。彼は、教育勅語の内容やその〝作者〟ということになっている天皇に不満を持っていたわけではない。キリスト教徒である以上、他の神（天皇）や偶像を「崇拝」はできないが、「敬礼」や「尊敬」をするにやぶさかではない。ところが「こんな偶像（天皇の写真）や文書（教育勅語）に向かって礼拝などするものか」というようなことを言い放ったと捏造され、非難を浴びたのである。そして職を辞するはめになる。折悪しく病に臥せっていた頃に攻撃され、この一件は「国人に捨てられ」た経験として、〝愛国者〟内村鑑三の心に不快きわまりないしこりを残した。

始まりは正戦論

この頃から「上から」のナショナリズム、官製の愛国心がじわじわと近代日本をむしばんでゆき、日清戦争の勝利を境にもはや抵抗が困難な趨勢となる。鑑三の同時代日本人へのまなざしは、この推移を敏感にとらえて辛辣と落胆が色濃くなってゆくのであるが、それはそれとして彼は依然、彼なりの仕方で祖国を愛した。「真正の宗教家は皆悉《ことごと》く愛国者なりき、国の為めにせざる宗教の如きは是邪教として排して可なり」(『伝道之精神』)。

そして――。一八九四年、朝鮮半島をめぐって日清両国が戦端を開くと、鑑三は内に向けては「新文明を代表する小国が旧文明を代表する大国」に対する関係として日本・清国の対決を世界史的視野の中で評価するとともに、外に向けては得意の英文で、日本の正しさを説く記事を発表するのだ。ここではその論旨よりも、内村鑑三といえども最初は義戦論(正戦論)者であった事実とともに、彼がいわゆる内弁慶な、世界に対して物申せない類いの人間ではなかった証として記憶にとどめておきたい。

とにかく彼は、内向きに、日本えらい、日本すごいと声高に誇る人々が大嫌いだった。

威張るならば外国に在て外国人の前に威張るべし、日本人の前に日本国を誇る、之をなん若し大和魂と称するならば大和魂とは如何に卑怯未練なるものぞ（「時勢の観察」）。

という具合に。英文で日本の偉人を紹介した『代表的日本人』を著したのもこの時期だ。戦争は「新文明」で武装した大日本帝国の快勝に終わった。だが鑑三が義戦の理由と信じていた朝鮮の独立はおあずけにされ、かえってわが国の大陸への領土的野心を加速させるばかり。勝利によって得たはずの遼東半島は、ロシアが主唱する三国干渉によって取りあげられ、次なる敵はロシアだ、という国民的な気運が高まる。経過を見れば見るほどに、日清戦争は鑑三が信じたような義戦ではなかった。

現実政治を動かす〝日本国家〟と彼が郷土愛も含めて愛した〝日本〟との乖離が進むにつれ、鑑三の愛国心と国民意識は揺らいでいく。そしてついには、日本という〝特殊〟よりもキリスト教という〝普遍〟を先とする、いわば価値観の大政奉還をしてのけた。

日本人を日本人のために愛さうとするから失望する、人は原来愛らしき者ではない、苦きものに甘きものを加味するにあらざれば之を食ふことは出来ない、愛すべきキリストに由て愛すべからざる同胞を愛するにあらざれば到底末永く彼等を愛することは出来ない、キリスト無しの愛国心は砂漠の迷景の如きものである（「キリストと愛国心」）。

とはいえ日本は依然として彼の希望の対象だ。日本とロシアの関係がいよいよのっぴきならなくなってきた開戦前年の五月には、純粋のキリスト教が欧米諸国にはすでになく、「日本国が終には人類の最も要求する所の純粋に最も近き基督教を世界に供する」のではないかとの希望を述べている（「晩春の黙考」）。なんだこりゃ。どういうことだ。

おかしくなってしまったわけではない。これこそ明治人・内村鑑三の面目躍如たるところだ。彼はキリスト教という、欧米人の手によってもたらされた舶来の宗教思想を、欧米人の説くがままに、物わかりのよい優等生となって受容しはしなかった。「儀式的、習慣的、経文的」かさもなくば「批評的、破壊的、令理的」な実践。それがいまの〝本場の〟キリスト教だと見抜き、批判する勇気と頑固さを持っていた。同郷の先輩・新島襄《にいじまじょう》（一八四三―一八九〇）が鑑三を「実に我国基督教会の伯夷叔斉なり」と評したことがあったが、言い得て妙であるとともに、本書の復習を助けてくれる（第一章参照）。

ではなぜもっとも純粋に近いキリスト教が日本でこそ実現を見るのか。原始キリスト教がローマ帝国で受け入れられ、国教とされる――政治権力に囲われる――にともなって被った変化を思い出していただきたい。同時代の、欧米諸国が受容しているキリスト教は程度の差はあれこちらの直系になっている。

ところが大日本帝国には、権力と直結した別の信仰が用意されている。教育勅語をめぐる騒動で鑑三が実害をこうむったように、その信仰は、時にはキリスト教を抑圧するものである。だからこそ、チャンスなのだ。かつて素朴に、力も、集まる場所――教会――も持たずに活動していた純粋なキリスト教徒と同じ境遇に身を置ける。

内村鑑三がそのように理屈づけて論じているわけではないが、彼の内外で生じていたのはそういうことだったと理解する。この頃鑑三は、通うべき教会を持たずに信仰生活を維持する無教会運動を始めている。日本が〝文明〟に習熟するのに反比例して、彼のキリスト教は装飾的な枝葉をそぎ落とし、源流へとさかのぼっていくかのようだ。鑑三の評伝を書いた鈴木範久《のりひさ》は次のように説明している。

キリスト教から、西洋臭さを可能なかぎり除くことは、いくらかでも日本への背反という重荷を軽減するものだった。無教会主義キリスト教は、キリスト教の真髄を少しもそこなうことなく、しかも、愛する日本にも申しわけのたつキリスト教の性格も帯びたものだ（『内村鑑三』）。

こうなると、鑑三が実直である限り、あの教えを取り戻すのは自然である。非戦論。無抵抗主義。

非戦論と文明観

日露の開戦はいよいよか、と世論がわいていた明治三六年（一九〇三年）六月三〇日の「万朝報《よろずちょうほう》」に、内村鑑三は堂々と「戦争廃止論」を発表する。

余は日露非開戦論者である許《ばか》りでない、戦争絶対的廃止論者である、（…）世には戦争の利益を説く者がある、然《しか》り、余も一時は斯《か》かる愚を唱へた者である、然しながら今に至て其愚の極なりしを表白する、戦争の利益は其害毒を贖《あがな》ふに足りない、戦争の利益は強盗の利益である、（…）

勿論サーベルが政権を握る今日の日本に於て余の戦争廃止論が直《ただち》に行はれやうとは余と雖《いえど》も望まない、然しながら（…）、余は不肖なりと雖も今の時に方《あたっ》て此声を揚げて一人なりとも多くの賛成者を此大慈善主義のために得たく欲《おも》ふ、世の正義と人道と国家とを愛する者よ、来て大胆に此主義に賛成せよ。

火を噴くような非戦論。かつて自分が戦争を、戦争する母国を擁護した黒歴史を認めてちゃんと書いていることにも注目して欲しい。彼は意見を変えて知らん顔している人間ではないのだ。そして批判の矛先は祖国だけではなく、帝国主義のキリスト教国という矛盾した存在である欧米列強にも向けられる。

自由と平和と独立と一致とに達する最捷径《しょうけい》はキリスト御自身の取られた途で、即ち無抵抗主義であります、是れは聖書が最も明白に示す主義でありまして、自称基督教国なるものが、此理想と相距《あいさ》る甚だ遼遠なるは実に歎《たん》ずべき事であります。

武装せる基督教国？　そんな怪物の世に存在しやう筈はありません（「平和の福音（絶対的非戦主義）」）。

鑑三は様々な角度から非戦論を展開していったが、「万朝報」の読者は主戦論、開戦論の勇ましさを好んだ。それこそ「人の人たる所以は己に勝つて敵を赦《ゆる》すにある、平和は人類の勇気である、戦争を以て勇気と見倣《みな》すは人を禽獣と見ての上である」（「平和的勇気」）といった鑑三の至言は耳にうるさいばかりだったろう。編集主幹の黒岩涙香《るいこう》は読者の需要を察して主戦論へと転向（！）。鑑三は、幸徳秋水らとともに「万朝報」と袂を分かつ。

ちなみに幸徳秋水は鑑三より一〇歳下で、二年前にはすでに『帝国主義』を著していた（鑑三が序文を寄せた）。秋水にあっては「愛国心」はほぼ無条件の悪だ。たとえばこんな具合に。

　我は断じて古今東西の愛国主義、ただ敵人を憎悪し討伐するの時においてのみ発揚するところの愛国心を賛美すること能《あた》わざるが故に、また日本人民の愛国心を排せざる能わず（『帝国主義』）。

一方、鑑三にとっての「愛国心」が一概にお荷物扱いされるべきものではなかったことはここまで見てきた通りだ。鑑三と秋水とでは思想のバックボーンが異なるのだが、一〇年遅く生まれた秋水の方が、押しつけがましく好戦的な国民意識により多く長くさらされてきたせいもあろう。

帝国主義に反対し、平和を願う心は同じでも、内村鑑三の信仰と社会主義の思想とは相いれなかった。社会主義は国と国との戦いはなくせるかもしれないが、「愛の精神ではない、是は一階級が他の階級に対して懐く敵愾の精神である」から（「戦争の止む時」）。理由はそれだけではなく、そもそもの前提が認められなかった。

人は神なしでなんでもできてしまう。この不信なる〝信仰〟だ。社会主義に限った話ではない。文明それ自体が、この驕慢《きょうまん》の上に成り立っている。鑑三のこの想いは日本人および「自称基督教国」の人々に対する幻滅とともに強まり、文明の最先端を行くはずのヨーロッパが第一次大戦という破局を迎えるや、確信と化す。学生時代、まだまだ真新しいＡＢＣＤの文明に希望を抱いていた時とはもはや決定的に異なる。

鑑三の定義では、「**人類が神の援助《たすけ》に依らずして自分の智慧と能力《ちから》とに由りて自分の安全と幸福とを計る事、其事が文明である**」（「文明の最後」原文ゴシック体で強調）。その点において東洋文明も西洋文明も日本文明も区別はない。「神を利用することあるも、自己を捐《すて》て神に従はんと欲する者ではない」とする。

では彼が文明と呼ぶものは人類をどこへ導くのか。

人類の最善、之を称して文明と謂《い》ふ、曰く政治、経済、殖産、工業と、而《しか》して其竟《をは》る所は戦争なり、国民は文明に進むと称して実は孜々《しし》として戦争の準備を為しつゝあるに過ぎず、神を目的とせざる労働の結果はすべて斯《かく》の如し、空《くう》の空なり、砲煙となりて消《きえ》失《う》す、文明を最善と称するは誤称なり、徒労と称すべし、文明は人を欺く砂漠の蜃気楼《ミラージ》に過ぎず（「文明＝砲煙」）。

そして文明の発展を助けるとされるキリスト教を「欧米流の基督教」と改めて切り捨て、真のキリスト教が文明に反対するものであると主張する。

この時代、そしてもう二十数年後の太平洋戦争の時代まで含め、日本にはアジア主義と呼ばれる潮流があった。現実政治上の活動としては、アジアを一つにして西洋の支配から解放することを目指して独立運動家の支援などを行い、思想の潮流としては、東洋の――中国、インド、日本、そして後にはイスラム圏を源泉として――伝統的な宗教、文化、思考法をよみがえらせて西洋文明を乗り越えようとする試みだった。右翼の祖・頭山満《とうやまみつる》、インドの宗教に強い影響を受けて東洋の目覚めを夢見た岡倉天心や、その教え子で、政教一致のイスラム教に可能性を見出した大川周明《おおかわしゅうめい》。そして日蓮宗に依った田中智学《ちがく》から『世界最終戦論』を著した石原莞爾《いしわらかんじ》らがこの系譜に入る。

内村鑑三はアジア主義者ではない。ただ、アジア主義者たちが共通して敬愛の念を寄せた西郷隆盛を、主著『代表的日本人』で取りあげて国外に紹介するなど、理想面と心情面で通じる部分は少なからずあった。

破滅に向かうヨーロッパの情勢を遠く聞きながら、「文明」に絶望し「真の基督教」を提示しているのは、後に中国革命の父・孫文《そんぶん》が有名な〝大アジア主義〟の演説で、西洋の「覇道」に対し東洋の「王道」を掲げた（これは大日本帝国の暴走に釘を刺したのであるが）事実を想起させる。鑑三が西洋に限らずすべての文明を一括して批判していたのは単に当時もっとも世界を騒がせていた西洋近代文明と、そのエピゴーネンと化しつつある母国・日本の同時代文明しか見ていなかったからと理解してよい。

要するに中期以降の内村鑑三は、近代の批判者なのだ。彼の非戦論は近代批判とともにある。他の「文明」はいわばもらい火事的に批判されているにすぎない。その証拠になるのかわからないが、鑑三はこの時期、日本を発祥とする鎌倉仏教を非常に高く評価している。法然、親鸞を「大なる信仰家」と褒めたたえ、「彼等が仏教徒であつたのは、彼等の時代に仏教を除いて他に宗教がなかつた故《から》である」と断言している。

信仰の何たる乎を知りしことに於て彼等は現今《いま》の欧米の基督信者よりも遥かに深くあつた、彼等が弥陀に頼りし心は、以て基督者がキリストに頼るべき心の模範となすことが出来る、彼等は絶対的他力を信じた、即ち恩恵の無限の能力を信じた、彼等は全然自己の義（self-righteousness）を排して弥陀の無限の慈悲に頼つた（「我が信仰の祖先」）。

そしてルターが親鸞を読んだらまったくその通りと共感しただろう、といったことを述べている。鑑三は、もとより救済というものは自己によってはなしえず、ただ神の力によるという信仰を（当然）抱いていたものだが、この頃になるとそれが個人の救いから社会の、人類の救いへと拡大していった観がある。

日露衝突の危機に際して示した非戦論では、まだまだ現実政治に即した戦争回避の策を講じていたものだった（「平和の実益」など）。しかし一〇年経って第一次世界大戦の段になると、鑑三はもはや人為に期待しない。

「戦争は罪の此世に在りては避け難き悪事であります、是れ人がいくら努力しても廃《や》めることの出来ない事であります、平和協会をいくつ設けやうが（…）、戦争は依然として行はれます」（「戦争と伝道」）と言うのである。

だが戦争はなくなる。どのようにして？

主イエスキリストが栄光を以て天より顕はれ給ふ時に廃みます（同前）。

戦争をなくすには、もちろん戦争によってもダメで、外交でも無理で、カントが述べたやりかたでも不可能だ。「戦争の廃止、其事を実現するための手段はイエスキリストの福音の宣伝である」（「戦争の止む時」）

また、「非戦主義といふは必しも絶対的に戦はないと云ふ事ではない、自分で戦はないと云ふ事である」「神をして自分に代て戦つていたゞくと云ふ事である」と、非近代的な代替策（？）を提示する（「信仰の勝利」）。

かくして、筋を一本通しつつも時代とともに変化してきた彼の思想と信仰は、キリストが再び現れることを信じる「再臨信仰」に落ち着く。戦争と平和をめぐる意識を軸におさらいすると、正戦論から始まり、非戦論・無抵抗主義を経て、その上で戦争に全面的に打ち勝つには再臨を待つしかないという再臨信仰に達する。どんどん原始的になってゆき、ついにはイエスが十字架の上で息絶えた記憶がまだまだ生々しく残っている、A.D.二ケタ世代のようなところにいってしまったかのようだ。そしてこの遡行《そこう》の最中で、日本が誇る生きた精神文化遺産・絶対他力の思想に合流していたことを忘れてはいけない。

で？　だから？　神頼みの戦争全廃論が、現代の私たちになんの役に立つのか？

答えはいったん保留にし、先に進もう。

日本の平和志向を取り扱うからには、どうしても触れておかねばならない事柄がある。日本国憲法の第九条？　ちがう。あれはあれで、大中小とサイズをとりそろえたモノリスにでも刻んで盛んに外国に輸出してゆくべきユニークな条文だ。がしかし私たちはそれ以前に、一つの経験を永久に胸に刻みつづけなくてはならない。

そのためには、単なる日本人の視点から、文明人の視点に移る必要がある。場所を変えよう。

第七章　科学技術の戦争協力

毒ガス戦を正当化した科学者フリッツ・ハーバー〜原子爆弾を可能にしたオットー・ハーン〜正戦論者（？）アインシュタイン〜文明人はどう生きるか

広島県広島市の「平和記念公園」。
写真：著者撮影

読者のみなさんは、原子爆弾がどのようにして作られたか、その根本的な原理の発見から完成まで、桃太郎のあらすじ程度の細かさをもって諳《そら》んじているだろうか？

大多数の方はそうではあるまい。これから私はこの不愉快きわまりない、人類最高の罪のあらすじを記す。私の史観だが、これが真実だと哀れな自信をもって提示する他ない物語だ。必ず記憶していただきたい。

無邪気な科学者たちの戦争協力

舞台はとんで、すでに何度も見学した第一次世界大戦。

第四章ではイタリアの詩人マリネッティが近代兵器の祭典たるこの戦争に大はしゃぎしていた事実を紹介した。ところで未来的な殺戮の技術はなんでも礼賛しているように見えるマリネッティが、詩として注目しなかった兵器が一つある。

毒ガスだ。たぶん、音がしないし見栄えもしないからだと思われる（防毒マスクという装備には興味を示していたが）。

毒ガスを最初に組織的に用いたのはドイツ軍で、激戦地となったベルギー西部・イーペルの第二次の戦いの時だった（一九一五年春）。主導したのは化学者のフリッツ・ハーバー（一八六八—一九三四）。空気中の窒素をとりだしてアンモニアを精製するハーバー-ボッシュ法で理系学生にはおなじみの偉人だ。戦前の彼の偉業であるアンモニア精製法の確立は、良質な肥料の開発を助け、農業の生産性を格段にあげ、人類を飢餓から救う平和志向の大発明だった。もっとも、真に魔法のような技術というものはありえず、アンモニア製造に必要な化石燃料採取のため、長い目で見れば土地を傷つけるのであるが。

そしてこの同じ技術が、戦争となるとまず火薬の増産（アンモニアから硝酸ができる）にフル回転してドイツ帝国を弾薬不足から救ったのだった。

「科学者は平和時には世界に属するが、戦争時には祖国に所属するのだ」と言い放ったと伝えられるこの愛国者は、それだけでは飽き足らず、率先して化学兵器の実装を進めていった。命令されて研究するのではなく、自ら軍に献策したのだ。最初の毒ガス攻撃は、一回の攻撃で死者五〇〇〇人という信じられないような戦果をあげた。この毒ガス戦の犠牲者が、戦場からだいぶ離れたところにもう一人いた。ハーバーの妻が自宅でピストル自殺したのだ。自身も科学者だった彼女は、たびたび夫の愛国的献身をとがめていたという。

その後は両軍ともに新たな毒ガスと、それに対抗する防毒マスクを作るというイタチごっこが続く。なお、この毒ガス作戦に従事した科学者の中には、私が思いつくだけで四人、その後自然科学の分野でノーベル賞を受賞する人たちが含まれていた。当のハーバーその人も、戦後真っ先に授与されている。もちろん戦前の業績に対しての授与だが、皮肉な意味でノーベルの名にふさわしい人選だ。と言うのもこの賞の創設者であるアルフレッド・ノーベルは、ダイナマイトを発明して巨額の富を得たわけだが、こんな野心を口にしていたことが記録されているのだから。「私は戦争がもはやまったく不可能になるよう、大量破壊に恐るべき効果を発揮する物や機械を開発できればと願っている」(Evlanoff & Fluor, *Alfred Nobel, The Loneliest Millionaire* より拙訳)と。

ハーバーはドイツの敗戦後も一貫して、毒ガス開発を反省するようなことはなかった。それどころか、毒ガスは戦争の終結を早め犠牲者を減らし、平和に寄与する兵器だと信じ続けたのだ。内村鑑三が外交で戦争を抑えることはできないと失望した理由の一つに、毒ガスの使用を禁じていたハーグ陸戦条約が易々と破られてしまった苦い教訓があった。

ところで地獄のような毒ガス戦にリクルートされたドイツの科学者の中には、まだ三〇代のオットー・ハーン(一八七九—一九六八)の姿もあった。彼はその後東部戦線での毒ガス戦にまわされる。

「私たちは、最初にロシア兵をガスで攻撃した。そのとき、哀れな男たちが倒れて、徐々に死ぬのを見て、彼らの死を阻むことができなくとも、救命具で彼らの呼吸を楽にしてやりたいと思った。そして、私たちは戦争のまったくの無意味さを知ったのだった」（K・ホフマン著、山崎正勝《まさかつ》他訳『オットー・ハーン　科学者の義務と責任とは』）。

ハーンによるこの回想は、それだけでも近代文明がもたらす不条理の悲劇を浮き彫りにしている。

歴史の不条理はこれだけでは終わらない。よりによってこんな苦しい経験をしたハーン博士が、原子爆弾の開発を可能にする決定的な発見をしてしまうのである。

原子爆弾の履歴

次の大戦までのいわゆる相対的安定期は、科学者たちがいい意味で政治ずれする絶好の猶予となるべきだった。危険な応用に抵抗する意識を養え。しかし事実の趨勢はむしろ、政治権力が「科学技術は戦争に使える」との自覚を深め、その応用を帝王学の必須項目に取り入れる学習期間になった。特に、ベルサイユ条約で従来兵器に規制がかけられた敗戦国ドイツでは新技術探しに積極的で、ナチスが全権を握る前年には、ロケット実験に明け暮れていたハンサムな工科学校生ヴェルナー・フォン・ブラウンを軍がリクルートしていた。これが第二次大戦中に、史上初の弾道ミサイルV－2の誕生につながる。

時は飛んで、ヒトラーが独裁政権を築き、すでにオーストリアを併合、チェコスロバキアにも進駐し、次なる戦争と「ユダヤ人問題の最終的な解決」（つまり虐殺）に向けて着々と準備を進めていた一九三八年晩秋のこと。

ベルリンの研究所で、ウラン原子核に中性子線を当てて変化を見る、という実験を続けていたハーンとその助手のフリッツ・シュトラスマンは、奇妙な結果に直面して頭を抱えていた。時に物理学の最先端の興味は原子よりもさらに小さい量子の世界に移っていた。ハーンは長年の相棒だったオーストリアの女性物理学者リーゼ・マイトナー（一八七八―一九六八）の誘いで、この実験を始めたのだ。目的は、自然界に存在するもっとも重い元素であるウランよりも重い「超ウラン」を作ること。物理学者は超ミクロの世界でなにが起きているのかを理論づける。一方、元素の性質を熟知し、生じた物質がなんであるかをあの手この手で判定するのは化学者の仕事。一分野の専門家だけでは手に負えないのだ。

ところが共同研究者のマイトナーはユダヤ系で、すでに北欧に亡命してしまっていた。もちろん報告も兼ねた文通は続いているが、実験と、物理の専門家による解説との間にタイムラグが生じるようになっていた。これがかえってハーンの大発見を助けたと言えるかもしれない。化学者として確認できる結果は当時の物理学の常識からすればありそうもない内容で、おまけにマイトナーの狙いである「超ウラン」作りとはかけはなれていた。彼女がそばにいたら、やり方が根本的におかしいのでは、と指摘を受けていたかもしれない。

中性子をぶつけられたウラン原子核が、ほぼ半分に割れている。どうもそんな事態が起きているらしいのだ。ハーンはマイトナーに何通も手紙を書き、解説を求めた。「物理学からみれば荒唐無稽かもしれないが、結果を伏せてはいられません。これを何か理論で説明できれば、きっと大手柄になりますよ」と。はじめは亡命暮らしの疲れもあって気乗りしなかったマイトナーだが、長年の相棒の腕と頭脳は信頼している。

その年のクリスマス・イブの朝、マイトナーは甥で物理学者のオットー・フリッシュと雪の中を散歩しながら議論を進め（彼女はよく歩く人だったようだ。そのおかげもあってか長生きしている）、結論を出した。理論的な説明はできた。計算もぴったり合った。間違いない。中性子をぶつけられたウラン原子核が割れていたのだ。

核分裂の発見である。この分裂の際に失われたかすかな質量は、みなエネルギーとなって放出される。アインシュタインの特殊相対性理論から導き出される有名な公式$E=mc^2$の通りに。その時解放されるエネルギーは、ウラン原子核一個レベルの反応なら人間には気づかれないくらい小さい。

だがもしも、一グラム——一円玉と同じ重さ——のウラン原子すべてが同じ反応を起こしたら、その時に生じるエネルギーは、熱量に換算すると二〇〇〇万キロカロリー。石炭二・五トンを効率よく燃やして得られるエネルギーだ。一グラムで、石炭二・五トン分！

これが原子力だ。だけどそんなに大量のウラン原子核を一度に分裂させることなどできないだろう。と思いきや。実はウランが核分裂を起こす際に、同時に二個の中性子が放射されていたのである。

と言うことはだ。そばに別のウラン原子核があって、新たに放射された中性子がそいつにあたって核分裂を引き起こし、そこから放射される中性子がまた別の原子核にあたって……と核分裂のドミノ倒しを起こせるようにしたらどうなるか。

連鎖反応と呼ばれるこの現象こそ、原子爆弾のおぞましいばかりの力の源である。

オットー・ハーンらの核分裂の発見は、量子力学の最高権威だったデンマークのニールス・ボーアにまずもたらされた。ほんの二ヵ月前にはハーンの報告を一笑に付したボーアだが、さすがの理解力で、いわゆる一を聞いて十を知る勢いでこの発見を承認したようだ。「なぜそれを思いつかなかったのか！」と悔やんだと言う。コロンブスの卵、である。

たまたま、たまたまなのだが、ボーアはほどなくして、学会に出席するためニューヨークに渡った。そして予定していた講演をほどほどで切りあげ、核分裂の発見を、会場を埋めつくす科学者たちに報告したのだった。その結果、核分裂研究はブームとなる。当然、原子爆弾のアイディアを持つ者も出てくる。理論的には、間違いなく可能なのだ。

このアイディアを思いついた物理学者の一人に、ハンガリーからアメリカに亡命していたレオ・シラードがいた。当時「アメリカの科学者たち」と言えば、これは非常に多国籍な頭脳の集団だった。みんな、ファシズムが台頭するヨーロッパから逃げてきたのだ。アインシュタインの姿もあった。「超ウラン」探しの実験を始め、核分裂発見の種をまいたイタリアのエンリコ・フェルミも。あとはかつてハーバー、ハーンとともに毒ガス部隊に参加していたジェームス・フランクも来ている。

この人たちはみな、危険な思想を持った政治家（例：アドルフ・ヒトラー）が権力をとると、ろくでもない結果となることを肌で知っていた。その意味で、受け身ながらも、政治的な意識は強まっている（亡命者で、政治にまったく無関心でいられる人はめずらしい）。ヒトラーのナチス政権は信じられないことを平気でやる。やつらには非アーリア人的という言葉はあっても、非人道的という言葉はないのだ。

シラードは明確な危機感を抱いた最初の科学者の一人だった。原子爆弾を可能にする核分裂を発見したのはドイツの科学者チームだ。おまけに、ドイツがすでに併合しているチェコスロバキアには、豊富なウラン鉱山があることが知られていた。

ヒトラーが原爆を手にしたら悪夢はヨーロッパにとどまらず、地球を覆いかねない。それを防ぐには……アメリカ合衆国に、ドイツより先に原子爆弾を作らせること。シラードの結論はこれだった。これなら、自分ら亡命者も含めた科学者たちが能動的に力を発揮できるのだ。ナチス・ドイツの核保有を防ぐには、開発レースに勝利すること、だけが唯一の解ではないはずだった。しかしシラードが選び、歴史はそっちに向かって動き出す。

シラードは、自分の提言では説得力が心もとないと考え、世界的権威かつ超有名人になっていたアインシュタインを口説いた。あなたが大統領に手紙を書いてください、と。

核物理学の分野ではアインシュタインは当時、どちらかと言えば遅れていた。だがシラードらの最近の論文を読んで、事態の深刻さを感じとり、自分の影響力を政治方面に使うことを決意する。フランクリン・ルーズベルト大統領に宛てた最初の手紙には、まだドイツがポーランドに侵攻する前の八月二日の日付がある。

その手紙では直接に「ドイツより先に原爆を開発すべきです」といったことは述べていない。だが、どう控えめに見ても、危機感と競争を煽っている。

後世の論者はしばしば、あの生粋のコスモポリタンで平和主義者のアインシュタインがなぜこうも易々と、最終兵器の開発を大国の政府に勧めるような好戦的なまねをしたのだろう、といぶかしがる。実はここには伏線があった。ナチスが権力を握った一九三三年以来、アインシュタインは正戦論者になっていたのだ。

その変わり身は、熱心な平和主義者たちの間に一大恐慌を巻き起こすほどに早く、極端だった。かつては良心的兵役拒否こそ平和への道だ、と説いていた彼が、兵役拒否の相談を持ちかけてきたアメリカの若者に、ドイツに敵対する軍事力が少しでも減るのは好ましいことではない云々と教え諭す始末。

最終兵器の開発を大国の最高権力者に促したのは、この五、六年の彼流の「平和主義」の帰結だった。毒ガス戦のハーバーも、権力者に言われてではなく自ら進んで頭脳と技術を献上したのだ。皮肉なことにかつてアインシュタインは、スイスでハーバーに会った際、「君は傑出した科学的才能を大量殺戮のために使っている」と注意していた。

アインシュタインは、アメリカが原爆を保有した後、どのように使うのが望ましいと考えていたのだろう？　戦後間もない時点でこんな言葉を残している。

この国で原子爆弾が完成されたのは防御手段としてであったことを忘れてはなりません。ドイツが原子力を発見したとしてもドイツがこれを用いることを遮るためでありました（一九四七年の談話、中村誠太郎他訳『晩年に想う』より）。

原爆が防御手段として作られたなどという（よく意味がわからない）、そんな事実はなく、ない事実を忘れることはできないのである。

科学者たちのユートピアが人類のディストピアを用意する

手紙は大統領に渡された。その間にヨーロッパでは第二次世界大戦が勃発していた。ルーズベルトはウラン委員会の設置で提案に応じた。当初はいまでいう原子力潜水艦のような、動力としての応用を検討していたようだ。が、すぐに爆弾作りの可能性に重心を移してゆく。アインシュタインは二通目、三通目の手紙を送り、さらなる進言をした。

一九四〇年の末頃、アメリカの科学雑誌から、それまで毎号のように複数発表され、誌面をにぎわせていた核分裂関連の論文が消えた。ドイツで、ふつうに定期購読者としてその雑誌を読んでいた科学者はすぐに気づいた。情報統制が始まったのだ。つまり？

そうこうするうちに一九四一年一二月八日（アメリカでは七日）、日本海軍の空母艦載機がハワイの真珠湾を奇襲攻撃し、アメリカは堂々と、戦争にひきずりこまれることができた。その二月前には原子爆弾の製造計画書が作成されていた。開戦翌年の六月、その計画書にもとづいて原爆を開発する国家プロジェクトがスタートする。

マンハッタン計画という暗号名で呼ばれたその計画はレスリー・グローブス将軍の管理のもと、主要な研究はニューメキシコ州のロスアラモスという人里はなれた荒れ地で、外部との連絡を完全に絶った状況で進められた。ここロスアラモス研究所の所長として科学部門のリーダーを務めたのが映画にもなったロバート・オッペンハイマーだ。

外部との連絡のみならず、研究者同士でも、部門が違えば情報の交換は禁じられた。投じられた予算は当時の額でおよそ二〇億ドル。忘れられがちだが、イギリス、カナダとも協同していた。自分の研究がなにに活かされるのか知らない末端の科学者、技術者、計算要員も含めると、多い時で二〇万人が動員された。

なお、アインシュタインは手紙を書いてきっかけを与えただけで、このプロジェクトにも、それ以前の原爆開発を前提とした個々の研究にもかかわっていない（漫画『はだしのゲン』の原爆完成シーンにアインシュタインらしき人物が見えるが、これは事実と異なる）。

後に機密が解かれると、計画に参加した名だたる科学者たちが当時の様子を語った。みながみな、ナチス・ドイツに負けまいと目を血走らせ、寸暇を惜しんで計算と実験に没入していた、などということはなかったようだ。それどころか、ひょっとすると文化系サークルの合宿のような雰囲気だったのではと思わせる記述もある。

たとえばハーンの実験について、マイトナーとともに核分裂という結論を導き出したオットー・フリッシュの思い出話を聞いてみよう。彼はイギリス経由でマンハッタン計画に参加していた。彼の目に映ったロスアラモス研究所の環境は――。

夜、あてずっぽうに歩いていって手近のドアをノックしさえすれば、かならずそこで音楽を演奏していたり、興味深い活発な議論をしている人々に会えるというのは、とても気持の良いことだった。これまでわたしは一度も、このように知的で教養のある住人たちによって多彩にいろどられた小さな町を見たことはなかった（シャルロッテ・ケルナー著、平野卿子《きょうこ》訳『核分裂を発見した人　リーゼ・マイトナーの生涯』より）。

町、というのは人工的に作られたロスアラモスの科学者村を指す。もちろんフリッシュは、原子爆弾を開発するために集まったことを自覚している（原爆の技術的な可能性を計算によって最初に裏付けたのは彼だった）。それにしては、なんというのどかさだろうか。

彼らは原子爆弾を作っているのである。広島と長崎で、計二一万もの人々を殺戮することになる原爆を。「ドイツより先に」を合い言葉に。

その間にも敵国ドイツのあわれな占領地域に作られた強制収容所では、スイッチ一つで効率よく大量に人を殺すガス室が稼働し、医師たちが人体実験に興じている。

最初の反核アピール

史上最大の作戦と言われたノルマンディー上陸作戦（一九四四年六月六日）後、各戦線でドイツ軍の敗退が進んでいた頃から、連合軍はアルソス調査団という、科学者をともなう小規模な部隊に特別な任務を与えてヨーロッパに放っていた。ナチス・ドイツの原爆開発の進捗状況をつかみ、可能なら妨害すること。それが彼らの任務だ。

年末にはアルソス調査団は、ドイツの原爆研究がマンハッタン計画とは比べものにならないほど遅れていると判断するに足るだけの資料を手にしていた。そして翌一九四五年の四月――沖縄で日米が激戦を繰りひろげている頃――にはついに、ドイツが備蓄していた一〇〇〇トン余りのウランをおさえ、さらには元ワイン蔵だった洞窟の中で開発中の原子炉を発見した。この原子炉は臨界（前述した核分裂の連鎖反応が持続する状態）に達するまでには作動しなかった。

失敗作だ。アメリカの研究と比べると、技術的に三年以上遅れていた！

未熟な原子炉は性能調査後、ちゃんと破壊された。ハイゼンベルクやハーンら、優秀な科学者たちの身柄も拘束され、もはや「ナチス・ドイツが先に原爆を持ったら」という不安の根拠は完全になくなった。ヒトラーの自殺とドイツの降伏はこの一月後だが、それ以前にもう、「防衛手段としての」原子爆弾は必要なくなっていたのである。

それでもアメリカは原子爆弾の開発を続けた。科学者たちに解散が命じられることはなかった。なぜ？　日本がまだ抗戦を続けていたからか？　それよりも、この戦争の後の戦いに優位に立つためだ。後に冷戦と呼ばれることになる、ソビエト連邦との対立においてマウントをとりたいから。ニールス・ボーアは賢明にもルーズベルトとチャーチルに直接会い、ソ連が原爆の開発を始めもしないうちにアメリカからその秘密を打ち明けて、この恐るべき技術を共同管理するという、大胆な提案をした。

だが結局奏功せず、原子爆弾の完成は間近に迫っていた。

もう誰にも防げないのである。開発も完成も。だが実戦の使用は止められるのでは？

このような状況でなお、俺たちゃこの満ち足りた環境で研究をしてるだけでいいのさ！などと平常運転でいられる科学者がいたとしたら、それはいわゆるマッド・サイエンティスト系の人間か、並外れた世間知らずかのいずれかだろう。さすがに全欧米からの一流の頭脳が集まると、〝一専門家〟と〝人類の一員〟との間を行き来できる人々もいた。

作りっぱなしで済まされるレベルの兵器ではないのだ。完成が迫るほどに、この発明が世界にもたらす地獄が現実味を帯びてくる。そしてその地獄を知性による心眼で見ることができるのは、いまのところ限られた科学者たちだけなのだ。部外者は、原爆を開発中ということさえ知らない。無責任な立場でいられるわけがない。

マンハッタン計画には、前記のロスアラモス研究所以外にも各地に研究セクトがあった。

中でもシカゴ大学冶金《やきん》研究所は最初の原子炉実験を成功させるなど、大きく貢献していた。ここにはアインシュタインに大統領への手紙を書かせたあのレオ・シラードや、ジェームス・フランクがいる。

フランクには前の大戦で、毒ガス部隊に参加しただけではなく、自らの身体を実験台にし防毒マスクやフィルターの開発に従事した過去があった。祖国ドイツでナチスが政権をとり、ユダヤ人の公職追放政策が始まると、第一次大戦の従軍者として猶予措置がとられていたにもかかわらず、フランクは政策に対する抗議の声明を出して辞任した。権力と戦う気骨も備えた、これまたノーベル賞受賞学者だ。

彼はシラードらシカゴの仲間と語り合い、原子爆弾の実戦使用を避けるべく、予想される悲劇を的確に記した報告書を提出する。六月一一日の日付を持つ、通称フランク・レポート（フランク報告書）は、おそらくこの時点での人類に残された最後の希望だった。

原子力を、物理学の他のすべての分野における発展と区別して考えねばならない理由は、平時においては政治的な圧力、戦時においては突然の破壊、両方の手段としての破格の可能性にある。現状、原子核工学分野におけるあらゆる研究の推進、科学的および産業上の発展、そして出版に関する計画は、政治および軍事的情勢に応じて遂行されるよう期待されている。である以上、戦後の原子核工学の運用についての提言、政治的な問題に関する議論は不可避であろう。この計画に従事する科学者たちは、国内および国際政治について、その権威を笠に着てくちばしを突っこむのをよしとしないようである。しかしながらわれわれはこの五年の間、残りの人類は知り得ない、この国の安全のみならず全世界の未来を脅かす重大な危険に気づいた一握りの市民という立場にある。したがってわれわれは、原子力の使用により生じる問題をその深みにおいて認識し、その研究や必要な決断の準備に向けた適切な措置が講じられるよう強く訴えることがわれわれの義務であると思うものである（拙訳、傍点は引用者。原文はインターネットで公開されている）。

報告書の「序」はこう書き出される。

全四章からなるこの報告書は人類初の反核アピールだった。その主張を要約するとこうなる。現時点ではなるほど合衆国が唯一の核保有国だが、基本的な原理が知られている以上、その優位は数年で終わる。つまり他の国々でも原子爆弾が作られるようになる。そして核兵器の破壊力には対抗する術がない。材料となるウラン

（プルトニウムもここから作られる）が地球のあちこちに眠っている以上、一国で独占することもできない。である以上、核攻撃から自国を護るには、国際的な合意のもとでその使用を管理するしか方法はなくなる。

「この観点から、いま秘密裡に開発されている核兵器を世界に初めて知らしめる方法が、極度の、おそらくは決定的な重要性を持つことになる」とフランクらは説く。

つまり原爆のお披露目の仕方が重要だというのだ。

そしてその方法の一つとして、日本へ警告なしに投下する選択肢をあげる。「原子爆弾を、今次の戦争に勝つための手段と考えてきた人々には特に訴える案だろう」と付け加え。だがその案はすぐに否定される。そんな非人道的なことをやらかしたら同盟国や中立国の信頼さえ揺らぎ、核の国際的な管理を提唱しても誰もついてこなくなるからだ。

このくだりはむしろ、すでに日本を投下対象として考えつつある政府を牽制するために書かれたように思える。日本人読者の、身びいきだろうか。

国内世論にも懸念を示し、ここでは、自身にも苦い経験がある毒ガス兵器の使用を例にとっている。世論調査によると、たとえ「極東での戦争終結を早めるためだとしても」毒ガス兵器の使用に反対する回答が多かったというのだ。この例は間接的に、いまだに聞かれる米国民の「原爆投下が戦争終結を早めた」式の正当化が許されないことを示している。あれは戦後作られた愛国神話であり、当時の合衆国民が原爆投下にゴーサインを出したなどという事実は、潜在的にもなかった。

では原爆の世界デビューをどのように演出するべきなのか。

文明の転機を逃す

新兵器のデモンストレーションは、砂漠か無人島を使って、国連の全代表者たちの目の前で行われるのが最良であろう。「ご覧の通りの兵器を所有していましたが、われわれは使いませんでした。将来もその使用を放棄するとともに、他の国々と協力して核兵器の使用を管理してゆく用意があります」とアメリカが世界に堂々と言える状況ができて初めて、国際的な合意を達成できる空気が生まれるであろう（同前）。

私たちはみな、この案が受け入れられなかった結果を知っている。完成した三発の原爆のうち、一発は七月一六日にアラモゴード砂漠（ニューメキシコ州）でテストされ、二発目は八月六日に広島市に、三発目はその三日後の八月九日に長崎市に投下された。そしてその年の暮れまでで計二一万人もの犠牲者をもたらした（原爆症による死がその後も続く）。

知ってしまっている。だからフランク・レポートが提案した原爆の使い方——おそらくは最初で最後になる想定の——を絵空事だと思ってしまうかもしれない。けれども、リアルに想像してみていただきたい。なんなら私は、フランク・レポートの提案が受け入れられた世界線の小説を書き、ネットフリックスで映画化させたいと思ってるくらいだ。

この提案には西洋近代文明の常識を超えた知恵が含まれていないだろうか。

ドイツは敗れた。にもかかわらず原爆開発を続けたのは結局のところ、誰かより優位に立ちたいという国家規模のマウント願望による。この願望は、ルーズベルトの死去によって大統領となったハリー・S・トルーマン個人の志向とか、グローブス将軍個人の過度な義務感といった要素だけで構成されているものではもはやない。

フランクらは、せっかくできた原爆をちゃんと使わないことについて予想される反論の一つとして税金の無駄遣いになってしまうという、現代日本で性急かつ誇張された〝分断〟のもととして通用する論をさえ想定し、反駁している。おそらく、原爆開発をここまで進めて中止することが不可能なのも、フランクたちが必死の想いで提言しないとこのままでは日本に対して原爆が使われてしまうのも、もはや国家に飼いならされてしまった近代科学という獰猛きわまりない番犬の半端なしつけと本能のおもむくところなのだ。国家の忠犬たるテクノロジーがどこまでいってしまうかという、最悪の例がこの悲劇なのである。

それに対抗するには、これら国家たちの本能とは異なる地平からの眺めを、そこからの報告を必要とする。フランク・レポートにみなぎる倫理と論理と情熱は、実にその橋渡しにならんとしていた。と言うのも彼ら科学者の発想は、国家の主権をなくそうとか国家を解体しようといったユートピアンめいた部分は少しもなく、むしろ、「強い国家だったからこそできたこと＝原爆」の罪を引き受けた上で、同様に国家というまとまりを利する形で、「人類」の味方に立つための、現実的に最善の方法を説いていたのだから。

デモンストレーションとしての、一回きりの核爆弾の使用。それが可能で、なおかつ効果を持ちうるタイミングはまさにこのタイミングしかなかった。一度でも殺戮に用いてしまったら――八月六日午前八時一五分の広島――その後にいかなるきれいごとを並べても、競争を抑止する、いな、潜在的な競争参加者が（主権国家の数々が）みな競争を放棄したくなるような空気は、合意は、とうてい生まれまい。この、道義的矛盾のメカニズムは今日の世界でも維持されている通りだ。自国がさんざん核兵器を保有していながら他国に禁止を求める。そんなもの誰が納得する？

対してフランクらの提案には、シンプルだが非常に重要な知恵がある。他国を、他者を出し抜こうという惰性を捨て、みんなで力を使わないようにしようという合意に向かう一点において力を使おうとしているのだ。覇道よりも王道に近い。

ここで詩人の助けを借りよう。フランスの詩人ポール・ヴァレリー（一八七一―一九四五）は、いわゆる理系学問への造詣も深く、それゆえに、同時代を文明史の視座でとらえる反射神経を持っていた。両大戦間には科学技術が変えゆく人間生活のあり方に敏感に反応し、精神による、機械の再征服を構想していた節がある。そんな彼には、第一次大戦後にできた国際連盟程度の、見せかけの協調関係はまったく不満だった。

> 私見によると、国際連盟に擬し得る最も正当で最も重大な非難は、それが何よりもまず精神連盟として組織されなかったことである。国際連盟は競争と反目の歴史的制度を代表する人々を集めている。彼らはジュネーヴにおよそ最上の熱意を持ち寄るのであるが、しかしそれと共に、下心のひと荷物と、他人を害して何らかの利益を得ようと欲する打ち勝ちがたい習慣を持ってくる。このかくも単純な観念はもはや現代世界の条件に

は合致しない（マリアノ・コルネホ『平和のための戦い』への序文、ヴァレリー全集11より）。

これは国際連盟への批判だが、新たに準備が進んでいた国際連合（今日の国連）はどこまでこの競争意識にブレーキをかけられたか、心もとない。一方、フランク・レポートの提言は「他人を害して何らかの利益を得ようと欲する打ち勝ちがたい習慣」＝ほぼほぼ「国益」の一語で擁護される、近代国家（資本主義に限らず！）の本能を否定していた。それを大々的にアピールし、自国の「国益」を生む金の卵となりうる原子爆弾の知識、技術を、共有にゆだねる。

どう悲観的に見ても全世界の生物たちの共有物である、この地球に倣ってだ。

そこから始まる原子力時代――原子力を知ってはいるけれど使わない、健全に倒錯した原子力時代――には、一皮むけて大人になった新世代国家たちの織り成す世が実現できたかもしれない。そしてそれは、西洋近代文明の到達点となり、あとはこのモンスターに、すごすごと勇退してもらう段階に入っていただろう。その世界には間違いなく、東洋文明の、アジア主義の、日本的伝統の、覇道に対する王道の、なんと呼ぶにしても近代的にあらざる知恵と価値観と生活様式が求められ、実現の目を見ただろう。

技術の問題一つとっても、だ。一〇世紀の中国で書かれた『関尹子《かんいんし》』にはおどろくべき技術の数々が紹介されているのだが、次のような断り書きもある。

「道を知る者のみがそのようなことをすることができるし、さらに優れたこととして、たとえできても、それをしないことができる」（中山茂他訳『ジョゼフ・ニーダムの世界』）

できるけれどもあえてやらないでおくことは「さらに優れた」徳の実践なのである。

人類の自殺未遂

一九四五年八月六日。

広島に原爆が投下された。

原子爆弾が爆発した高度はわずかに六〇〇メートル（長崎では五〇三メートル）。東京スカイツリーがちょいと身を屈めた程度の高さだ。地上は当然、地獄と化す。

　コレガ人間ナノデス
　原子爆弾ニ依ル変化ヲゴラン下サイ
　肉体ガ恐ロシク膨脹シ

男モ女モスベテ一ツノ型ニカヘル
オオ　ソノ真黒焦ゲノ滅茶苦茶ノ
爛《ただ》レタ顔ノムクンダ唇カラ洩レテ来ル声ハ
「助ケテ下サイ」
ト　カ細イ　静カナ言葉
コレガ　コレガ人間ナノデス
人間ノ顔ナノデス　（原民喜《はらたみき》「原爆小景」より「コレガ人間ナノデス」全行）

原爆による最初の虐殺が行われて数時間後のイギリス、ケンブリッジシャー。郊外の古い館に、原爆開発にたずさわったとされるドイツ人の科学者一〇名が隔離されていた。連合国がもっとも恐れた天才ハイゼンベルクも、核分裂を世界で初めて確認したハーンもいた。彼らは大戦末期に連合軍によって身柄を拘束され、ここに抑留されていたのだ。彼らを監視する将校は、ある日意味不明な指令を受けた。「八月六日のニュースをドイツの科学者たちに聞かせること」と。

宿舎にはいたるところ隠しマイクがしかけられていた。原爆投下のニュースに対する反応を聞き出す作戦だったのだ。

アメリカ軍がなしとげた蛮行を伝える「すばらしいニュース」を聞いた科学者たちは、目に見えて動揺した。ハイゼンベルクなどは、広島に落とされた新型爆弾が、原子爆弾ではないとさえ考えた。興奮した議論の中で、ハーンはつぶやいた。

「私たちが作らなくてよかった」

一〇万人を一挙に殺す兵器の元となった発見をしたのは彼だ。残り九人の科学者はみなそれを知っていた。ニュースを聞いてからのハーンの憔悴《しょうすい》ぶりは、傍目《はため》にも明らかだった。科学者たちはハーンが自殺するのではないかと本気で心配し、その晩は一人にしないよう気をつかったのだった。後にハーンは気持ちを整理し、ノートに書いている。


いま私は、われわれが爆弾を開発するための方法も、手段も持たなかったことをうれしく思う。なぜなら、もし、ドイツでそれを戦時中に造ることが可能だったら、それをイギリスに対して使用するように強いられただろう。私にとっては、そのようなことは考えられない。私はアメリカの成功を羨ましいとは思わない（前掲『オットー・ハーン　科学者の義務と責任とは』）。

広島と長崎への原爆投下がどれほどの事件だったかを物語る、ずっと後の、思わぬ所の関係者のエピソードを紹介しておきたい。長編小説『審判』で原爆投下を実行したアメリカ軍操縦士と日本人の奇妙な交流を描いた国際派作家・堀田善衞は、一九六二年にカイロで行われたアジア・アフリカ作家会議の時のきわめて印象的な出会いを伝えている。

コンゴもまだ独立以前でしたが、あるときコンゴのジャーナリストがやってきて、私を部屋の隅にどんどん押していくんです。よく見ると、その真っ黒い顔——巨人軍にいたクロマティにちょっと似ていましたね——の大きな目から涙が溢れている。

何事かと思って、よく話を聞いてみると、広島と長崎に落とされた原子爆弾の原料であるウラニウムは、コンゴから産出したものだ。もし、われわれがもっと早く独立していて、ウラニウム鉱山を自分たちで管理することができていたなら、ああいうことは絶対させなかったはずだ、というんです。コンゴの国民は、心からそう思っていると、広島と長崎の市民に伝えてくれと、涙ながらに訴えられて、思わず私も涙が出ました（『めぐりあいし人びと』）。

ハーン博士にも、このコンゴ人ジャーナリストにも共通しているのは、「作らない」ことの肯定だ。前者は作れなくてよかったという安堵であり、後者は作らせてしまったという後悔。そしてそれは原子爆弾や水素爆弾に限ったことではない。

手塚千鶴子著『原爆をめぐる日本人の語り　怒りの不在の視点から』は、証言、詩歌、小説、映画、アニメなど幅ひろいジャンルでの原爆被害の描かれ方を調べ、日本人に〝怒り〟の表現が少ない背景を考察した労作だ。その中で著者は、『はだしのゲン』の主人公ゲンがそれこそ激しい怒りを向けていた「仕方がない」という思考に注目している。

「仕方がない」は、自分の力の及び得ない事態を、比較的抵抗なしに受け入れさせ、消極的受身的だが、日本は災害をはじめ大抵のことをそうして凌いできたのである。完膚なき敗北後の茫然自失から、復興へ転ずるには、有効な姿勢だともいえる。

理の当然で、「仕方がない」は原因の考察や責任の追及へと向かうエネルギーにはなりづらい。だからと言って、「仕方がない」や、あきらめることがすべて否定的な作用しかもたらさないわけではない、と私は考える。むしろ「仕方がない」ものなどない、と信じることは、許しの障壁となり、賠償請求や責任追及を生み続ける。真に「仕方がない」こととと、似非《えせ》「仕方がない」——たとえば二〇二三年秋に導入されたインボイス制度など——とを見きわめ、前者に対してはあきらめ、後者に対してはあがきつづける。個人にできるのはそれだ。

原子爆弾の投下という罪は、どこの誰にその責任を問うべきなのか、考えてみよう。投下という攻撃命令それだけをとるのなら最高司令官にあたるトルーマン大統領が責任者ということになるだろう。ここは似非「仕方がない」だと判断できる。

しかし開発に至る前史までを含めると、人類史の逢魔《おうま》が時とでも呼びたくなるような、広範囲の、見えざる共犯関係に背中を押されたとしか思えないのである。オットー・ハーンらの発見のタイミング、正戦論者と化していたアインシュタインの進言、合衆国の国力、無邪気な科学者たちをさらに無邪気にする労働環境……。

ここまでひろげると、真に「仕方がない」ことだったと思えてこないだろうか。

ただしそれでも、雲仙普賢岳《うんぜんふげんだけ》の噴火や、三・一一の大津波が仕方がなかったのよりはずっと、人為に寄っている。西洋近代文明に乗ってしまった以上は、仕方がない、なのだ。

問題は「ヒトラーが先に原爆を持ったらまずいよね、だったらアメリカが開発できるよう力を貸して当然だよね」と納得してしまえる思考様式にある。これも含めての近代の罪で、古代中国にあった宋襄の仁が常識だったなら、「そんなもの、たとえ敵が先に開発しても使うわけがなかろう！　ほっとけ！」で一蹴できたはずなのだ。

怒りはある。だが、被害と加害をわけて怒ることはできない。なぜなら私たち日本人も原爆に賛成していたのだから。開国後、東洋における西洋近代文明の優等生たらんと猛烈な努力を始めたその時から。科学万能主義と帝国主義に反抗し切れなかった私たちは。

そして親鸞の言葉を思い出すのである。

「さるべき業縁のもよほせば、いかなるふるまひもすべし」

「わがこゝろのよくてころさぬにはあらず。また害せじとおもふとも、百人千人をころすこともあるべし」と（いずれも『歎異抄』第一三節より）。

それでもなお「仕方がある」として、誰それが悪い、許せんと犯人づくりをしたがる思考と、それを奨励する文明様式では、絶対に、戦争は、やまない。やむ時は、近代人類が滅びる時だ。ではどうするか。

テクノロジーは誘惑する

さらにさかのぼって、フリッツ・ハーバーが毒ガスを正当化していたことを思い出してみよう。実験で自然をいじくりまわし始めた科学とその応用たるテクノロジーは、それを扱う人の心を変えてしまう性質を持つのではないか。可能なことはすべて善なり、と。

これこそ『荘子』に見られる有名なエピソードが伝える「機心《きしん》」の害悪だ。孔子の弟子・子貢《しこう》が田舎を旅していると、老人が一人でせっせと桶を使って水を汲んでいた。子貢は「はねつるべ」という機械の作り方を教えようとする。それを使えば楽に水を汲める、と。ところが老人に叱られてしまう。「そういうものに頼ってしまうと〝機心〟が育ってしまう」と。

江戸時代の儒学者・荻生徂徠《おぎゅうそらい》はこれを「あやつり心」と訳していた。この訳は、誤りかもしれないがかえってことの本質を言い当てている。作ることで、使うことで、かかわることで、心をあやつってしまう物がある、あやつられてしまう心がある。

科学とテクノロジーにはそうした力がある。

『長崎の鐘』で有名な医学者・永井隆《たかし》（一九〇八―一九五一）の、死を前にして書いたとは思えぬほど力強く、時に楽しい、散文の数々を読んでいるといっそうその感が強まる。永井博士は放射線を扱う研究をしていたので、原爆投下前から徐々に被曝し、白血病をわずらっていた。長崎に投下されたプルトニウム型原子爆弾は妻の命を奪った。自身は九死に一生を得ると、その科学的知識を活かして放射能の影響を調べるべく、爆心地近くの掘っ立て小屋で暮らす。その後は原爆の被害を伝える著述を死ぬまで続けた。平和に貢献するその生き方に感動し、ヘレン・ケラーが、彼の住む二畳の「如己堂《にょこどう》」を訪れたこともあった。我の如く他を愛す。キリストの教えにちなんだ名だ。

お互いに許し合おう……お互いに不完全な人間なのだから――。
お互いに愛し合おう……お互いにさみしい人間なのだから――（『平和塔』）。

この文句は平和道の指針となる、近代日本文でもっとも美しい言葉の一つだと思う。そんな彼にしてなお、科学文明そのものは少しも疑わず、むしろ称揚し続けたのだった。亡くなるまで、科学の発展でバラ色になる未来を夢見、しかもともに被爆した一人息子が将来、自分と同じように原子学の研究をしてくれたら、と希望をつづってさえいる。

生命がおかされてゆく危険はあっても、これくらいおもしろい研究は他にないであろう。現に私はその原子病研究のため病いに蝕まれながら、どうしてもその研究をやめる気になれず、少し体の自由が利くようになったら、すぐまた研究室へ出かけて、あの懐かしい原子病を研究するために勉強をしたいと思い続けているほどである（「死床の父性愛」）。


永井隆を尊敬しているが、私はこの科学観に賛同できない。

だが考えようによってはこの態度はごくふつうなのだ。原爆投下以来、近代文明を見るのも嫌になった、という人の方が稀だろう。なぜか。

一つには、機心に対して無知だから。別に言えば、「技術は悪くありません。使い方によってよくもなれば悪くもなります」という考えが根づいているからだ。使うということはすでに心をその影響にさらしてしまうかもしれない、という、熊本の神風連《しんぷうれん》のような士族にはあった警戒心がない。むしろそういった考えを迷信扱いして進歩してきたのが近代文明だ。

そしてもう一つ。原子爆弾を単独犯としてとらえているためだ。このアイテムが例外的な悪玉で、近代文明というものは全体としてはすばらしいものだというぼんやりとした想いが背景にある。オッペンハイマー博士を激しく糾弾する詩は書かれても、一〇〇年前にエドガー・アラン・ポーがロマンチックに科学批判を歌った（「ソネット——科学に」）程度のものさえ見られない。

では原爆が近代文明の必然だとする考えを持ったらどうなるか。

例外的な試みを一つ紹介しよう。

本当に新しい生活様式？

詩的な感性に富んだ評論家・保田與重郎《やすだよじゅうろう》（一九一〇―一九八一）の『絶対平和論』は、敗戦後、「戦争放棄」を含む新憲法ができて間もない一九五〇年（昭和二五年）に刊行されたすばらしい奇書だ。刊行当初は著者の署名がなかった。保田は戦意高揚に尽力した疑いで、公職追放の身だったのだ。故郷の奈良で農作業をしつつ同人誌『祖国』を創刊。『絶対平和論』はそこで連載された。

新憲法制定間もない頃の「平和論」となると、当然九条大歓迎の論調かと思いきや全然ちがう。新憲法は結局「一九世紀的観念」のもとでの「近代」思想を基調とするもので、それはもちろん守るにこしたことはないが、自分たちの考えは別のところにある。

我々は平和だけが目的ではないのです。崇高な本質からなす行為が、憲法の一項を守り平和を守る結果を生むやうに、行為したいと思ふのです。我々の行為の結果が守ることゝなるのです（引用は新字体にあらためている。以下同）。

と言うのである。前に述べた、目的と手段との混交が見て取れやしないか。

保田は「アジアの本有生活」によって西洋近代を「超越」しようとするのである。戦争の放棄以前に、近代の放棄。すると戦争は自然とやむ。日本人が明治以降「好戦国民」となったのは近代文明に対する自衛のために近代文明を模倣する道を選んだせいだ。それは「高価な経験」ということにして、模倣はやめにしようと説く。「我々はアジアの民の理想の天空のひろさを思はうではありませんか」と。遅れてきたアジア主義という感じだ。

そして絶対平和論は思想と生活が一体となった「道」のようなものだと明かされる。

その生活からは、戦争する余力も、戦争の必要も、さうした考へも起つてこない、

――さういふ生活といふ意味です。そのため我々は二つの命題を立てることが出来ます。一つは近代生活を羨望せぬこと、一つは近代文明以上に高次な精神と道徳の文明の理想を自覚すること、この二つです。しかしこれは一言に云へばアジアの精神の恢弘といふことなのです。アジアの本質は、さういふ意味で近代の反対です(「続絶対平和論」)。

彼に言わせれば「『近代文明』とは、戦争のために費してゐる努力の別名」で、「絶対に人間を幸福にしない進行に加速度を出してゐるのです」ということになる。

戦争を必然的にもたらす点、先に紹介した内村鑑三の「文明」観と保田の「近代」観とはほぼ一致を見る。保田の場合、最新の破局まで知っているからなお具体的だ。

フランク・レポートが正しく警告した通り、アメリカの核の優位は長く続かず、すでにソ連も原子爆弾を保有していた。それに対してアメリカは水素爆弾という、核融合を原理とするさらに甚大な破壊力を持った兵器を開発中だ。そうした時代状況で、保田は次のように断言してはばからない。

原子爆弾――水素爆弾もふくめてですが、これは近代文明を象徴する最高の武器です。

今日では近代文明とは原子爆弾だというてもよいのです。イコールのもので、相反するものでないのです。これが広島に落下した時と事実は、最も明瞭に「近代文明」の象徴と縮図を示したわけです。

それゆゑ「近代戦」を行ふためには、一日も早くこれを使用すべきであります。これは結果を考へていふのでなく、運命と合理によつて云ふのです。それによつて近代戦は名実かね備るわけです。原子爆弾を作つた人間の智慧は決して、戦争を停止し得ない智慧です。彼らの人間の智慧は戦争を熾烈にするのに有効な智慧だつたのです（同前）。

質問者（この論説は問答体で書かれている）が「建設的用途も」考えられ「近代文明を無限に増大させるだらう」という話もあるが、と問うと、原子力の平和利用などというのはただ「人を偽瞞《ぎまん》する方便にすぎません」と喝破する。

原子力の出現が、戦場殺戮のためであつたといふことは、決定的な歴史上の事実です。これが「近代」の性格です。如何なる権力者でも歴史はかきかへられません。人は書きかへても、神の御前では偽瞞できません。神を信ずる人は増加したのです。

正、続、続々、拾遺、と四回に渡って綴られた「絶対平和論」には、脱近代的な生活の具体的なあり方も所々に書かれている。保田が依拠したのは日本の「民族神話」で、それは他の「国際宗教」とちがって「観念上の道徳戒律を教へる代りに、正しい生産生活のあり方を教へてゐる」のだと言う。その生産生活の基礎にしてすべてとなるのは、米作りだ。そして絶対平和的生活において必要なのは「完全雇用」ではなく「完全耕作」、つまり「国民の皆が計画上耕作できる」環境だとする。安藤昌益の万人直耕を思わせる発想だ。

そうした絶対平和生活を続ける日本がもし武力による侵略を受けたらどうするのか。軍事行動の一切に「反抗せず」「共力せず」「誘惑されない態度」をつらぬくこと、と説く。

奇しくも、この数年後に米軍占領下の沖縄・伊江島《いえじま》で始まる土地奪還闘争は、保田の理想に近い方法をとった。伊江島の農民たちは、米軍に土地を奪われたら耕せず、食っていけなくなる。そこでまず陳情に打って出るのだが、その際に彼らは「反米的にならない」「怒ったり悪口をいわない」「大きな声を出さず、静かに話す」「軍を恐れてはならない」などなど、細かく、非暴力につらぬかれた「陳情規定」を決めていった。その中でも、人間性においては、生産者であるわれわれ農民の方が軍人に優っている自覚を堅持し、破壊者である軍人を教え導く心構えが大切であること（阿波根昌鴻《あはごんしょうこう》『米軍と農民　沖縄県伊江島』）。

の一文は崇高であるとともに、保田の「近代文明以上に高次な精神と道徳の文明の理想を自覚すること」と重なる。こうして伊江島の農民は二〇年以上かけて少しずつ土地を取り返していったのだった。この運動で中心的な役割を果たした阿波根昌鴻は後に沖縄のガンジーと尊敬を集めるようになる。

価値観の軸は一つではない

では、すでにある近代文明の利器に対してはどのような態度をとりうるか。
保田の答えは「無関心」。

汽車がめざはりだといふのではありません。それを破壊しようと思ひません。しかしそれがなくなる時代がきてよいのです。むしろなくなる時代のくるのを希望するのです。

これは人間の幸福と倫理の問題からです。

このような絶対平和論を説く保田は、現実の、しかもそう遠くない過去の実践例として、インドのガンジーが指揮した非暴力、不服従の運動をきわめて高く評価する。

ガンヂーの無抵抗主義は、近代生活をボイコットする生活に立脚せねばならないのです。本来は確立した生産生活に立たねばならぬのです。無抵抗主義は政治的ゼスチユアでない、一箇の最も道徳的な生活様式です。

日本の自由主義者のやうに、戦争は嫌ひだ、自衛権の一切は振へない、しかし生活は近代生活を続けたいといつた、甘い考へ方ではありません。その考へ方は非道徳的であつて、決して無抵抗主義でありません。

保田の思想は「日本の自由主義者」の系譜に連なる人々には耳が痛いかもしれないが、現代の、支配的な思考様式からはおそらくバカにされるだろう。たとえば最近の知の巨人とされるハラリ教授だったらなんとお答えになるか。次に引く、ガンジーを評する文章は、宗教批判の文脈とともに、この人の無理解をありありと伝えている。

マハトマ・ガンディーがヴェーダを読んだせいで構想した独立国インドは、それぞれが糸を紡いで自らのカダール織りの衣服を作り、ほとんど輸出をせず、輸入はなおさら少ない、自給自足の農業コミュニティの集まりだった。(…)ところが、この理想的田園生活のビジョンは、現代の経済の現実とまったく折り合いがつかなかった。そのため、このビジョンはほとんど夢と消え、かろうじて残ったのは、無数のルピー紙幣に印刷されたガンディーの輝かしい肖像ぐらいのものだ(前掲書)。

「現代の経済の現実」と折り合わないために——近代生活のボイコットだ——やっていたことに対してなにを言っているのだろう? また、「かろうじて残った」中には保田與重郎のような人物に与えた思想的な影響、勇気も当然カウントされるべきではないか?

このイスラエル人学者の著作には、知識面で教えられるところが少なくないが、私見では、あまりに進歩信奉が強すぎる。そのため、東洋で起きた事件や、ひょっとすると——そんなことないと信じたいが——東洋人そのものに対する軽い蔑視を持っているのではと疑わしくなる。

戦前日本の「国家神道」は欧米より先に「誘導ミサイル」の開発に成功していた、それは「カミカゼ」と呼ばれる、などというレトリックを平気でとってしまうに至っては（前掲書）、抗議してしかるべきレベルだ。このレトリックがいかに人間をなめ腐っているか、以下のように言い換えてみるとはっきりするのではないだろうか。すなわち、「一九世紀初頭の米国は、人語を解し、わずかな食糧で働く『高性能ロボット』の開発運用に成功していた、それは『黒人奴隷』と呼ばれた」と。

また、「謙虚さ」を説く割に、人智への驕りが強い。東浩紀は『訂正可能性の哲学』の第五章で、「『人間にはとてつもなくすごいことができる』という大きな物語」を無責任にまき散らす一例としてハラリの代表作『ホモ・デウス』を批判してくれている。

前章で内村鑑三を例に、「特殊」と「普遍」の二刀流をおすすめしたのは、一つにはこのような外来権威が指揮棒をふるう現代の疑似普遍的な価値観が、常に平和に益するとは思えないからだ。むろん、マイノリティの人権擁護をはじめとした、歓迎すべき傾向は受け入れればよい。だが必要とあらば「特殊」の側――つまり日本的なり埼玉的なり沖縄的なり、究極的にはあなたならではでもいい――から物申し、対話ができなくてはいけない。

「脱成長コミュニズム」との合流

保田與重郎の『絶対平和論』に話を戻す。近代文明の放棄をうながす彼の平和論は、一見するとあまりに現実離れした極論と受けとられるかもしれない。

しかしこの本はちょっとした置き換えをするだけで、一気に現代的な平和論に変貌する可能性を秘めている。いや、そうした置き換えを誘発する魅力を備えているのだ。しかもその置き換えは根本的には置き換えではない。暴力という点で、そのまんまである。

戦争を環境破壊に、あるいはさらにピンポイントで、地球温暖化に置き換えること。すでに見てきたように、保田にあっては近代文明は必然的に戦争をもたらすものだった。だからこそ「日本の自由主義者のやうに、戦争は嫌ひだ、自衛権の一切は振へない、しかし生活は近代生活を続けたいといつた、甘い考へ方ではありません」となる。

いまやこの厳しい意見は、「温暖化は嫌いだ、しかし生活は近代生活を続けたいといった甘い考えかたではありません」に変わる。こうなるとわれわれ全員への鋭いつっこみだ。

ここで再度『人新世の「資本論」』の斎藤幸平にご登場いただく。マルクス研究者である斎藤は、最新の全集作成プロジェクト（MEGAと呼ばれる）によって明らかになったテクストを読みこみ、後期から晩期にかけてのマルクスの思想を復元してみせる。

従来の、古典的なマルクス理解（前期マルクスの思想と言い換えてもよいだろう）では、資本主義において搾取の被害者となるのはもっぱら〝人間〟だった。資本主義が発展し、生産力が上がり文明も進歩した先で、階級間の矛盾がのっぴきならなくなって社会主義革命に至る、と。つまり社会主義革命の条件を整えるためには資本主義のもとで生産力を増大させなくてはならない。その間はとりあえず地球環境の搾取は問題視されない。

私たちのここまでの流れに置いてまとめると、初期マルクスは近代を批判しない。どころか礼賛すると受けとられても仕方がない面があった。斎藤の論に即してまとめると「生産力至上主義」と「ヨーロッパ中心主義」を特徴とする「進歩史観」の持ち主だったマルクス。

斎藤は言及していないが、このマルクス理解は、ヴァルター・ベンヤミンが「俗流マルクス主義」と呼んで批判し続けた考えだ。

俗流マルクス主義が理解する意味での労働は、詰まるところ自然の搾取に帰するのであり、なのにそれを彼らはプロレタリアートの搾取に対立させて、おめでたい満足感に浸っているのだ（「歴史の概念について」の第XIテーゼより。浅井健二郎訳）。

ベンヤミンはこれに対し、「はるかに健康な感覚」が生み出す労働として、「自然を搾取することからははるかに遠く、自然の胎内に可能性としてまどろんでいる創造の子らを自然がこの世へと産みおとす、その産婆役を果たすもの」を提案していた。残念ながらナチスから逃げる亡命の旅の途上で自ら命を絶った彼には、具体例としてフーリエの空想的社会主義の「夢想」くらいしか用意はなかった。

では平和な世の中で斎藤がじっくりと発掘したマルクスはどうか。

『資本論』で「人間と自然の物質代謝」に注目するようになったマルクスは、その後さらに自然環境の研究を進め「過剰な森林伐採、化石燃料の乱費、種の絶滅などエコロジカルなテーマを、資本主義の矛盾として扱うようになっていった」という。結局その研究成果も踏まえたまとまった著述は生前なされなかったが、斎藤はその思想を「脱成長コミュニズム」という名で復元し、現代の環境問題解決に向けて提示するのである。

同書の前半で斎藤は、資本主義を前提とした温暖化対策――「気候ケインズ主義」に連なる諸政策を検討し、経済成長を目指しながらの取り組みは結局のところ「社会的・自然的費用を周辺部へと転嫁しているにすぎない」とその限界を指摘する。もっともだ。自分たちはクリーンに、豊かな物質文明を享受しているつもりで空間的、時間的に隔たった搾取の上になりたつ「帝国的生活様式」と根本的には変わらないのだ。

続いて資本主義を続けながらの脱成長も不可能だと論じる。「要するに、利潤獲得に駆り立てられた経済成長という資本主義の本質的な特徴をなくそうとしながら、資本主義を維持したいと願うのは、丸い三角を描くようなものである」と。

これらの議論はまさに、「近代生活を維持し、出来れば少し向上させたい」と「戦争はさけたい」を両立させるには「植民地的なものを何かの形で保持せねば不可能なのです」と保田が説くところに対応する。

反・戦争と反・環境破壊が重なる時

タイトルの通り「資本」を論じた斎藤と、「平和」を論じた保田の議論が七〇年の時を超えて呼応し合うのは決して偶然でもこじつけでもない。保田は高らかに宣言していた。

我々の世界文明の知識と文明史に対する広範な視野は、近代文明を唯一の人類の理想的文明と考へ得ないのです。我々は本質的な道徳の見地から、それを否定してゐます。

我々は近代の文明の理想と現実を、その将来の変化を予想した上でも、世界の文明の唯一の理想とは考へてゐないのです。

実はマルクスも『資本論』第一巻の刊行以降、「非西欧や資本主義以前の共同体社会の研究にも大きなエネルギーを割くように」なり、その結果、資本主義を必ず経由して社会主義へ、という従来抱いていた直線的な発展モデルが西欧に限定されるものと考え直しているのだ。こうしたマルクスの衣鉢を継ぐ斎藤もまた、先進国の「普遍」よりもグローバル・サウスや先住民の知恵、エクアドル発のブエン・ビビール（よく生きる）を、資本主義超克のヒントとして取りあげている。

保田與重郎の時代には、こんなマルクス理解はなかった。だから『絶対平和論』の中ではマルクス主義も「近代」の一味として批判されている。だがもしも斎藤幸平版マルクス主義の「脱成長コミュニズム」を知っていたらそれなりに共感を示したのではないか。

もちろん斎藤はテクノロジーをすべて放棄せよなどということは主張しない。フランスの思想家アンドレ・ゴルツを援用し、人々を分断する「閉鎖的技術」とは距離を置き、「コミュニケーション、協業、他者との交流を促進する」「開放的技術」は採用すればよいとする。だがそれにしても、「生活」の様式を変えることで——たとえば「画一的な分業の廃止」は実に安藤昌益や保田與重郎、そしてガンジー的である——環境破壊を食いとめるという方法意識は、「その生活からは戦争の実体も心もちも生れない、平和しかないといふ生活」とぴたり重なり合う。

そうそう、第一章で紹介した古代中国の墨子も、社会生活のひろい範囲に渡る「節」を説いていたものだ。反戦と節制ははるか昔から、結びつくのが自然なのだ。

ノーベル物理学賞受賞者・朝永振一郎の科学観

いや、環境破壊なんて嘘だ、温暖化なんか陰謀だとする声に対しては、最低限の筋を通すことを求めたい。最低限の筋とは、「あなたが恩恵を被っている技術のもととなった知識は信じなさい」ということ。「いいとこ取りは許しません」ということ。

妙な例かもしれないが、フラットアーサー（地球平坦論者）なる人々が現代にもいるようだ。この人たちは、地球は球状ではなく平らだと信じているらしい。で、スマートフォンで根拠や主張を発信し合っているそうだが、ではその位置情報機能が、地球が球状の惑星であるからこそ可能な通信衛星に助けられているという事実とどう折り合いをつけるのだろう。

地球が球状であるからこそ可能なテクノロジーを使わないか、使うなら地球が球状と認めよ。筋を通すとはそういうこと。

これは一部の宗教勢力に対しても、平和道の見地から求められるべきことである。


本章をしめくくるにあたり、科学者の意見も聞いておこう。

第二次大戦後、東西冷戦の核開発競争の中で巻き起こった反核の議論には、湯川秀樹《ゆかわひでき》や朝永振一郎《ともながしんいちろう》ら、日本を代表する物理学者も責任感を持って加わっていた。

特に後者の問題意識は、ドイツの哲学者ハイデガーの「技術に関する問い」の系譜に入れてなんら遜色がない、思想的な深みを持つ。これから理系を志す若い人は、晩年の講演集を基にした『物理学とは何だろうか』だけは絶対に読んで欲しい。その結果、志望を考え直すのも大歓迎だ。

量子力学分野への貢献でノーベル物理学賞を与えられた朝永は、晩年の講演で、現代科学文明への懐疑を語っている。西洋科学を大いに発展させたのは実験という手法だが、これは「ありのままの自然を少し人為的に変化させて、自然が隠していた法則をあらわすような、そういう手立て」に他ならない。ノーベル賞のメダル所持者である彼は、その裏面に彫られている画——「自然」の女神がかぶっているベールを、「科学」がめくりあげて素顔をのぞきこんでいる——に引きつけて、こう語る。

ベールをめくると、そこにはじめて素顔が見えるというわけで、実験というのはある意味で自然に対する冒瀆かもしれない。
うっかり女性のベールをめくったりすれば、たいへん失礼だって叱られるのと同じように、科学が自然に対してしていることは、ある意味で自然に対する冒瀆とも言えるわけです（『物理学とは何だろうか　下巻』「科学と文明」）。

方法面での懐疑は影響面での危惧とすぐに結びつく。なぜなら、「実験で使われた自然をかえる技術をうまく使うと、われわれの欲望をみたすために自然をかえることが可能」なのだから。すなわち、純粋に知を愛する学問としての科学から、応用を当然のこととした科学への変貌。こうしてヨーロッパは自然環境やアジア・アフリカを支配する力を得た。
しかし朝永は、プロメテウスの神話やドイツの詩聖ゲーテの科学観を参照し、「科学を生みだしたヨーロッパには、それと同時に科学に対する恐れというようなもの、あるいは罰せられる要素があるという考え方が両方並んであった」と説く。そして、罰せられる要素があることを忘れてはならない、と。彼が「科学の原罪性」と呼ぶものだ。

当然予想される反論は、悪用する者が悪いのであって、科学そのものには罪はない、といった主張であろう。朝永はそれに対してこう答えている。

> しかし現在の世界はどういうふうになっているかといいますと、科学が自然を解釈するとか、認識するとか、そういう段階で止まっていられないような、いまの文明はそういう状況になっている。つまり知ったものは必ずつくらずにはいられないという状況です。そういう状況がいったいどういうところから出てきているかということを考えなくちゃいけないわけです（傍点部は引用者）。

その先で朝永は核兵器の開発史をひもとき、「知ったものは必ずつくらずにはいられない」方向へ科学者を強制する要因として、「相手に先をこされることに対する恐怖心」を指摘する。そして同様の図式は、企業間の競争にも当てはまると説くのである。

こうした文明社会をもたらした実験物理学のような分野とは一線を画す科学として、朝永は地球物理学を例にあげている。彼に言わせると「物理学者というのはいちばん頭が悪い存在」だそうだ。

つまり自然の女神のベールをめくってじかに見ないとわからないというのが物理学者なんですけども、地球物理学者はベールをめくるような失礼なことはしないで外からいろいろ見て、どんな顔であろうかということを知ることができる。とても物理学者はかなわんと思うような推理力を働かせて、測定、観測、測量とか、あるいはいろんなことからこういうことを見つけた。これは驚くべきことだと思うんです。

地球物理学者が手軽な実験に頼れないのは、豊富な実験材料を得られる他の分野と異なり、たった一つの地球を全体として相手にするからだ。主役の登場だ。終章へつづく。

終章　二一世紀の平和道

（付録　今日から使える実践平和道三ヵ条）

地球というこの星が、人類に強く意識された時期は過去に二度ある。一度目は、局地的だった。一九四五年八月の六日と九日、広島と長崎で犯された大罪は、人類の唯一の住み処である地球をちらりと見せた。

その後一九五〇年六月二五日に勃発した朝鮮戦争において、国連軍総司令官のマッカーサーが原爆の使用を求めて更迭された事実は比較的よく知られている。朝鮮半島では原爆が使用されなかった。祈りはひとまず効果があった。しかしその後アメリカとソ連の間の、核開発競争は、できあがった核弾頭を運ぶ――撃ちこむためのミサイル開発もともなってエスカレートするばかりだった。そして一九六二年一〇月にはカリブ海の島国キューバにソ連が核ミサイルを配備したことで、あわや核戦争か、というところまで緊張は高まる。幸い衝突は回避されたが、全面核戦争となるといかなる事態が予想されるのだろうか。

あっという間に事が進み、核戦争は数時間のうちに終ってしまうだろう。

（…）専門家は二つの可能性をシナリオに描いている。一つのシナリオによれば、攻撃を受けた国の何億人という人が死ぬが、生き残る人もいる。もう一つのシナリオによれば、熱と放射線、死の灰の長期的影響、宇宙線（紫外線）の増加などが相乗効果を起こして、長い間生き続けられる人は一人もいない。おそらく、破壊は完全なものとなるだろう。地上のどこにも聖域はありえない（H・コルディコット著、高木仁三郎《じんざぶろう》他訳『核文明の恐怖　原発と核兵器』）。

この本は一九七八年に原書が刊行され、翌年（スリーマイル島の原発事故が起きた直後）に日本語訳が出ている。当時の米ソの核兵器保有量として、世界中すべての都市を七回破壊できる、という数値が記されている。前の章で紹介した朝永振一郎の講演もほぼ同時期だ。ざっくり言って、この頃までが核戦争に対する恐怖が的確に論じられていたピークだった。

また、人類史上二度目に地球がよく見えるようになった時期でもあった。

テクノロジーは、宗教心や想像力の乏しい人々にも、地球を見つめるすべを与えた。一九六一年、ソ連の宇宙飛行士ユーリ・ガガーリンは窮屈な宇宙船ヴォストーク一号で宇宙空間に飛び出し、窓から見える地球の美しさに絶句した。そして一九六九年七月、アメリカのアポロ一一号は二人の宇宙飛行士を月面に運んだ。

これらの技術はみな、戦争の準備も踏まえて発展したものである。だがそれにしても、アポロ計画の飛行士たちが撮影して見せてくれた地球の〝全身〟はなんと美しいことか。

江戸時代の測量家・伊能忠敬《いのうただたか》は歩きに歩いて日本の精密な地図を描いた。彼の小説を書いた作家の井上ひさしは、ある対談でこんなことを述べている。

「科学というのは地図をつくるあたりがいちばんよくて、その先はどうも危いという感じがありますね」

いい、いい、いちばんよいとすればそれは、似顔絵や肖像画を描いているからだ。ちょうど幼児がクレヨンで親の顔を描くように。恋人同士で、愛がもたらす刹那の表情をしばしとどめんとカメラのレンズを向け合うように。私たち人類は、部分から始まってついには地球の全身を描けるようになった。近すぎて全身を一度に見渡せなかった地球の姿を、月への旅の途中、ちょうどよい距離から描いてくれたのは、確かにテクノロジーの手柄だ。

もっとも、科学やテクノロジーによる写実だけが愛すべき者の写し絵を描く方法ではない。『宇宙船地球号 操縦マニュアル』の著者バックミンスター・フラーが考案したダイマクション・マップをご覧！ 私たちを住まわせてくれる大地の一体感を一目で見せてくれるあの地図は、似顔絵でいうところの「特徴をとらえている」傑作だ。

九〇年代に入り、ソ連が崩壊し冷戦が終結すると、核戦争の恐怖は急に後景化し、日本ではむしろオカルト分野と結びつけられて若干の商機をもたらしたかもしれない。地球はまた見えづらくなった。感じづらくなった。文明人は驕りをとりもどし、さらに強めた。が、この間もずっと続いていたのである。核戦争が「起きてしまったらあっという間」の破壊であるのに対し、温暖化は「ゆっくりとであれ現に確実に起きている」危機だ。

もう読者は忘れているかもしれないが、第六章で宙づりにしていた問いに戻ろう。内村鑑三の戦争廃棄論だ。「主イエスキリストが栄光を以て天より顕はれ給ふ時に廃みます」という彼の再臨信仰。こんな神頼みの考えを、私が現代の平和道に持ち出すのはなぜか。

地球のことを言っているのだ。顕れ給うのは地球なのだ。

地球の存在が文明人一人一人の五感に、知性に、心眼に、はっきりと姿を顕す時、戦争は止むし、起こしようがなくなるし、正当化する気などまったく失せる。エコな戦争などと言い出す者には、地球がまだ見えていないのだ。神とは地球だ。常に足もとにおわす神。ホモ-デウス？　人が神になる？　バカ言っちゃいけない。言うならテラ-デウス。地球-神の顕現こそが人智の到達点だ。

この文明の同乗者はどんなアイデンティティを持とうがなに教を信仰しようが、その上に必ず、地球への信仰を置かねばならない。これが星民に求められる資格で、義務である。そして少しでも科学文明の——一時的な——恩恵にあずかっている者は、すべて星民の自覚を持たねばならない。文明のいいとこどりは禁止される。

温暖化で苦しむのは人類で、地球自身はびくともしないという考えもある。むしろ人類が滅んだ方が地球は健康になる、と。その通りかもしれない。だが問題は、温暖化を加速させることで人類がこの地球から退場する、いわば心中主義――音読すると新自由主義に聞こえる――をとったとしても、富とテクノロジーという箱舟に逃げこんで生き延びてしまう人々が必ず残ることだ。この人類は自然の搾取を続けるに違いない。こんな連中に抜け駆けさせてたまるか、と抵抗するのは人為の、人情の範囲で当然だろう。

地球が本当のところなにを望んでいるか、私たちには知りようがない。信じるしかないのだ。サバンナを疾駆するオジロヌーの大移動の足跡も、季節の変化（これも地球の恵みだ）に応じてシベリアと日本の福島県あたりまでを行き来する白鳥の俯瞰も、超音波で会話しながら大洋を旅するイルカの見聞も、地球の頬や目じりを断片的になぞるだけで、いまだにその全身を描けていない。ただ人類だけがやらせてもらえた。このささやかな愛の証に恃んで、人類がまだまだここで平和に住まわせてもらうよう、許されていると信じ、人のためによいことが地球のためにもよいことだと認められる生物種だと信じること。

興味深い偶然を記して終えよう。内村鑑三は、日清戦争が始まったちょうどその頃「世界の気候は炎熱を加へつゝある乎」と題する記事を書いている。理学士のバックボーンを持つ伝道師らしく、聖書の時代と比べたら温暖化しているのは間違いない、と示す事例をいくつかあげる一方で、最近数十年の観測では判断できない、と説く。そしてもしも温暖化しているとしたらその原因は「太陽表面の変化（黒点の増加の如きもの）」「山林の減少」「空気中塵埃分子の増加」と三つの「臆説」をあげている。後の二点は、表現こそ異なれど、地球温暖化の原因を正確にとらえている。つまりは人間の生産活動によるもの、と。

何れの原因に依るにもせよ此気候上の変化は歴史上社会上又道徳上偉大の感化力を来たせしものと言はざるべからず

そう締めくくっている。その「偉大の感化力」を、地球と太陽に生かせていただいている感謝が強まる方に活かせれば、戦争は自ずとやむ。人間がなしうるのは、少しでもそちらの方に寄せるために暴力とテクノロジー以外の手段に努めることくらいだ。

本書がその一助になることを祈る。

付録　今日から使える実践平和道三ヵ条

一、私とは地球の縮図である

私とはなんだろうか、という問いは古来さんざん繰り返されてきた。個性や自立を強く求められ、なにか立派なものじゃなくちゃいけないと悩む人もいるだろう。安心して欲しい。すべての個人は地球を見倣って生きれば自ずと「私」ができてくる。地球とは何者だったろうか。なにが地球を地球たらしめるのか。半径六四〇〇キロの体格を持ち、岩石や土などの固体を主としたその物質構成によってちょうどいい引力が生まれ、大気を引きとめている。そして二四時間に一度の速さで回転している。

これらは私たち個人でいうところの肉体的な条件にあたる。

ところがこの惑星は、これだけでは私たちの知る地球にはなりえなかった。常に熱エネルギーを発し続けている太陽とのほど良い距離があって初めて、この個性を持ちえたことを忘れてはならない。もう少し近くても遠くても、暑すぎるか寒すぎるかしてこの地球とはまるで異なる表情をしていただろう。

地球が太陽という他者のおかげで地球になれたように、「私」も「他者」たちとの関係の中で作られてゆくのである。太陽なしの地球は暗黒世界だ。他人なしの私もおなじ。

「私とは私とその環境である」（オルテガ・イ・ガセー）。自分独りでなんとかしなくちゃという思考はうまくいけば驕りを、ゆきづまれば焦慮《しょうりょ》を生む。地球を見倣い、のびのびと生きる。相対的には、あなたも知らないうちに誰かの太陽役を果たしてしまうということだ。

一、抵抗の手段は私そのものである

戦争に向かおうとする動き、すでに始まっている戦争に力を動員しようとする力学、環境破壊や差別をもたらす構造的暴力、こうした悪に対し、どうやって抵抗しうるか。

逃げることだ。堂々と、参加を見合わせること。全人的なストライキだ。

地球の縮図としての自然な個人は、世界中の誰よりも貴重な存在だ。みなが平等だから貴重なのではなく、誰もがもっとも貴重である結果として平等なのだ。現実の表れとして不平等に見えるのは、私たちが自分自身を切り刻み、ばら売りでしか価値を考えられなくなっているからにすぎない。

抵抗しようとする時、あなたはこんなことを考えてあきらめてしまわないか。「でもケンカしたら負けるし」とか「フォロワーのいない私がなに言ったって意味がない」とか「クビにされたら困るし」とか。これらの発想はそれぞれ、格闘能力、ネットメディアにおける数字、経済力や地位という要素に自分を分解してしまっているのだ。その結果、唯一無二のあなたの価値はひどく凡庸で、計数可能な――ということはいくらでも取り換えのきく機械力に貶められてしまう。アルゴリズムの好餌《こうじ》となる、それ自体が暴力的な、価値の自傷行為だ。地球を細分化した資源の集まりと見なす通俗的エコロジーに相通じる。

逃げることはそうではない。それは貴重なあなたの統一を保ったまま、相手にぶつけうる唯一の手段だ。たいていの場合、相手には効かないように見えるだろう。だがそれは、相手が自分に加えられた致命傷にも気づかないほど下らない体系をなしているからだ。

ここから、逆の心構えも養える。たとえばもしあなたがいま、社会に順応できず悩んでいるとしよう。それは無自覚に続けているストライキなのでは？　資本主義や現代文明の性質からいって、大いにありうる。

であればどうせだったらこれはストであると自覚し、自分を責めないでやって欲しい。ストの自覚を育てることで、ニートは一転、暴力文明に対する良心的兵役拒否者となる。

一、生きるよろこびは平和の最大の原動力である

戦争は人を殺すとともに、人を殺すことを常識にする。

原子爆弾が爆発すると、熱線と爆風の他に多量の中性子線がふりまかれ、それを浴びた屋根瓦などは一時的に放射能を帯びる。フェルミの放射化と呼ばれるこの現象は、戦争が人の心に及ぼす作用に似ている。戦争を浴びた人間はそれぞれがミニ戦争と化してしまう。戦争をなくすべき理由はまさにここにある。戦争は人を二重に殺すのだ。

ところがだ。もしも人間なんて死んだ方がよい、という考えが主流となったらどうなるか。戦争に反対する最大の足がかりが崩れてしまうだろう。

だからこそ、私たちは生を愛せた方がよい。時間とともに移ろう人間のことだ、常にしあわせなどという不自然なよろこびは不要だし、高望みもいらない。生まれて一度でも生きるよろこびを経験したら、その時平和道の門は自ずと開かれる。他人もこのよろこびを知っているはずだと、当然の共感がめばえる。また得たい、続けたい、生きていたい。

ユンガーが書いたように平和は疲労からは生まれないのだ。生きるよろこび、楽しみを欠いた、切羽詰まった議論だけでは、平和を阻害することにさえなりかねない。

もちろん生きるよろこびは、それなりの社会環境があってこそ得られやすい。だがそちらの考察は別の機会に託し、以上の三ヵ条で本書を終える。

あとがき

本編では、第二次世界大戦後の平和志向をほとんど取りあげることができなかった。構成上の都合で断念したものの、やはりこれだけは譲れないという事例を一つだけ、紹介しておきたい。

沖縄県糸満市摩文仁《いとまんしまぶに》の丘にある、「平和の礎《いしじ》」だ。第二次大戦の末期、沖縄本島に米軍が上陸し、軍人よりも民間人の犠牲者数が上回る、凄惨な戦いが繰りひろげられた。摩文仁の丘は、その最終局面で数多くの犠牲者（民間人の投身自殺も含む）を出した地だ。「平和の礎」はその地に、終戦後五〇年を記念して建てられた。

そこには沖縄戦で亡くなった方々の名前が刻まれている。一九九五年六月二三日の序幕式時点で、刻銘者数は沖縄県出身者が一四万七一一〇名、日本国県外出身者が七万二九〇七名、米国一万四〇〇五名、台湾二八名、朝鮮半島一三三名の計二三万四一八三名。その後追加刻銘があり、現在はおよそ二四万名。

ここでは敵と味方の区別なく、名前が記録されているのだ。戦争の犠牲者の名を刻んだ碑は世界各地にあるが、残虐きわまる無差別殺戮が行われた場で、このような形での記念碑が実現するのはあまり例がないだろう。日本の歴史の中では、楠木正成《くすのきまさしげ》が千早赤阪《ちはやあかさか》の戦いで亡くなった将兵のために、敵味方双方の供養塔を建てた例などが有名だが、軍民の別がはっきりしていた時代と、近代戦争とではわけが違う。

当時の沖縄県知事大田昌秀《まさひで》のもとで「平和の礎」建設に尽力した、知事公室長の高山朝《ちょう》光《こう》は次のようにふり返っている。

「平和の礎」建設に当たり知事公室長の私は、多くの難題・課題に取り組んできた。その中で、感動したのは、敵米兵の氏名を刻銘するなとの意見が1件もなかったことである。このことを私なりに解釈すると、それは沖縄県民が有する450年の琉球王国の長い歴史文化の中で培われてきた平和思想であり、また地獄の沖縄戦で体験した戦争を憎み、敵兵であっても人は憎まない平和を愛する心と受け止めた（高山朝光、比嘉博《ひがひろし》、石原昌《まさ》家《いえ》編著『沖縄「平和の礎」はいかにして創られたか』）。

その一方で、日本軍による住民への残虐行為を調べてきた研究者からは猛反対があったそうだ（同書、石原昌家執筆分を参照）。米軍、日本軍、現地住民と力関係の順に並べてみると、もっとも弱い立場の住民は、二重、三重に許していることになる。全員併記が実現し、受け入れられたのには、犠牲者から肩書――軍人なら所属や最終階級など――を一切はぎ取り、出身地と名前だけの個人に還して記したためもあるだろう。

「平和の礎」にはいまも、訪れて、大事な名前を探す人が後を絶たない。私は思う。「平和の礎」は、平和志向の原器のようなものではないかと。復讐の発想、過去の死を、現在そして未来の新たな殺しにつなげる思考――それは時の流れを無視した、人類最大の驕りではないか――は、ここに来て断たれる。いまの世界が必要とする知恵を体現している。恥じることなく、誇りをもって輸出してゆきたい。

ちなみに私の父は、ここから十数キロ離れたところで生まれたのである。そうした個人的な事情もあり、書く必要があったことを理解されたい。

ついでに少しだけ、本書の内容に関連した自分語りをさせていただく。

作品を通して著者の人物を想像してしまう方ならおわかりだろうと思うが、私はいかなる学問の専門家でもない。だからと言って自分にこのような本を著す資格がないと卑下するつもりはない。平和、というすべての人々にかかわりのあるテーマについて、プロ・アマの別は取り払われるべきだ。これが私の考えで、本書はその実践の一例である。原稿そのものの執筆期間は合わせて半年もなかったろうと思うが、内容の蓄積と熟成（?）には二〇年くらいかかっているだろう。素材としていちばん古いのは第七章で、その原型は高校三年生の頃から抱いていた問題意識に根ざしている。私のプロフィールを見て、「東京大学の理科一類に入ってなんでやめたの?」と問う人が少なからずいるが、その答えのざっと半分はここに書かれている。また、第四章、第五章で扱った戦争に惹かれる心情（戦争を美化する性向）は、少年期に自分が経由してきたことでもある。だからこそ解毒を試みたかった。

この本を着想した直接の動機をくれた大切な人たちにありがとうと伝えたい。そして最初に相談に乗って背中を押してくれた集英社インターナショナルの中込勇気氏、ご多忙の中バトンを受けて完成まで導いてくれた川﨑貴久氏に深い感謝を述べたい。

本当にありがとうございました。

二〇二四年四月二四日

引用文献・主要参考文献（なお、著名な漢文古典については書名のみを記す）

（序章）

・サイード・アブデルワーヘド著　岡真理・TUP訳『ガザ通信』青土社、二〇〇九

（第一章）

・グレンコ・アンドリー『NATOの教訓　世界最強の軍事同盟と日本が手を結んだら』PHP新書、二〇二二
・養老孟司、齋藤磐根『脳と墓〈I〉ヒトはなぜ埋葬するのか（叢書　死の文化13）』弘文堂、一九九二
・ベルナール・スティグレール『偶有からの哲学　技術と記憶と意識の話』（浅井幸夫訳）新評論、二〇〇九
・貝塚茂樹編『世界の歴史1　古代文明の発見』中央公論社、一九六〇
・The Ur-Nammu law code
https://www.google.co.jp/url?sa=t&rct=j&q=&esrc=s&source=web&cd=&ved=2ahUKEwioprmJ3f6CAxU-jVYBHe48DK0QFnoECAkQAQ&url=http%3A%2F%2Fwww.g2rp.com%2Fpdfs%2FThe-Ur-Nammu-law-code.pdf&usg=AOvVaw0PDV0iE34dHIMTpM8JzWm_&opi=89978449
・『新改訳　聖書』（新改訳聖書刊行会訳）日本聖書刊行会、一九七三
・水沢利忠『新釈漢文大系88　史記8』明治書院、一九九〇
・林秀一『新釈漢文大系20　十八史略　上』明治書院、一九六七
・濱川栄「中国古代儒家文献に見る反戦思想（4）『春秋公羊伝』『春秋穀梁伝』『春秋左氏伝』」常葉大学教育学部

紀要〈論文〉第39号、二〇一九
・キケロー『義務について』(泉井久之助訳)岩波文庫、一九八三
・山田琢『新釈漢文大系50　墨子　上』『51　墨子　下』明治書院、一九七五、一九八七
・内野熊一郎、中村璋八『中国古典新書　呂氏春秋』明徳出版社、一九七六
・『荀子』
・『荘子』
・村川堅太郎編『世界の歴史2　ギリシアとローマ』中央公論社、一九六一(一九七五　六八版)
・高津春繁編『世界古典文学全集12　アリストパネス』筑摩書房、一九六四
・Ian Johnston による「女の平和」英訳テクスト
http://johnstoniatexts.x10host.com/aristophanes/lysistratahtml.html
・谷川俊太郎選『茨木のり子詩集』岩波文庫、二〇一四
・『ロマン・ロラン全集第18巻』みすず書房、一九八二
・柳沼重剛編『ギリシア・ローマ名言集』岩波文庫、二〇〇三
・P・ネメシェギ「古代ローマ帝国におけるキリスト教の伝播」『日本の神学』14号、一九七五
・Justin Martyr, *The dialogue with Trypho*, trans. by A. Lukyn Williams, The Macmillan co., 1930
・喜納昌吉、C・ダグラス・ラミス『反戦平和の手帖　あなたしかできない新しいこと』集英社新書、二〇〇六
・Tertullian, *The Chaplet, or De Corona*, trans. by Philip Schaff,
https://www.ccel.org/ccel/schaff/anf03.iv.vi.i.html

・*Origen Against Celsus*, trans. by Philip Schaff,
https://www.ccel.org/ccel/schaff/anf04.vi.ix.i.i.html
（右二点とも Christian Classics Ethereal Library のウェブサイトでダウンロード可）
・阿部知二『良心的兵役拒否の思想』岩波新書、一九六九

（第二章）

・Daniel Parker, *Le Choix Décisif*, Labor ed Fides, 1962
・ハンス　ユーゲン・マルクス「正しい戦争はあるか　歴史の答え」『南山神学』27号、二〇〇四
・豊川慎「キリスト教倫理の課題としての戦争の問題　キリスト教思想史における「正しい戦争」論についての批判的一考察」『科学／人間』第49号、二〇二〇
・『コーラン』上、中、下巻（井筒俊彦訳）岩波文庫、一九五七、一九五八
・井筒俊彦『イスラーム文化　その根柢にあるもの』岩波文庫、一九九一
・井筒俊彦『マホメット』講談社学術文庫、一九八九
・牧野信也『アラブ的思考様式』講談社学術文庫、一九七九
・小杉泰『興亡の世界史　イスラーム帝国のジハード』講談社学術文庫、二〇一六
・田澤耕『物語カタルーニャの歴史　知られざる地中海帝国の興亡　増補版』中公新書、二〇一九
・『詳説世界史B』山川出版社、二〇〇七年版
・堀米庸三編『世界の歴史3　中世ヨーロッパ』中央公論社、一九六一

・橋口倫介『十字軍　その非神話化』岩波新書、一九七四
・*Le Saint Coran*, Dar Albouraq, 2011（仏語アラブ語対訳コーラン）
・Manuel Pérez de la Lastra y Villaseñor, *La Dinastía Omeya de Córdoba*, CórdobaLibros, 2012
・Ramón Menéndez Pidal, *España, Eslabón entre la Cristiandad y el Islam*, Colección Austral, 1956
・Lorenzo Riber, *Raimundo Lulio*, Editorial Labor, 1935
・Amador Vega Esquerra, *Ramon Llull y el secreto de la vida*, Siruela, 2002（2012）
・Pere Villalba, *Ramon Llull essencial*, librosdevanguardia, 2016
・Ramon Llull, *Llibre del gentil e dels tres savis*（kindle edition）
・Antonio Cortijo Ocaña ed., *Ramon Llull, Vita coaetanea / A Contemporary Life / Vida coetánea / Vida coetánia*, John Benjamins Publishing Company, 2017
・Amador Vega, Peter Weibel, Siegfried Zielinski ed., *DIA-LOGOS:Ramon Llull's Method of Thought and Artistic Practice*, University of Minnesota Press, 2018
・ウンベルト・エーコ『完全言語の探究』（上村忠男、廣石正和訳）平凡社、一九九五
・Benjamin Lee Whorf, *Language, Thought, and Reality*, MIT press, 1956
・Ramon Llull, Antoni Bonner, *Libre del gentil e los tres savis*, Pam, 2016

（第三章）

・Pablo Neruda, *Canto general*, Random House, 2003

・西川長夫、原毅彦編『ラテンアメリカからの問いかけ　ラス・カサス、植民地支配からグローバリゼーションまで』人文書院、二〇〇〇
・『コロンブス航海誌』（林屋永吉訳）岩波文庫、一九七七
・アリストテレス『政治学』岩波文庫、一九六一
・ラス・カサス『裁かれるコロンブス（アンソロジー新世界の挑戦1）』（長南実訳）岩波書店、一九九二
・☆斎藤晃『魂の征服　アンデスにおける改宗の政治学』平凡社、一九九三
・☆N・ワシュテル『敗者の想像力　インディオのみた新世界征服』（小池佑二訳）岩波書店、二〇〇七
・ラス・カサス『インディオは人間か（アンソロジー新世界の挑戦8）』（染田秀藤訳）岩波書店、一九九五
・ビトリア『人類共通の法を求めて（アンソロジー新世界の挑戦6）』（佐々木孝訳）岩波書店、一九九三
・アコスタ『世界布教をめざして（アンソロジー新世界の挑戦11）』（青木康征訳）岩波書店、一九九二
・セプールベダ『第二のデモクラテス　戦争の正当原因についての対話』（染田秀藤訳）岩波文庫、二〇一五
・東浩紀『ゲンロン0　観光客の哲学』ゲンロン、二〇一七
・☆増田義郎『世界の歴史第7巻　インディオ文明の興亡』講談社、一九七七
・松森奈津子『野蛮から秩序へ　インディアス問題とサラマンカ学派』名古屋大学出版会、二〇〇九
・Francisco de Vitoria, *Relecciones sobre los indios y el derecho de guerra*, Espasa-Calpe, 1975
・グローチウス『戦争と平和の法』復刻版・全3巻（一又正雄訳）酒井書店、一九九六
・山内進『グロティウス『戦争と平和の法』の思想史的研究　自然権と理性を行使する者たちの社会』ミネルヴァ書房、二〇二一

・大野真弓編『世界の歴史8　絶対君主と人民』中央公論社、一九六一（一九七七　五七版）
・伊藤不二男「グロティウスの『自由海論』の分析」『法政研究』39号、九州大学法政学会、一九七三
・伊藤不二男「グロティウスの『自由海論』と『捕獲法論』第一二章との比較　国際法学説史の研究」『法政研究』36号、九州大学法政学会、一九七〇
・伊藤不二男「グロティウス『捕獲法論』の研究序説　国際法学説史の研究」『法政研究』29号、九州大学法政学会、一九六三
・渕倫彦「訳注：グローティウス『戦争と平和の法・三巻』（I）　『献辞』および『序論・プロレゴーメナ』」『帝京法学』26号（2）、二〇一〇
・モーゲンソー『国際政治　権力と平和』上・中・下巻（原彬久監訳）岩波文庫、二〇一三
・カント『永遠平和のために／啓蒙とは何か　他3編』（中山元訳）光文社古典新訳文庫、二〇〇六
・鹿子木員信『戦闘的人生観』同文館、一九一七
・『カント全集第十三巻　歴史哲学論集』（小倉志祥訳）理想社、一九八八
・Immanuel Kant, *Zum ewigen Frieden*, Felix Meiner, 1919
・ルソー『ルソーの戦争／平和論　『戦争法の諸原理』と永久平和論抜粋・批判』（永見文雄、三浦信孝訳）勁草書房、二〇二〇
・前川仁之『逃亡の書　西へ東へ道つなぎ』小学館、二〇二三

（第四章）

・ヨハン・ガルトゥング『ガルトゥングの平和理論　グローバル化と平和創造』（木戸衛一、藤田明史、小林公司訳）法律文化社、二〇〇六
・ヨハン・ガルトゥング『ガルトゥング平和学の基礎』（藤田明史訳）法律文化社、二〇一九
・『皇后美智子さま　全御歌』（秦澄美枝／釈）新潮社、二〇一四
・Le Figaro 20-février-1909, https://gallica.bnf.fr/ark:/12148/bpt6k2883730（フランス国立図書館データベースより）
・F. T. Marinetti, *Guerra sola igiene del mondo*, Edizioni Futuriste di "POESIA", 1915
・茂田真理子『タルホ／未来派』河出書房新社、一九九七
・土肥秀行「未来派の宣言文を読む」立命館言語文化研究、二〇二一
https://researchmap.jp/read0146667/published_papers/36028083
・石川明人『すべてが武器になる　文化としての〈戦争〉と〈軍事〉』創元社、二〇二一
・ヴァルター・ベンヤミン『ベンヤミン・コレクション1　近代の意味』（浅井健二郎編訳）ちくま学芸文庫、一九九五
・星野博美『世界は五反田から始まった』ゲンロン叢書、二〇二二
・プルースト『失われた時を求めて10』（井上究一郎訳）ちくま文庫、一九九三
・吉原幸子『現代詩文庫56　吉原幸子詩集』思潮社、一九七三
・Caroline Tisdall, Angelo Bozzola, *Futurisme*, Thames&Hudson, 1985

（第五章）

・石川明人『戦争は人間的な営みである　戦争文化試論』並木書房、二〇一二
・ベネディクト・アンダーソン『増補　想像の共同体　ナショナリズムの起源と流行』（白石さや、白石隆訳）NTT出版、一九九七
・☆大澤真幸『ナショナリズムの由来』講談社、二〇〇七
・ジョージ・モッセ『大衆の国民化　ナチズムに至る政治シンボルと大衆文化』（佐藤卓己、佐藤八寿子訳）ちくま学芸文庫、二〇二一
・西川正雄『第一次世界大戦と社会主義者たち』岩波書店、一九八九
・中山治一編『世界の歴史13　帝国主義の時代』中央公論社、一九六一（一九七七　五二版）
・江口朴郎編『世界の歴史14　第一次大戦後の世界』中央公論社、一九六二（一九七七　五二版）
・ヴァルター・ベンヤミン『ベンヤミン・コレクション6　断片の力』（浅井健二郎編訳）ちくま学芸文庫、二〇一二
・Ernst Jünger, *The Storm of Steel*, Howard Fertig, 1996
・E・ルナン他『国民とは何か』（鵜飼哲他訳）インスクリプト、一九九七
・伊藤貴雄『ショーペンハウアー兵役拒否の哲学　戦争・法・国家』晃洋書房、二〇一四
・E・ユンガー『ユンガー政治評論選』（川合全弘編訳）月曜社、二〇一六
・小林よしのり『ゴーマニズム宣言SPECIAL　新戦争論1』幻冬舎、二〇一五
・佐野眞一『沖縄戦いまだ終わらず』集英社文庫、二〇一五
・A・ヒトラー『わが闘争（上）　I民族主義的世界観』（平野一郎、将積茂訳）角川文庫、一九七三

・佐藤健志『ゴジラとヤマトとぼくらの民主主義』文藝春秋、一九九二

（第六章）

・ユヴァル・ノア・ハラリ『21 Lessons　21世紀の人類のための21の思考』（柴田裕之訳）河出文庫、二〇二一
・山本昭宏『教養としての戦後〈平和論〉』イーストプレス、二〇一六
・富岡幸一郎『非戦論』NTT出版、二〇〇四
・『日本思想大系2　聖徳太子集』岩波書店、一九七六
・堀田善衞『時代と人間』徳間書店スタジオジブリ事業本部、二〇〇四
・守中高明『他力の哲学　赦し・ほどこし・往生』河出書房新社、二〇一九
・金子大栄／校注『歎異抄』岩波書店、一九三一
・『日本思想大系61　近世芸道論』岩波書店、一九七一
・野口武彦編『日本の名著19　安藤昌益』中央公論社、一九七一
・斎藤幸平『人新世の「資本論」』集英社新書、二〇二〇
・鈴木大拙『東洋的な見方』岩波文庫新版、一九九七
・加藤周一ほか編『日本近代思想大系9　憲法構想』岩波書店、一九八九
・幸徳秋水『帝国主義』岩波文庫、二〇〇四
・鈴木範久『内村鑑三』岩波新書、一九八四
・『内村鑑三全集』1、2、3、5、11、21、32巻、岩波書店、一九八〇〜一九八三

・松沢弘陽編『日本の名著38　内村鑑三』中央公論社、一九七一
・中島岳志『アジア主義　西郷隆盛から石原莞爾へ』潮文庫、二〇一七

（第七章、終章および全般）

・宮田親平『愛国心を裏切られた天才　ノーベル賞科学者ハーバーの栄光と悲劇』朝日文庫、二〇一九
・松永猛裕『火薬のはなし　爆発の原理から身のまわりの火薬まで』ブルーバックス、二〇一四
・Michael Evlanoff and Marjorie Fluor, *Alfred Nobel, The Loneliest Millionaire*, The Ward Ritchie Press, 1969
・K・ホフマン『オットー・ハーン　科学者の義務と責任とは』（山崎正勝、小長谷大介、栗原岳史訳）シュプリンガー・ジャパン、二〇〇六
・Michael J. Neufeld, *Von Braun, Dreamer of Space, Engineer of War*, Vintage Books, 2008
・ポール・ポースト『戦争の経済学』（山形浩生訳）バジリコ、二〇〇七
・シャルロッテ・ケルナー『核分裂を発見した人　リーゼ・マイトナーの生涯』（平野卿子訳）晶文社、一九九〇
・R・L・サイム『リーゼ・マイトナー　嵐の時代を生き抜いた女性科学者』（鈴木淑美訳）シュプリンガー・フェアラーク東京、二〇〇四
・アインシュタイン『晩年に想う』（中村誠太郎、南部陽一郎、市井三郎訳）講談社文庫、一九七一
・『アインシュタイン平和書簡』全三巻（金子敏男訳）みすず書房、一九七四、一九七五、一九七七
・有馬哲夫『原爆　私たちは何も知らなかった』新潮新書、二〇一八
・*The Frank Report*, International Panel on Fissile Materials,

https://fissilematerials.org/library/fra45.pdf
・『ヴァレリー全集11』(佐藤正彰他訳) 筑摩書房、一九六七
・中山茂、松本滋、牛山輝代編『ジョゼフ・ニーダムの世界　名誉道士《タオイスト》の生と思想』日本地域社会研究所、一九八八
・『原民喜全詩集』岩波文庫、二〇一五
・堀田善衞『めぐりあいし人びと』集英社、一九九三
・『堀田善衞全集6　審判』筑摩書房、一九七五
・手塚千鶴子『原爆をめぐる日本人の語り　怒りの不在の視点から』文芸社、二〇二一
・永井隆『平和塔』アルバ文庫、二〇〇一
・保田與重郎『絶対平和論／明治維新とアジアの革命』新学社、二〇〇二
・阿波根昌鴻『米軍と農民　沖縄県伊江島』岩波新書、一九七三
・阿波根昌鴻『命こそ宝　沖縄反戦の心』岩波新書、一九九二
・東浩紀『訂正可能性の哲学』ゲンロン、二〇二三
・ヴァルター・ベンヤミン『ベンヤミン・コレクション1』(浅井健二郎編訳) ちくま学芸文庫、一九九五
・H・コルディコット『核文明の恐怖　原発と核兵器』(高木仁三郎、阿木幸男訳) 岩波現代選書、一九七九
・朝永振一郎『物理学とは何だろうか』上下巻、岩波新書、一九七九
・湯川秀樹、朝永振一郎、坂田昌一編著『平和時代を創造するために　科学者は訴える』岩波新書、一九六三
・唐木順三『「科学者の社会的責任」についての覚え書』ちくま学芸文庫、二〇一二
・マルティン・ハイデガー『技術とは何だろうか　三つの講演』(森一郎編訳) 講談社学術文庫、二〇一九

・ユク・ホイ『中国における技術への問い　宇宙技芸試論』（伊勢康平訳）ゲンロン、二〇二二
・ヨハン・ガルトゥング『日本人のための平和論』（御立英史訳）ダイヤモンド社、二〇一七
・井上ひさし『四千万歩の男　忠敬の生き方』講談社文庫、二〇〇三

（あとがき）

・高山朝光、比嘉博、石原昌家編著『沖縄「平和の礎」はいかにして創られたか』高文研、二〇二二

なお、☆を付した四冊は東京外語大学名誉教授であられた高橋正明先生より譲り受けた書籍である。先生とは近所付き合いをさせていただいており、本書ができたら真っ先にお届けするつもりだったが、第三章の草稿を終えた頃に急逝された。生前いただいていた書籍は他にも、英文、西文文献を中心に多数ある。感謝の気持ちとともに、僭越ながら最晩年のお仕事――後進への影響感化――の証として記す。

前川仁之《まえかわさねゆき》

ノンフィクション作家。一九八二年、大阪府生まれ。埼玉育ち。東京大学教養学部（理科Ⅰ類）中退。人形劇団員、警備員等を経て、立教大学異文化コミュニケーション学科卒。二〇一四年、スペインの音楽家アントニオ・ホセの故郷を訪ねてその生涯を辿った作品で開高健ノンフィクション賞（集英社）の最終候補となる。著書に、亡命者や難民の境遇を追った『逃亡の書　西へ東へ道つなぎ』（小学館）など。

インターナショナル新書一四二

人類《じんるい》1万年《まんねん》の歩《あゆ》みに学《まな》ぶ
平和道《へいわどう》

二〇二四年六月一二日　第一刷発行

著　者　前川仁之《まえかわさねゆき》
発行者　岩瀬　朗
発行所　株式会社 集英社インターナショナル
〒一〇一-〇〇六四 東京都千代田区神田猿楽町一-五-一八
電話 〇三-五二一一-二六三〇
発売所　株式会社 集英社
〒一〇一-八〇五〇 東京都千代田区一ツ橋二-五-一〇
電話 〇三-三二三〇-六〇八〇（読者係）
〇三-三二三〇-六三九三（販売部）書店専用
装　幀　アルビレオ
印刷所　大日本印刷株式会社
製本所　加藤製本株式会社

ISBN978-4-7976-8142-0　C0220

インターナショナル新書

136
死なないための暴力論
森元 斎

思考停止の「暴力反対」から脱却せよ！　ジョルジュ・ソレルからデヴィッド・グレーバー、女性参政権獲得運動からＢＬＭまで……世界の思想・運動に学びつつ、よりよく生きるための倫理的な力のあり方を探る。

137
我々の死者と未来の他者　戦後日本人が失ったもの
大澤真幸

なぜ、日本人は気候変動問題に対する関心が低いのか。そのヒントは村上春樹らの小説や『鬼滅の刃』などの漫画作品にあった。〈我々の死者〉〈未来の他者〉をキーワードに、過去・未来と現在との「分断」の正体を暴く。

141
物理学者のすごい日常
橋本幸士

駅から学校まで、雨に濡れずに歩けるか。満員電車で席を確保する科学的方法。隣席の貧乏ゆすりを相殺する手段とは…。日々の生活を物理学的思考法で考え、実際に試してみる。常識をくつがえす、科学エッセイ。

143
日本はどこで道を誤ったのか
山口二郎

政治家や官僚の劣化、少子化による人口減少、上昇しない実質賃金、インフレによる生活苦……現在の日本社会が停滞している原因は、どこにあるのか？　令和の時代にふさわしい新しい政治のあり方を考え、提言する。